KB250125

문화정책

David Bell & Kate Oakley 지음

조동준, 박 선 옮김

지식과 문화

문화정책

제1쇄 펴낸 날 2022년 8월 29일

지은이 David Bell & Kate Oakley
옮긴이 조동준, 박 선
펴낸이 박선영
주 간 김계동
디자인 전수연

펴낸곳 명인문화사
등 록 제2005-77호(2005.11.10)
주 소 서울시 송파구 백제고분로 36가길 15 미주빌딩 202호
이메일 myunginbooks@hanmail.net
전 화 02)416-3059
팩 스 02)417-3095

ISBN 979-11-6193-057-2
가 격 15,000원

ⓒ 명인문화사

Cultural Policy

David Bell and Kate Oakley

지식과 문화

문화정책

David Bell &
Kate Oakley 지음

조동준, 박 선 옮김

목차

역자서문

이 채의 번역자는 2015년부터 2016년 사이 문화와 정책이 결합되는 한 지점에서 만났다. 조동준은 국제기구 관련 연구사로서 의견을 제시하고 이를 실행하는 업무에 관여했고, 박선은 유능한 인턴으로 연구진의 구상을 현실화시키는 업무에 관여했다. 2년간 함께 일을 하면서, 우리는 각자 아래 질문 앞에서 곤혹스러워했다.

문화가 무엇이지? 문화가 국가 정책의 목표인가? 수단인가? 문화를 둘러싼 국제갈등을 어떻게 해결하지?

두 번역자는 국제정치학의 시각으로 특정 문화 쟁점에 관여하게 되었지만, 문화 관련 전문성을 가지지 못한 상태였다고 고백한다. 눈앞에서 진행되는 문화갈등의 양상을 파악하고 국제정치학자로서 대응책을 제시하고 이를 실행하는 데 기여했지만, 앞선 질문에 대하여 희미한 답을 가지고 있었을 뿐이다.

두 번역자는 2017년 이후 각자 다른 삶의 영역으로 흩어졌다. 조동준은 문화 관련 규범을 연구 대상에 추가했고, 박선은 영국 워릭대학교에서 문화 관련 박사과정생으로 학업을 시작했다. 비유하자면, 조동준은 문화 주변을 서성였고, 박선은 문화의 핵심으로 들어갔다.

이 책의 번역은 박선의 제의에서 시작되었다. 박선은 석사과정 중 이 책에서 앞선 질문에 대한 답을 일부 찾았고, 이 책을 한국의 일반 독자에게 전하길 제의했다. 조동준은 번역의 고통을 충분히 감내할 수 있다고 생각하여, 번역 제의에 동의했다. 명인문화사 박선영 박사님의 도움을 얻어, 2019년 늦가을 번역을 시작했다.

명인문화사 박선영 박사님의 재촉과 기다림, 그리고 박선의 열정이 없었다면, 이 책의 번역작업은 무산될 수 있었다. 답을 찾고 나면 흥미를 잃어 끝을 내지 않는 습관, 게으름, 분주 등의 상황에서 박선영 박사님의 적절한 개입으로 조동준이 한 업무를 마치게 되면, 박선이 매우 빠르게 다음 업무를 진행시켰다. 지체와 빠른 진행이 번역 과정 중 수차례 일어났다.

이 책은 최소한 다섯 측면에서 일반 독자에게 도움을 준다고 생각한다. 첫째, 문화의 여러 얼굴을 보여준다. 문화 관련 부처가 문화는 물론 예술, 교육, 공보/선전, 체육, 정보, 청소년, 평등, 개발, 유적, 과학, 종교 등 다양한 영역을 소관 업무로 가지는 현상이 보여주듯, 문화는 다양한 모습을 가진다.

이 책은 문화의 원형을 창작 활동의 산물과 삶의 양식으로 구분하여 제시함으로써, 문화가 보이는 다양한 측면을 통합적으로 이해하는 데 도움을 준다.

둘째, 이 책은 문화가 정책의 목표인 동시에 수단임을 보여준다. 문화 관련 정부 부처가 모두 문화의 '보호와 증진'을 통상적으로 언급하는 현상은 문화정책이 문화를 정책 목표로 가정하고 있음을 의미한다. 동시에 세계 최초로 장관급 문화관련 부처를 만든 프랑스가 문화유산으로서 프랑스의 영광을 드러내고자 했던 사례가 보여주듯이, 문화는 숨겨진 정책 목표를 달성하기 위한 수단으로 활용되기도 한다.

셋째, 이 책은 또한 문화정책의 주체가 국가만이 아니라 지방자치단체에서 국제기구 사이에 존재하는 정치단위체를 포함함을 부여준다. 지방자치단세의 문화정책은 국가의 문화정책, 국제기구의 문화정책과 양립할 수도 있지만, 갈등할 수도 있다. 문화정책을 둘러싼 생태계는 복합성을 가지는데, 이 책은 문화정책을 이해하는 큰 줄기를 제공한다.

넷째, 이 책이 자주 언급하는 유럽 사례가 국가간 문화갈등을 해소하는 데 시사점을 준다. 문화의 지리적 범위를 지역으로 확대한다면, 또한 지역문화를 공동으로 보호하고 증진하려는 움직임이 있다면, 문화를 민족국가의 전유에서 벗어나게 할 수 있다. 지역차원의 문화개념은 문화와 관련된 국제갈등을 우회할 수 있는 출발점이 될 수 있다.

마지막으로, 문화정책에 관한 학계의 지형을 이해하는 데 도움을 준다. 문화정책은 '문화'와 관련된 현상을 연구하는 미학, 인류학, 언론정보학 등의 연구 대상인 동시에 '정책'과 관련된 현상을 연구하는 조직이론, 정책학, 국제정치학, 개발학 등의 연구 대상이다. 또한, '문화'라는 개념의 광의성과 복합성으로 인하여 경제정책, 환경정책, 사회복지정책 등도 관여한다. 다양한 분과학이 문화정책을 다루고 있는 현상은 문화정책에 관한 통섭적 연구의 필요성을 보여준다.

이 책의 의도를 온전히 옮기지 못한 책임은 두 번역자에게 있다. 두 번역자가 영어로 된 전문 용어와 영어권에서 일어나는 사례를 역자 각주와 의역을 통하여 한국 독자에게 맞추어 전하려 노력했지만, 여전히 미흡한 부분이 눈에 들어온다. 두 번역자의 노력이 독자의 독해 고통을 줄이며 문화정책학의 이해 증진에 도움이 되길 바랄 뿐이다.

두 번역자가 겪은 고통으로 인하여 직간접으로 불편과 피해를 겪은 여러분들께 미안함과 감사를 전한다.

조동준과 박선

서론

문화정책을 알게 되고 문화정책에 관여하는 것이 문화에
참여히는 행위 가운네 중요한 부분이다.

(Miller and Yudice 2002: 34)

이 책의 끝부분을 쓸 즈음 문화정책과 관련된 두 보고서가 배
달되었다. 두 보고서는 서로 다른 방식으로 현재 문화정책이
라는 분야에 대한 다양한 논의와 풍부한 자료들을 전달하고
있다. 실제로, 이 보고서들은 그 자체로 문화정책 자료라고
할 수 있고, '정책 문서'로 분류될 수도 있다. 저자의 이름이
공개되거나 익명 처리된 문화정책 관련 연구를 담고 있기 때
문이다. 이 보고서들은 실증적 연구성과를 전달하며 추가 연
구, 비평, 논의에 바로 사용될 수 있는 원자료다. 첫째 보고서
는 유네스코(UNESCO: United Nations Educational, Scien-

tific and Cultural Organization)가 2013년 출판한 『창의경제 보고서(*Creative Economy Report*)』다. 이 보고서는 '지역 발전의 경로 넓히기(Widening Local Development Pathways)'라는 부제를 가진다. 둘째 보고서는 유럽연합(EU: European Union)집행위원회가 출판한 『유로지표 399: 문화적 접근성과 참여(*Special Eurobarometer 399: Cultural Access and Participation*)』이다.

이 두 보고서를 검토하면서 이 책을 시작하고자 한다. 먼저 『유로지표 보고서』를 검토하며 문화정책과 문화 관여를 고찰하고자 한다. 이 주제는 1장의 제일 앞에 있는 인용 구절과 관련되어 있다. 『유로지표 399: 문화적 접근성과 참여』는 설문조사와 면담으로부터 얻은 자료를 담고 있는데, 27개 EU 회원국 시민들의 문화 활동을 자세히 보여준다. 『유로지표 보고서』는 시민의 문화적 참여도를 아주 높음, 높음. 보통, 낮음으로 측정한 후, 문화 활동 유형에 관한 세부적인 정보를 제공한다. 문화 활동 유형은 표 1.1과 같다.

2장에서 자세히 다루겠지만, 『유로지표 보고서』에서 보여주는 문화 활동 유형 목록은 문화정책 분야에서 나타나는 여러 긴장관계를 보여주는데, '고급' 문화와 '대중' 문화 간 긴장이 가장 두드러진다. 첫 번째 문화 활동 유형 목록은 문화적 소비만 다루는데, 보고서 후반부에 등장하는 활동 유형 목록에는 문화적 생산에 관한 연구가 추가된다 (이 추가된 부분에서는 '예술적 활동 참여'라는 더욱 협의적 개념을 사용한다).

표 1.1 『유로지표 보고서』의 문화적 소비 유형(지난 1년간
각 유형별 활동의 횟수)

텔레비전이나 라디오에서 방영하는 문화 관련 프로그램 시청 혹은 청취	콘서트 관람
독서	공공도서관 방문
영화관에서 영화 관람	극장 방문
역사기념물이나 역사유적지 방문	발레, 댄스 공연, 오페라 관람
박물관이나 전시관 방문	

출처: Eurobarometer 2013

응답자가 선택할 수 있는 문화 활동의 목록이 표 1.2에 있다.

첫 번째 문화 활동 유형 목록은 텔레비전이나 라디오에서
방영되는 '문화(cultural)' 프로그램의 시청이나 청취 등을 포
함한다. 두 번째 목록은 웹디자인이나 블로그 활동과 같은
'창의적(creative)'으로 컴퓨터를 이용하는 활동까지 포함한

표 1.2 『유로지표 보고서』의 예술적 활동 유형(지난 1년간
혼자 또는 일행과 같이 각 유형별 활동을 했는지 여부)

춤	웹사이트 디자인이나 블로그 등 창의적인 컴퓨터 활동
영화 제작, 사진 촬영, 노래	시, 산문, 소설 등 작문
조각, 유화·수채화, 수공예, 소묘 등 기타 예술적 활동	무대 공연, 영화 출연
	기타
악기 연주	없음

출처: Eurobarometer 2013

다. 이 책에서 추후 다루겠지만, 문화정책의 정의와 관련된 논쟁이 최소한 부분적으로나마 문화에 대한 정의와 관련되어 있다.

필진은 (문화에 대한 정의 문제와 비슷한) 정책의 정의와 관련된 문제를 검토할 예정이다. 『유로지표 보고서』가 실제로 어느 정도까지 정책문서로 분류될 수 있는가? 이 보고서는 문화를 어떻게 측정할까라는 질문과 관련된 쟁점을 잘 보여주는데, 문화와 연관된 여러 가치를 측정한다는 주제는 문화정책연구에서 중요한 위치를 차지한다. 이 보고서는 서론에서 문화에 관한 EU의 지침에 따라 이 보고서가 작성되었다는 점을 밝히고, 유럽연합조약(Treaty on the European Union)과 'EU 문화 의제(EU's Agenda for Culture)'에서 언급된 문화 관련 문구를 인용한다. 이 보고서는 2007년에 실시된 설문조사의 후속 연구로, 문화 활동에 관한 시민의 참여가 시간의 흐름에 따라 바뀌는 양상을 보여준다. 구체적으로 이 보고서는 EU의 문화 의제와 관련된 프로그램이 어느 정도 성공적인지를 평가하기 위해 시작되었다. 이러한 맥락에서 보자면, 이 보고서는 문화영역에서 감사용 출판물로 분류된다. 이런 출판물은 소위 '신공공관리(New Public Management)'가 작동되는 시기에 확산되었다 (Belfiore2004). 춤이나 독서에 관한 단순 통계로부터 시작하여 문화에 대한 인식(thinking) 측정에 이르기까지, 다루는 주제가 다소 비약하는 모습을 보이지만, 이 보고서는 'EU 시민들이 어떻게 문화 분야에 대해 생

각하고 행동하는지'를 탐구하고 측정하려는 목적을 지닌다
(Eurobarometer 2013: 2).

우리는 EU와 관련된 유로지표 보고서의 두 측면을 언급하
고자 한다. 첫째, 『유로지표 보고서』는 문화적 참여를 통하
여 유럽 통합이 어느 정도 진행되었는지 측정하고자 한다. 따
라서 이 보고서는 유럽 내 국가 간 문화교류의 정도를 조사하
고 사람의 유동성(예를 들어, EU 내 다른 국가의 극장 방문
을 방문했는지 여부)과 문화상품의 유동성(예를 들어, EU 내
다른 국가의 소설을 읽어본 적이 있는지의 여부)을 조사한다.
이 보고서는 문화교류를 EU 내 국가 간 협력을 증진하는 정
책의 결과이자 EU 안에서 국경을 넘나드는 다양한 현상으로
이해한다 (이 책 5장 참조). 둘째, 이 보고서는 인터넷이 '문화
적 목적'의 달성에 기여하는 역할을 별도로 분석한다. '문화적
목적'이라는 개념을 정의하기 쉽지 않기 때문에, 이 보고서는
인터넷의 '직접적' 역할과 '간접적' 역할로 구분하여 인터넷
의 '문화적 목적'에 대한 기능을 설명한다. 전자는 온라인에서
기사를 읽는 행위를 포함하고 후자는 온라인에서 문화상품을
구매하는 행위를 포함한다.

언론에서 문화와 관련된 뉴스가 불규칙적이고 예측 불가능
하게 다루어지는 경향이 있는데, 2013년 『유로지표 보고서』
의 출간이 언론의 주목을 받았던 것은 분명하다. 특히, 이 보
고서에 대한 영국 국영 텔레비전 방송의 보도가 우리의 관심
을 끌었다. 영국 국영 텔레비전 방송의 관점에서는 문화 참여

에 관한 영국과 인접국 간 비교 통계가 보도할만한 가치가 있다 (인접국이 경쟁 대상으로 인식되기도 한다). 텔레비전 뉴스진행자는 이 보고서가 영국인이 프랑스인과 이탈리아인에 비해 '더욱 문화적'임을 보여준다고 요약했다. 이 말이 아주 틀리다고는 할 수 없다. 표 1.1에 있는 아홉 가지 문화 활동 유형 중 여섯 가지 유형에서 영국의 참여율이 프랑스와 이탈리아보다 높았기 때문이다. 하지만 영국 텔레비전 방송이 이 보고서의 내용을 전달하는 방식은 오랜 편견과 고정관념과 연결되어 있다 (프랑스 사람은 영국 사람을 비문화적이며 '소고기 먹는 사람(Rosbifs)'이라고 인식하고 이탈리아 사람은 자국을 유럽의 문화수도라고 자부하는 현상 등). '국경이 없는 놀이(Jeux San Frontieres)'**와 유로비젼(Eurovision)*** 을 보고 자라온 시청자에게는 영국 텔레비전 방송이 『유로지표 보고서』를 보도하는 방식이 유럽국가 간 경쟁을 재미있고

** 역자 주) 유럽방송연합(European Broadcasting Union)이 프랑스 방송 프로그램 '마을간 놀이(Intervilles, 1962년 처음 방송되었는데 마을을 대표하는 참가단이 이상한 옷을 입고 임무를 수행하면서 승패가 갈리는 예능 프로그램)'를 유럽국가 간 놀이로 확장하여 1965년부터 1999년까지 제작한 예능 프로그램이다. 유럽국가별로 참가단이 구성되어 이상한 옷을 입고 재미있는 임무를 수행하면서 우승자가 결정된다.

*** 역자 주) 유럽방송연합이 운영하는 텔레비전 방송이다. 1954년 첫 방송을 송출했고, '국경이 없는 놀이', '유럽 대중가요 경연(Eurovison Song Contest)'과 같이 유럽국가의 대표가 참여하는 프로그램을 전달한다.

희화적으로 표현하는 (유로비젼의) 방식과 유사하다는 점을 쉽게 느낄 수 있었을 것이다. 증거가 여기 있어! 영국이 또 이 겼네! 우리 영국인이 이탈리아인보다 미술관에 더 많이 가고 프랑스인보다 독서를 더 한다! (영국 텔레비전 방송은 스칸디나비아 국가의 참여율 수치가 가장 높다는 사실은 스쳐 지나듯이 가볍게 언급했다). 물론, 영국 텔레비전 방송이 『유로지표 보고서』에 실린 문화와 관련된 자세한 통계를 지나치게 단순화했지만, 문화정책이 방송의 서두를 차지하며 이목을 끄는 방식을 보여주었다.

이 책을 저술하는 동안 접했던 각종 매체에서 경제위기와 공공 부분의 예산 삭감과 관련된 보도에서 문화정책이 방송의 서두를 차지했었다. 『유로지표 보고서』와 유네스코의 보고서 모두 경제위기와 예산 삭감으로 인하여 문화 분야 생산자와 소비자가 모두 어려운 시간을 보내고 있음을 다루고 있다. 유네스코의 『창의경제 보고서』는 표지에서 '경제'를 내세우고 있는데, 이 보고서의 내용을 보면 문화를 단순히 경제발전의 한 요인으로 보는 지배적 담론으로부터 문화 활동을 더욱 다양한 형태의 경제발전 맥락 중 하나로 연관시키는 방식으로 그 시각이 바뀌고 있음이 드러난다 (유네스코의 보고서의 부제 '지역 발전의 경로 넓히기'가 이런 관점의 변화를 암시한다).

이 책에서 추후 다루겠지만, 문화정책을 추진하는 동기 및 요인은 시간, 장소, 그리고 정치적 맥락에 따라 달라진다. 최

근 몇십 년간 문화영역의 성장, 문화영역에서 수익과 고용 창
출과 같은 경제적 동인이 많은 국가에서 문화정책의 주요 이
유였으며, 이런 문화정책은 문화산업, 창의 산업, 창의 경제
등으로 묘사되었다. 이 용어들은 서로 상이한 부분을 강조하
고 있지만, 문화를 경제성장의 동력으로 보는 관점이 국가와
(EU, 유엔과 같은) 국제기구에서 점차 우위를 차지하게 되었
음을 보여준다. 특히 1990년대 후반부터 '창의산업'이라는 용
어가 세계개발도상권(Global South)을 포함하여 국제사회에
서 화두가 되었다 (Cunningham 2009). '창의산업'은 북반구
에서 만들어진 조어인데, 남반부에서는 이 용어의 활용 의도
가 순수한 학문적 목적만은 아닐 것이라 간주하였다.

경제와 관련된 대부분의 영역에서 그러하듯이, 문화가 추동
하는 경제성장의 혜택도 매우 불평등하게 배분된다. 2013년
에 출판된 유네스코의『창의경제 보고서(*Creative Economy
Report*)』는 문화산업에서 일어나는 불평등한 배분의 쟁점과
대응 방안을 다룬다. 이 보고서는 문화산업의 발전이 더 균등
하고 공정한 결과로 이어진다고 가정할 수 없다는 점을 명확
하게 보여준다. 예술가가 장소에 구애를 받지 않고 세계시장
으로 나갈 제품을 만들 수 있지만, 금융, 예술품 배급망, 관
련 법률, 기타 주요한 기술에 대한 접근성은 특정 장소에 집
중되어 있다. 문화 관련 제품은 소수 대도시의 중심지에 생산
되면, 부유하고 인구가 밀집된 지역에서 문화에 접근하기 쉽
다. 동시에 경제적 동인에 초점을 맞춘 최근 문화정책은 문화

가 우리 삶과 사회, 교육, 정체성, 영성, 심지어 유희 등에 미치는 영향에 관한 논의는 소홀히 다룰 수 있다.

『창의경제 보고서』는 (경제적 동인을 강조하는) '창의산업' 모형에서 벗어나 경제발전에 관한 다원적인 관점을 담으려 한다. 이 보고서는 탄자니아의 힙합, 멕시코의 TV 연속물(telenovella),[**] 나이지리아의 영화, 한국의 대중음악 등 세계적인 상업 대중문화의 성장을 다룬다. 또한, 협동조합, 비영리사업에서부터 일상생활에 필요할 정도로만 이윤을 추구하는 사업방식, 물물교환, 공유경제 등에 대해서도 언급한다. 이런 문화 활동을 경제적 이윤을 추구하기보다 사람을 위한 가치를 표현하는 하나의 원천으로 본다. 국가의 중앙 정부, 지방자치단체, 공동체, 활동가가 이런 변화를 인식하고 따르는 경향을 보이지만, 이런 문화 활동이 어떻게 전개될지는 미지수다 (3장에서 문화정책의 입안자에 관해 다룬다). 만약 이와 같이 단순한 경제적 이윤을 위해서가 아닌 다양한 가치를 추구하는 문화 활동이 영향력을 가진다면, 문화정책 입안 과정에 영향을 미치는 새로운 추세로 이어질 수 있다.

[**] 역자 주) 텔레비전과 소설(novel)을 결합한 조어인데 남미에서 유행하는 텔레비전 연속물을 지칭한다. 통상 1년 단위로 제작되며 19세기 통속 소설에서 등장하는 서사를 빠르게 영상으로 전개한다.

문화정책의 변화

문화정책이 무엇인가? 문화정책은 어떻게 작동하는가? 이 책은 이 두 질문을 고찰하고자 한다. 동시에 문화정책이 무엇을 위한 것인지에 대해서도 답하고자 한다. 문화정책을 공부하는 학생은 문화정책이 만들어지는 넓은 정치적 사회적 맥락을 이해해야 한다. 또한, 정책입안자, 학자, 문화 관련 종사자, 활동가, 관리자, 그리고 소비자가 이런 질문에 답해야 한다는 점도 이해해야 한다. 이 책이 분명히 언급하듯이, 문화정책은 공공정책의 한 형태이며, 다른 분야의 공공정책과 마찬가지로 정치적 변화, 재정 문제, 국제적 갈등 상황으로부터 영향을 받는다 (문화정책에 영향을 미치는 다른 요인도 있다).

한 가지 예를 들어보자. 2007~2008년에 시작한 세계 경제 위기가 자본주의에 얼마만큼 치명적인 영향을 미쳤는지는 심각한 논쟁거리다 (금융위기가 세계경제에 미친 영향에 대하여 Häring and Douglas 2012, Mirowski 2013, Turner 2012 참조). 하지만 2007~2008년 금융위기가 세계자본주의에 심대한 충격을 주었으며, 제2차 세계대전 후 유럽에서 형성된 복지 자본주의에 장기간 영향을 미쳤다는 점은 분명하다. 건강, 교육, 대중교통과 같은 공공재를 제공하는 복지국가의 모형에서 이 책이 다루는 소위 '문화정책'이라는 정책이 출발했다. (유럽에서 발전한) 복지자본주의는 문화 생산과 소비 모두를 위해 국가가 재정적으로 지원해야 함을 전제한다. 문화 재정과 관련된 결정은 누가, 어떻게, 어떤 목적으로 이루어지는가? 이 질문이 이 책의 핵심 주제이다. 하지만 세계선진권(Global North), 특히 유럽에 있는 국가가 (2007~2008년) 금융위기를 대처하기 위한 재정정책을 진행하면서 거의 파산 상태에 직면했기에 문화 관련 재정지출은 당분간 제한될 가능성이 높다. 최근 문화정책과 관련된 보도들을 보면 예술분야에 대한 재정 감축이 화두를 장식한다.

터너(Adair Turner 2012)는 문화에 대한 국가의 역할 변화가 (2007~2008년) 금융위기 이전부터 시작되었다고 주장한다. 경제적 동인을 강조하는 문화정책이 전면에 부상하고, 이런 문화정책의 수혜가 국가, 공동체, 시민에서 기업가, 영리기관이나 개인 소비자로 이동하면서 문화영역에서 국가의 역할 변화가 진행되었다. 터너는 문화정책의 정치에서 일어난 변화가 문화정책에서 국가의 역할 변화로 이어졌다고 본다. 과거 문화정책이 공동체 중심이었고 문화를 공공재로 본 반면, 최근 경제 동인을 강조하는 문화정책은 보다 더 개인 중심적이며 문화영역에서 상업적 성공과 거래를 촉진하는 방향으로 바뀌었다. 문화를 위한 공적 공간을 유지하고, 시장이 공급하지 못하는 문화 관련 활동을 지원할 수 있는 국가의 능력이 금융위기로 인하여 제약을 받게 되자, 문화정책을 경제적 규제로 보는, 즉 식품이나 약품 시장을 규제하는 방식과 비슷하게 문화를 다루는 세상으로 향하고 있다고 볼 수 있다.

필진은 이런 변화가 바람직하지 않다고 본다. (앞서 언급한) 유네스코 보고서도 일부 정책가가 이런 변화에 부정적인 관점을 가지고 있다는 점을 암시한다. 필진은 문화정책이 윤리와 정치의 핵심 영역에 존재하기에, 문화정책에 관하여 비판적 질문을 하고 문화정책에 비판적으로 관여함이 매우 중요하다고 확신한다. 문화가 우리 삶을 형성하는 데 중요한 역할을 담당하기에 저 멀리에 있는 일로 가벼이 넘겨버릴 수 없다. 저 멀리에는 있는 듯 보이지만 그곳에는 정치적 위험이 도사리고 있다. 문화정책에서 진행되고 있는 변화에 주의를 기울이지 않으면, 최소 규제만 하는 시장 주도 체제나 '우리를 대신하여' 혹은 '우리의 이익을 위한다'고는 하나 실상 그렇지 않은 결정이 일어나는 정치적 위험을 맞이하게 될 수 있다. 따라서 이 책이 문화정책을 이해하고 문화정책에 관여하는 노력이 계속되는 데 기여하길 기대한다.

문화정책에 접근하기

문화정책연구 분야는 광범위하며 복잡하다. 일부 비판가들이 문화정책이 각광을 받는 시기가 지나갔고 유네스코 보고서가 언급하기도 했던 창의경제로 인하여 '문화정책의 찬란했던 순간'이 지나갔거나 약화되었다고 하지만(Turner 2014), 이 책의 필진은 문화정책연구가 여전히 살아있고 건재하며, 지속적으로 발전하고 있다고 주장한다. 문화정책과 관련된 최근 출판물들과 문화정책을 다루는 대학교 교과과정을 조사하면,

분과학의 경계를 넘어선 다양한 연구 방법을 사용한 (문화정책과 관련된) 다채로운 연구결과를 보게 된다. 그레이(Clive Gray 2010)는 필진이 보여주고 싶은 현상을 상세히 보여준다 (그의 책에서 언급한 수많은 참고자료를 일일이 언급하지는 않겠다). 그레이의 저작은 문화정책연구자가 매우 다채로운 주제에(심지어 난잡하기까지 한) 흥미를 가지고 있음을 보여주며, 문화정책을 아래와 같이 표현한다.

> 문화정책은 '대표성, 의미와 해석', 그리고 '역사를 초월하는 정치적 기능'과 관련된다. 또한, 문화정책은 지역사회의 문화적 발전, 문화다양성, 문화적 지속가능성, 문화유산, 문화 및 창의산업, 일상의 필요를 충족하는 문화와 생태문화, 여러 문화가 교차하는 도시를 만들기 위한 계획, 문화 계획, 국어 지원, '광범위 사회 내에서의 현재 논쟁적인 쟁점,' 미국 내 '문화 전쟁', '문화적 시민의 생산'과 연관되어 있다.
>
> (Gray 2010: 218)

문화정책연구의 방향이 이처럼 다양하기 때문에, 문화정책과 관련된 연구를 요약하려면 문화정책 관련 연구 가운데 어떤 연구를 선택할지 정해야 하고, 연구를 분류하는 구조와 경계가 필요하다. 이 책의 목적 중 하나가 바로 이 작업이다. 문화정책 관련 연구에 접근하는 몇 가지 가능성이 있다. 역사적 급변, 특정 영역 내 논쟁, 문화 형태와 관행에 초점을 맞춘 접근법이 그 중 하나가 될 수 있다. 하지만, 이 책의 필진 중 한

명이 지리학자여서 그런지 몰라도, 문화정책 관련 연구를 정리하는 새로운 접근법을 채택하고자 한다. 우리는 '공간 단위의 층계(scaffold of spatial scale)'라는 접근법을 사용하고자 한다.[**] 이러한 방법론은 '비판적' 인문지리학 안에서 공간 단위의 정의, 공간 단위의 형태, 공간 단위의 유용성, 공간 단위의 존재 유무에 관하여 논쟁이 진행되고 있다는 점을 인지하는 관점에서 비롯된다 (Herod 2010 참조). 또한, 이 논쟁에서 한 발자국 물러선 비판적 관점도 동시에 필요하다. 필진에게 공간 단위는 문화정책 관련 사고를 체계적으로 정리하는 도구이다. 이는 필진만의 견해가 아니라, 다른 연구자들 중에서도 문화정책을 공간적으로 또는 지리적인 관점으로 접근해야 한다고 주장하는 경우가 있다. 예를 들어, 오브라이언 (Dave O'Brien 2013)은 지리적 관점에서 예술 분야 예산 문제를 강조하며, 도시를 분석단위로 삼아 문화정책을 연구했다. 오브라이언은 스티븐 마일즈와 함께 잉글랜드 '북부 주변

[**] 역자 주) 층계/비계(scaffold)는 건축공사 때에 높은 곳에서 일할 수 있도록 설치하는 임시가설물이다. 건물의 층수보다 1층 더 높게 임시가설물을 먼저 설치한 후, 해당 층 공사를 시행한다. 이 과정을 진행하면, 건물의 층수와 건물의 층수가 최종적으로 같게 된다. 이 책의 필진은 공간 단위를 작은 단위(지방)에서 큰 단위(국가 또는 권역)로 옮겨가면서 문화정책을 검토하는데, 이 과정이 건물을 지을 때 낮은 층수의 발판에서 높은 층수의 발판으로 옮겨가면서 건물을 건축하는 현상과 유사하다. 이 책의 필진은 문화정책을 지방 차원에서 국가 또는 더 넓은 단위로 옮겨가면서 탐구하는데, 이 과정을 가건물의 층수를 오르는 현상으로 비유한다.

지역'에 적용된 문화정책을 논의할 때 지방과 지역을 공간 단위로 사용했다 (O'Brien, Miles 2010). 오브라이언과 마일즈는 문화정책이 지방에서 실행되는 과정에 주목하면서, 문화정책이 공간과 장소를 구획하는 역할을 두드러지게 보여줄 수 있는 장소 기반 분석 방안을 제시했다. 리버풀(Liverpool)과 뉴캐슬게이트헤드(NewcastleGateshead) 간 문화정책을 비교하면서, 문화정책에 대한 '지역적'이고 장소 특화적 접근이 중요하지만, 이런 연구가 시도되지 않는다고 결론을 내린다. 더불어, 이들은 (문화)정책이 전국에 걸쳐 실행되면서 동질화가 일어난다는 주장을 반박한다. 유네스코가 『창의경제보고서(*Creative Economy Report*)』의 말미에 지구적, 국가적, 지역적 차원에 따라 (문화정책을) 논의하였듯이, 유네스코도 (문화정책연구에서) 공간 단위의 중요성을 인지한 문화정책 분석 틀을 보여주고 있다. 창의산업 관련 정책의 맥락에서, 볼커링(Michael Volkering 2001: 437)은 '정책의 공간적 속성에 관심을 불러일으키고, '지도화(mapping)'와 '경계선(boudaries)'과 같은 비유와 개념을 통해 공간적 개념을 기반으로 한 (문화)정책을 탐구한다 (Volkering 2001: 440). 문화정책을 공간 단위의 측면에서 접근하려는 시도는 단순한 비유적인 표현 그 이상의 더 큰 의미를 가진다. (문화)정책이 지리를 형성하기도 하지만 지리가 정책을 형성하기도 한다. 즉, 문화정책에서 공간이 중요하다는 주장이 (문화)정책을 공간에만 국한하여 연구해야 한다는 주장은 아니라는 것이다.

공간 단위 간 또한 공간 층위를 넘나드는 관계적 분석을 진행해야 한다. 멕칸(Eugene McCann)과 워드(Kevin Ward)는 다음과 같이 주장한다.

> 정책결정은 유동적이며 동시에 장소에 기반을 두기 때문에, 다양한 요인의 관계를 파악함과 동시에 공간 측면에서 이해되어야 한다. 정책결정의 상충적 속성이 정책의 집행에 부정적인 영향을 미친다고 보아서는 안 된다. 정책의 관계적이고 역동적인 속성과 동시에 고정적이고 공간 특수적인 속성 간 긴장이 정책집행에 도움이 될 수 있다. 생산적인 정책집행을 이루어낼 수 있다. 정책과 공간은 긴장관계 속에서 서로에게 영향을 미친다.
>
> (McCann and Ward 2011: xv)

관찰력이 뛰어나고 다양한 공간 단위들을 예리하게 포착해내는 독자라면, 이 책의 필진이 공간 단위 중에서 일부를 선택적으로 사용한다는 점을 알아챌 수 있을 것이다. 필진은 공간 단위 가운데 도시, 국가, 국제사회라는 세 가지 단위로 문화정책을 탐구한다. 독자가 선호하는 기타 다양한 공간 단위(spatial scale)들을 (저자는 이전 연구에서 음식의 지리학을 논의하기 위해 세 공간 단위를 사용했었다, Bell, Valentine 1997 참조), 이 책이 다루지 못하고 있을 수도 있다. 이와 같이 문화정책 논의를 위한 공간 단위 중심의 방법론을 다룸에 있어 발생할 수 있는 이해의 어려움을 해소하고자 공간 단위의 층계를 먼저 설명하고자 한다. 필진이 선택한 공간 단위의 층계를 작은 단위에서 큰 단위로 서술하자면, 신체-가정-지역사회-도시-지역-국가-국제사회로 구성된다. 가정에서부터 시작해 보자. 우리는 서론에서 가정이라는 공간 단위의 일례로 텔레비전 시청(유로지표 보고서 응답자들의 시청 습관이나 텔레비전 뉴스를 시청하는 것)을 언급했다. 문화정책은 다양한 경로로 가정에 영향을 미친다. 방송 전파를 통하거나, 문화적 소비행위(책, 만화책, CD 등 다양한 문화상품을 구매하거나, 블로그를 읽거나, 다양한 문화적 활동을 함)를 통하여 문화정책이 가정에 영향을 미친다. 자명하다고 볼 순 없지만, 문화정책(의 영향)이 이런저런 방식으로 가정 안에 가득하다.

가정 내 문화(의 영향)는 때로 명확하게 드러난다. 2013년 10월 어느 날, 데이비드(David)는 그의 고향 리즈(Leeds)에 있는 '시립예술관(City Art Gallery)' 밖에 서 있었는데 이상하리만치 큰 가방을 든 행인이 예술관에 드나들고 있었다. 가방 안엔 무엇이 들어 있었을까? 그림이었다. '시립예술관'으로부터 예술품을 빌려 가정에서 석 달 동안 감상하다가 반납한 후 다시 새로운 그림을 빌리려고 온 사람이 예술관을 드나들고 있었다. '시립예술관'은 지역주민에게 그림을 빌려주는 사업을 50년 동안 진행하고 있었다.[1] 가을 어느 날 점심시간에 일어나는 이 흥미로운 풍경은 문화정책(의 영향)이 가정의 공간 안으로 들어오는 현상을 잘 보여준다. 또한, 문화정책과 연관된 많은 쟁점, 즉 문화의 접근성, 활용, 가치 등이 문자 그대로 가정 안으로 들어온다. 많은 문화 관련 조사에서 드러나듯이, 우리의 문화적 활동이 가정에서 많이 이루어진다 (2장에서 영국의 설문조사 참조). 집에서 걸고 감상할 예술작품을 지역주민에게 대여하는 사업은 고급문화와 대중문화 간 경계 문제를 언급하게 한다 (Painter 2002). (2장에서 언급하는) 설문조사에 따르면, 영국 응답자의 90% 이상이 텔레비전 시청을 주요 여가 활동으로 꼽았다. TV 시청과 예술 감상이 똑같은 '문화적 가치'를 가지지는 않는다. 유로지표가 TV 시청 가운데 '문화와 관련된' 프로그램을 시청하는 행위만을 문화 참여라고 협의적으로 정의했는데, 이와 같은 유로지표의 문화 정의는 문화를 어떻게 정의할지에 관련된 어려움을 보여준다 (유로지표에서 춤은 핵심적 문화 활동 중 하나이다. 그렇다면 '명사와 춤[Strictly Come Dancing]'[**]이 문화 관련 프로그램인가?). 가정 안에서 이루어지는 문화적 활동을 명확하게 정의하기 어렵기 때문에, 이 책에서는 가정을 문화의 공간 단위로 사용하지 않는다. 하지만 가정이 문화정책의 영향을 직접 마주하게 되는 공간임에는 분명하다. 방송 규제, 저작권법, 온라인에서 끊임없이 이루어지는 문화 관련 검색, 그림 대여 등을 통하여 문화정책이 가정 안에서 영향을 미친다.

공간 단위로서 신체는 지리학 연구에서 종종 간과되며, 문

[**] 역자 주) 영국 BBC가 2004년부터 방영하는 프로그램으로, 인기 연예인이 전문적으로 춤을 추는 사람과 짝을 이루어 사교춤 또는 라틴 춤으로 경연을 진행한다. 많은 국가에서 'Dancing with the Stars'라는 이름으로 제작되었다.

화정책 관련 연구에서도 주목을 받지 못하고 있다. 그러나 일부 연구에 따르면, 애국심을 불러일으키거나 더 '교양있게' 행동하도록 훈육시키려는 목적 등 다양한 이유로 신체와 관련된 속성이, 예를 들어, 추방, 예절, 정서적 표현, 감등 등이, 문화정책의 대상이었다. 특히, 푸코의 관점(Foucauldian)에서 문화기관을 연구한 베넷(Tony Bennett)은 사람의 행동을 규정하는 문화정책의 역할을 논의한다 (Bennett 1995, 1998). 베넷의 연구가 예술관과 같은 특정 제도적 공간들만 다루는 것이 아니라, 문화가 행위와 행동을 재형성한다는 점에 주목하여 문화가 작동하는 공간 단위 중 하나로서의 신체에 관해서도 흥미로운 논의를 제공한다. 우리는 예술관에게 어떻게 행동해야 하는지 배운다. 구체적으로 어떤 자세로 서야 하는지, 그림을 얼마 동안 보아야 하는지, 예술관에서의 적절한 몸짓과 표현 방식이 무엇인지, 어떤 소리를 내거나 내지 말아야 할지를 배운다. 예술관에서 관객으로 어떤 몸짓을 해야 하는지를 배운다 (아마도 이런 훈육을 피하려는 의도로 예술작품을 빌려 집으로 가져갈지도 모른다). 신체를 통해 문화가 표현된다는 점은 논란의 여지가 없고, 이는 즉 문화정책이 신체를 형성하고 재형성한다고 주장해도 틀린 말은 아니다.

이 책은 (문화정책 분석에 있어) 공간 단위로서 공동체(community)와 지역(region)을 개별 장에서 다루기보다는 이 책의 전반에 걸쳐 다룰 예정이다. 문화정책연구를 위한 분석단위로서 '공동체'를 더욱 심도있게 다룰 필요가 있지만, 그보다는 여러 장에 걸쳐 간헐적으로 다룰 예정이다. 문화정책연구에서 공간 단위로서의 공동체에 관한 논의는 부침을 겪었고 다양하게 사용된다. 공동체가 때로는 '지역주민(the people)'과 동의어로 사용되기도 하고 (예를 들어, '지역주민의 예술[community arts]'은 지역주민을 공동체로 표현함), 때로는 특정 문화영역에 종사하는 사람의 집단으로 표현되기도 하고(예를 들어, '예술가 집단[arts community]'은 문화영역에 종사하는 사람을 공동체로 표현함), 조약에 의하여 구획된 사람의 총합으로 표현되기도 한다 (예를 들어, 유럽공동체[European Community]는 EU를 만든 조약에 따라 형성된 유럽국가/국민의 총합을 공동체로 표현함). 이처럼 공동체는 문화와 문화정책에서 다양하게 사용되지만, 용어로서 일관성을 가지지 못한다. 공간 단위로서 지역(region)은 이 책에서 몇 차례 명시적으로 언급하는데, 공간 단위의 하나로서 지역이라는 용어가 가지고 있는 문제점들이 있다. 지역이란 어떤 공간 층계에 해당하는가? 5장과 6장에서 지역을 검토할 예정인데, 지역이 무엇을 지칭하며 어떤 공간적 영역을 지칭하는지에 대하여 다양한 입장이 있다. 때로 지역이, 오브라이언과 마일즈(2010)의 영국 '북부 주변지역'에 대한 연구 또는 알렌 등(Allen *et al.*'s 1998)의 영국 동남 지역에 대한 연구와 같이, 국가라는 단위 안에 존재하는 공간 단위를 지칭하는 용어로 사용된다. 예술 행정이 영국 중앙 정부에서 지역 정부로 부분적으로 이양되는 현상은 국가 안에 존재하는 공간 단위에서 진행되는 문화정책의 예로 잘 알려져 있다 (Gray 2000). 때로 지역이 EU의 사례에서와 같이 국경을 아우르는 초국가적 공간 단위를 지칭하는 용어로 사용되기도 한다 (이 책에서 국가적 측면과 국제적 측면에서 EU를 검토할 예정이다). 앞서 언급한 유럽지표 보고서는 EU를 지역으로 간주하는 관점을 가지며, 지역으로서 EU를 세분하여 북유럽과 남유럽 간 차이를 보여준다 (종종 국가 간 차이도 보여준다). 앞서 언급한 유네스코 보고서가 남남협력(South-South cooperation)을 강조하는데, 이러한 지역 관련 논의 역시 묵시적으로 지역을 초국가적 공간 단위로 파악하면서 지구화에 대응하는 문화정책과 관련된 쟁점을 논의하는 방식을 보여준다. 이 책에서 문화정책을 논의함에 있어 지역, 국가, 국제사회 이외의 기타 공간 단위를 활용하지 않다고 하더라고, 문화정책과 문화정책 관련 연구에 도움이 되는 새로운 시각을 제공한다고 확신한다. 이를 통해 (문화정책연구에서 존재하는) 다양한 쟁점을 이해하는 새로운 관점을 전하고자 한다.

책의 구성

궁극적으로 이 책이 (독자로 하여금) 지속적으로 문화정책을 알아가고 다양한 방식으로 문화정책에 관여하는데 도움이 되기를 희망한다. 앞으로 각 장에서 전개될 내용에 대해 간단히 언급하며 이 장을 마무리하려 한다. 2장에서는 문화정책에서 언급되는 '문화'에 집중한다. 어떠한 문화적 형태와 관행이 문화정책의 범위 안에서 논의되는지 분석함으로써, 문화정책의 범위를 설명하고자 한다. 더불어, 문화학이 문화정책에 미치는 영향을 살펴봄으로써, 고급문화와 저급문화, 전통문화와 대중문화를 구분하는 논쟁을 정리한다. 대중문화 또는 하위문화를 위한 정당성과 지원을 획득하기 위한 경쟁과 관련된 쟁점에 대해서도 검토한다. 시간의 흐름에 따라 어떻게 문화 활동이 분류되고 이해되는지 살펴보고, 문화산업, 창의경제, 창의산업과 같은 개념을 소개한다. 최종적으로 문화자본에 관한 논쟁에 기반하여, 문화 소비가 문화정책적 관점에서 어떻게 개념화되고 평가되는지 검토한다.

3장은 공공정책의 한 부분으로서의 문화정책을 이해하고자 한다. 문화정책이 공공정책의 일부라는 점이 문화정책연구에 어떤 의미를 가지고 있는지 탐색한다. 문화정책 분야에서 최근 진행되는 주요 논쟁을 요약한 후, 문화정책과 관련된 논쟁이 문화정책에 대한 비판적 분석과 문화정책의 응용으로 '반반으로 갈린(torn halves)' 현상을 논의한다. 그 후, 누가 문화정책을 결정하는지에 관련된 논의를 검토한다 (이 질문에 대한 답은 보기보다는 매우 복합적이다). 문화정책이 어떻게 만들어지는지도 검토한다. 문화정책 관련 학계의 연구에서 사용되는 연구 방법/접근법과 문화정책학 간 관계도 대략적으로 보여줄 예정이다. 또한, 문화정책을 형성하는 과정에서 활용되는 연구 방법을 검토한다. 영국의 지역 문화 전략과 같은 사례를 자세히 살펴봄으로써 문화정책을 논의하는데 활용될 수 있는 다양한 관점들을 소개한다. 문화정책을 문헌으로, 담론으로, 과정으로, 또한 관행 등으로 생각할 수 있다. 문화정책을 다르게 이해하는 방식을 잘 드러내는 기존 연구에 기반하여, 문화정책연구에서 활용되는 다양한 방법론과 접근법을 그려내고자 한다. 마지막으로, 어떻게, 어디서, 왜 문화정책이 변화하는지를 검토함으로써 정책이동성(policy mobility) 관련 연구를 정리한다.

4장에서는 도시 문화정책에 대해 살펴본다. 지난 30년간 정책혁신이 주로 도시에서 일어났다. 도시가 문화정책연구에서 왜 중요했는지 검토하면서, 도시행정에서 문화를 활용하는 다양한 방식을 정리한다. 문화가 경제개발의 수단으로, 삶의 질을 향상시키는 수단으로, 도시 이미지 개선의 수단으로, 도시재생의 수단으로 폭넓게 활용되었다. 문화를 수단으로 인식하는 관점이 어떤 위험성을 내포하고 있는지, 각 관점에서 중요하게 여기는 사항이 무엇인지 검토하면서, 특정 정책에 대한 저항, 도시에서 지속가능한 문화 지형을 만들려는 노력, 현대 문화정책의 약점, 특히 젠트리피케이션(gentrification) 등을 논의하고자 한다.

문화정책 분석에 있어 국가와 중앙 정부가 가장 현저하고 명백한 분석단위일 수 있지만, 중앙 정부는 예술과 문화를 직접 관리하는 방식에 대하여 모순된 태도를 보인다. 국가를 분석단위로 하여 문화정책을 연구하는 학자들 중 일부는 중앙 정부가 직접 개입하는 방식과 방임하는(또는 일정 거리를 유지하는) 방식 사이에서 다양한 지향점을 보인다. 5장에서는 국가 차원의 문화정책을 몇 가지 유형으로 단순하게 분류하여 설명하려는 시도를 비판적으로 검토하고 개별 국가의 문화정책에 관한 연구와 국가 간 문화정책을 비교하는 연구를 개략적으로 제시한다. 또한, 국가 단위를 '넘어선' 초국가 문화정책을 다루기 전 중앙 정부와 국가가 문화를 활용하는 방식을 살펴보고, 국가 차원에서 이루어지는 정당 정치와 문화정책 간 상호작용을 검토한다. 몇 국가의 문화정책을 사례로 사용하여 민족, 국가, 문화 간 관계에 대한 논쟁을 비판적으로 조감한다.

문화상품의 생산, 소비, 분배가 세계 경제의 국제화라는 근본적 맥락 안에서 진행되고 있지만, 문화정책연구는 세계 경제의 국제화 속도를 따라잡지 못하고 있다. 6장에서는 문화정책연구 분야에 있어 간과되고 있는 국제문화정책을 다룬다. 문화 거래, 외교, 문화다양성, 사회경제적 발전에서 문화의 역할을 살펴본다. 유네스코(UNESCO), 세계지식재산권기구(WIPO: World Intellectual Property Organization), 유엔무역개발회의(UNCTAD: UN Conference on Trade and Development) 등 국제문화정책에 관여하는 국제기구가 일반 개인 문화 생산자 또는 소비자에게 멀리 떨어져 보이지만, 문화와 관련된 국제기구가 문화 환경을 만들어나가고 있다는 점을 잊지 않아야 한다. 문화정책 전반에 걸쳐 제기되는 중요한 쟁점을 정리하면서, 간략한 결론을 맺는다.

📖 주

1) https://museumsandgalleries.leeds.gov.uk/leeds-art-gallery/
the-picture-library-at-leeds-art-gallery/ 참조.

📖 참고문헌과 추천서

Allen, J. Massey, D., Cochrane, A., Charlesworth, J., Court, G., Henry N. and Sarre, P. (1998). *Rethinking the Region*, London: Routledge.

Belfore, E. (2004) 'Auditing culture: the subsidised cultural sector in the New Public Management,' *International Journal of Cultural Policy*, 10(2): 183–202.

Bell, D. and Valentine, G. (1997) *Consuming Geographies: We are Where we Eat*, London: Routledge.

Bennett, T. (1995) *The Birth of the Museum: History, Theory, Politics*. London: Routledge.

_______. (1998) Culture: a Reformer's Science. London: Sage.

Bourdieu, P. (1984) *Distinction: a Social Critique of the Judgement of Taste*, Harvard MA: Havard University Press.

Cunningham, S. (2009) 'Trojan horse or Rorschach blot? Creative industries discourse around the world', *International Journal of Cultural Policy*, 15(4): 375–86.

Eurobarometer (2013) *Cultural Access and Participation*, Special Report 399. Available at https://data.europa.eu/data/datasets/
s1115_79_2_399?locale=en.

Gray, C. (2000) *The Politics of the Arts in Britain*, Basingstoke: Macmillan.

_______. (2010) 'Analysing cultural policy: incorrigibly plural or ontologically incompatible?' *International Journal of Cultural Policy*, 16(2): 215–30.

Häring, N. and Douglas, N. (2012) *Economists and the Powerful: Convenient Theories, Distorted Facts, Ample Rewards*, London: Anthem Press.

Herod, A. (2010) *Scale*, London: Routledge.

McCann, E. and Ward, K. (2011) 'Urban assemblages: territories, relations, practices, and power', in E. McCann and K ward (eds.) *Mobile Urbanism: Cities and Policymaking in the Global Age*, Minneaplolis MN: University of Minnesota Press.

Miller, T. and Yudies, G. (2002) *Cultural Policy*, London: Sage.

Mirowski, P. (2013) *Never Let a Serious Crisis Go to Waste: How Neoliberalism Survived the Financial Meltdown*, London: Verso.

O'Brien, D. (2013) *Cultural Policy: Management, Value and Modernity in the Creative Industries*, London: Routledge.

O'Brien, D. and Miles, S. (2010) 'Cultural policy as rhetoric and reality: a comparative analysis of policy making in the peripheral north of England', *Cultural Trends*, 19(1): 3–13.

Painter, C. (ed.) (2002) *Contemporary Art and the Home*, Oxford: Berg.

Turner, A. (2012) *Economics after the crisis: Objectives and Means*, Cambridge MA: MIT Press.

Turner, G. (2014) 'Culture, politics and the cultural industries: reviving a critical agenda', in K. Oakley and J. O'Connor (eds.) *The Routledge Companion to the Cultural Industries*, Londong: Routledge.

UNESCO (2013) *The Creative Economy Report: Widening Local Development Pathways*, New York: UNESCO.

Volkering, M. (2001) 'From Cool Britannia to Hot Nation: "creative industries" policies in Europe, Canada and New Zealand', *Cultural Policy* 7(3): 437–55.

2장

문화정책에서 문화

문화 정의하기

문화의 여러 형태 가운데 어떤 형태의 문화가 공공정책의 영역에 포함되는가? 왜 특정 형태의 문화가 공공정책의 영역에 포함되는가? 이 두 질문이 문화정책을 분석하는 데 있어 첫 당면과제이다. 이 과제는 단순히 '문화'라는 단어가 어떤 의미를 지니는지를 이해하는 것 그 이상의 논의를 요구한다. 문화를 삶의 방식이라는 광의적 의미로 이해하거나 또는 예술적 행위라는 협의적 의미로 정의하든지 간에, 모든 문화 활동이 동일한 방식으로 문화정책의 대상으로 다루어지지 않는다. 국가가 특정 문화의 형태와 상호작용하는 방식이 매우 선택적이고 상황에 따라 달라지며, 특정 문화의 형태를 지원하거나, 억압하거나 또는 규제한다. 2장에서는 문화정책에서의 '문화'가 어떻게 결정되는지 분석하고자 한다.

현재 우리가 사용하는 문화개념은 19세기 두 대조적인 접근법에서 유래했다. 한 접근법은 문화를 예술적 행위 및 제품으로 정의하는 반면, 다른 접근법은 문화를 인간사회를 자연으로부터 구분하는 인류학적 상징체계로 정의했다. 첫째 접근법은 아놀드(Matthew Arnold)와 같은 빅토리아 시대 사상가와 관련되어 있는데, 문화를 인류가 추구할 수 있는 또는 추구해야 할 이상적 활동으로 이해한다. 문화는 더 나은 인류를 대표하며, 인류로 하여금 세상을 재고하고 다시 만들 수 있도록 돕는다. 예술이 문명화로 이어진다는 아놀드의 주장이 1860년대에 등장했지만,[1] 이 주장은 150년 후에도 여전히 문화정책을 실행해야 하는 목적 중 하나로 작동하고 있다. 두 번째 접근법은 문화를 인류학적 의미로 이해하여, 문화라는 개념에 먹는 방식, 입는 방식, 신을 믿는 방식 등을 포함한다. 일반적으로 유럽, 북아메리카, 남아메리카, 캐나다 및 호주에서는 문화정책 영역에서 인류학적 의미로서의 문화를 다루지 않는다. 이런 국가에서는 문화정책에서 예술적 활동이라는 협의적 의미의 문화개념을 사용한다. 물론 예술로 간주될 수 있는 활동은 매우 광범위 하며 또한 어떤 활동이 예술로 간주될 수 있는지 여부는 매우 논쟁적 질문이다.

문화를 삶의 방식으로 이해하는 인류학 접근법도 '개발' 담론, 특히 세계개발도상권(Global South)에 있는 탈식민 국가의 '개발' 담론에서 여전히 영향력을 가지고 있다. 이 접근법은 문화 연구(cultural studies) 맥락에서 '문화'라는 의미를 재고하는 과정에서도 중요한 역할을 담당했다. 구술로 이어지는 전통, 언어, 의례, 심지어 영적 믿음을 총괄하는 '무형문화재'가 유네스코(UNESCO: United Nations Educational, Scientific and Cultural Organization)의 문화라는 개념 구조 안에 포함된다는 점이 그 일례이다 (6장 참조). 20세기 특히 1940년대 이후 문화정책은 고급예술에 초점을 맞추는 협의적 접근법에서 문화적 행태 전반을 광의적으로 포함하는 접근법으로 움직이고 있다. 하지만, 문화가 아직 모든 '삶의 방식'을 다 포함하지는 못한다.

삶의 방식이라는 광의적 개념으로 정의된 '문화'와 '그 외 모든 것'을 구분하는 지점이 명확하지 않다는 비판이 많은 연구자에 의하여 제기되었다 (Gray 2010; Hesmondhalgh 2005; Loosely 1995; McGuigan 1996). '문화'라는 개념의 경계를 쉽게 정할 수 없다는 점이 문화와 관련된 연구는 물론 공공정책에서 심각한 난제이다. 공공정책을 입안하고 집행하기 위해서는 관련 활동의 범위를 정해야 하고 어떤 활동에 관여해야 할지 정해야 하기 때문에, '문화'의 모호한 경계가 공공정책 결정과정에 난제를 가져다준다. 저자는 문화정책에서 언급되는 문화를 '문자와 관행을 통해 상징되고 생산되는 것들과 그 의미'로 이해한다 (Storey 2006: 2).

오랜 역사 동안 국가나 종교 차원에서 '예술적 활동'을 지원해왔지만, 정작 문화정책 영역 내에서 문화에 관한 논의는 최근에 시작되었다. 제2차 세계대전 직후 많은 유럽국가가 세금으로 형성된 공적 자금을 문화에 투입하기 시작했고 문화지원의 이유를 명료하게 설정했다. 1946년 영국예술위원회(British Arts Council)가 설치되었을 때, 경제학자이자 당시 시대 정신을 이끌던 케인즈(John Maynard Keynes)는 아래와 같이 설립 목적을 밝혔다.

> 대중이 연극, 음악, 회화와 같은 예술을 향유할 수 있도록 노력하며 그 목적을 이룰 가능성이 있는 협회 또는 단체를 활성화, 독려, 지원하기 위함이다.
>
> (Keynes 1982: 368).

윌리엄스(Raymond Williams [1981b] 1989)가 지적했듯이, 상기 영국예술위원회의 설립 목적에서는 문학뿐 아니라 영화, 사진, 라디오, 텔레비전이 언급되지 않았다. 아주 예외적 경우를 제외하면, 영국예술위원회의 관할 영역에서 언론 정보 산업이 지금도 제외되어 있다. 하지만 다른 측면에서 본다면, 영국예술위원회가 담당하는 문화 분야를 일일이 언급하지 않았던 이러한 케인즈의 구상은 선견지명이었다고도 볼 수 있다. 케인즈는 대중의 물질적 욕구가 충족된다면 아래와 같은 현상이 발생할 것이라 확신했기 때문이다.

> 대중이 가장 고상한 형식으로 표현된 전통예술과 현대예술에 쉽게 접근할 때, 새로운 예술작품이 예상치 못한 곳

에서 예상치 못한 모습으로 풍부하게 생겨날 것이다.
(Keynes 1945, Williams [1981b] 1989: 22 인용)

설립 초기부터 영국예술위원회는 새롭게 부상하는 문화 형식을 인지하고 지원하는 역할을 담당했는데, 이러한 영국예술위원회의 역할이 성공적이었는지 여부에 대해서는 의견이 갈린다. 1940년대 이후 문화정책 관련 논쟁 가운데 예술로서의 문화와 삶의 방식으로서의 문화 간 경계와 관련된 논쟁이 치열하게 진행되고 있다. 대중문화가 문화정책의 관할 영역 안에 어느 정도까지 포함되어야 하는가라는 질문이 지금까지도 문화정책연구 분야 내에서 핵심 논쟁 중 하나이다. 대중문화가 TV 시청, 클럽 가기, 페이스북 글쓰기처럼 '삶의 방식'과 관련된 활동들을 전통문화 또는 고급문화보다는 더 많이 다룬다고 간주되기에, 대중문화를 다루지 않을 수는 없다.

문화정책이 점차 광범위한 예술적 활동, 특히 대중문화 활동을 다루게 되면서 문화의 인류학적 측면에 편중되는 경향을 보인다는 비판을 받기도 했는데, 과거 프랑스 미테랑정부가 그 일례이다 (Loosely 1995). 이는 특히, 정책입안자가 문화 활동을 기타 공공정책에 활용하려 하거나 실업 또는 공동체의 문제 등 특정 사회적 쟁점을 해결하기 위하여 문화를 활용하려고 하는 경우가 이에 해당한다 (Loosely 1995).

런던 남부 지역에 위치한 람베스 위원회(Lambeth Council)가 최근 발간한 보고서를 보면, 인류학적 관점으로 문화를 이해하는 접근법에 대한 비판적 시각이 잘 드러난다. 『문화를 통

한 웰빙: 람베스 문화 운영지원 전략(*Wellbeing through Culture: Developing a Cultural Commissioning Strategy for Lambeth*)』은 지방자치단체가 문화 활동과 연계하여 복지를 증진시킬 수 있는 경로를 탐색한다 (Lambeth 2010). 현재 복지는 서방 세계에서 중앙 정부의 핵심 고려사항이다 (Stiglitz *et al.* 2009). 이 보고서에서 문화라는 개념을 '해야 할 활동과 가보아야 할 곳'으로 규정하는데 (Lambeth 2010: 10), '여기'에 숙박 시설, 찻집, 운동 시설과 여행 등이 포함된다. 이렇게 문화를 광의적으로 정의하는 방식이 분석적 측면에서 또는 문제해결 측면에서 만족스러운가?

분석적 관점에서 볼 때, 식당에서 식사하는 행위는 분명히 문화적 활동이다 (Beriss, Sutton 2007). 우리는 단지 허기져서 식당에 가지는 않는다. (허기로 인하여 식당에 갈 수도 있지만) 식당에서 제공되는 음식과 서비스, 식당에서 요구되는 행동이 모두 상징적 의미와 연결되어 있다. 우리는 단지 허기만을 달래기 위해 식당에서 식사하지 않지만, 또한 상징적 의미를 주로 생각하며 식당에 가지도 않는다. 영화관에 다녀오는 길에 음식점에 들리는 경우가 그러하다. 영화 관람이 '주요 목적이거나 그 자체로가 목표'인 반면, 먹는 행위는 다양한 기능을 가진다. 허기를 채우기 위한 음식 섭취는 여러 기능 중 하나일 뿐이다 (McGuigan 2004: 23).

문화정책이 예술적 형태로서의 문화를 주로 다루지만, 이보다 더 광의적인 (단지 문화적 활동에 국한되지 않는) 목표를 달성하기 위해서는 광의적 개념의 문화 영역 안에서 문화 정책이 관여하는 예술적 행태를 명확하게 필요가 있다. 사실, 최근 수십 년간 공공정책이 '탈중앙집권적(decentred)' 방향으로 움직이고 있는데 (Bevir and Rhodes 2003), 문화정책도 예외가 아니다. 최근 수십 년간 문화적 활동이 과거 '예술을 위한 정책'이라고 간주되었던 문화정책보다는 도시계획, 교육이나 이민정책과 같이 '비문화적' 정책으로부터 더 큰 영향을 받아왔다. 이런 '비문화적' 정책이 정부부처 중 문화부뿐만 아니라 경제부처와 도시계획 부처에 의하여 만들어지거나, 지적 재산권에 관한 무역 협상이나 법적 논쟁에 따라 결정되기도 한다. 따라서, 문화정책을 연구하는 학생이 정책 방향을 이해하기 위해시는 문화정책과 관련된 보다 넓은 다양한 맥락에서의 논쟁을 인식해야 한다.

버넷(Bennett 1998)이 주장한 바와 같이, 우리는 현재 문화정책의 결정과정에 참여하는 행위자의 숫자가 과거에 비하여 증가했다는 사실이 문화 또는 문화정책이 민주화되고 있다는 것을 의미한다고 혼동해서는 안 된다. 문화정책과 관련된 논의가 증가했지만, 문화 자산에 대한 소유권과 통제는 더욱 집중화되었다 (Hesmondhalgh 2005). 또한, 정부가 지원할 만한 가치가 있다고 판단되는 문화 활동을 확장했지만, 정부가 문화 활동을 확장하는 목적은 여전히 매우 규범적이다. 정부는 문화정책으로, 예를 들어, 시민들이 베토벤에 대해 더 알게 함으로써, 또는 런던의 남부에 있는 람베스의 지역 미디어에 익숙하게 함으로써, 시민을 변화시키려고 한다.

　이러한 맥락에서, 문화정책에 관한 다양한 질문들을 던져 보고자 한다. 시민이 어떤 유형의 문화 활동을, 예를 들어, 영화 관람 또는 음악 관람과 같은 활동을 하라고 정부가 권유해야 할까? 시민이 여가시간을 보내는 방법을 정부가 어느 정도 알려주어야 하나? 정부가 시민의 여가활동을 어느 정도 지원해야 할까? 전통을 가지고 있다고 주장하는 특정 문화 활동이 다른 유형의 문화 활동에 비하여 더 좋다는 전제를 가지고 정부가 문화정책을 시행해야 할까? 재즈 또는 고전 음악보다는 시민이 대중음악에 접할 가능성이 더 많다고 인정하면서, 시민들에게 다양한 문화적 활동을 하라고 권유해야 할까? 지원하는 쪽의 입장을 전혀 고려하지 않은 채 문화 소비자의 선호에 맞는 문화 활동에 대한 지원을 해야 할까?

고급과 저급, 그리고 그 사이

문화정책이 주로예술 형태의 문화를 다루어 왔다는 주장이 있지만, 과거 다른 예술과 비교하여 일부 특정 예술 활동만이 지원이 받은 이유는 명확하지 않다. 루이스(Justin Lewis)와 밀러(Toby Miller)는 문화정책의 범위 안에 포함된 문화 활동이 "필수 문화적 자산을 갖춘 사람들만이 누릴 수 있는 문화로 상류층에 의해 한정되었다"고 주장함으로써 문화 활동의 편향성에 관한 입장을 함축적으로 보여준다 (Lewis and

Miller 2003: 3). 대부분 국가에서 고전 음악, 오페라, 발레, 박물관과 같은 '고급문화' 또는 '전통문화'로 분류되는 문화 활동에 대하여 정부가 지원을 많이 하는 경향이 나타난다. '고급문화'를 향유하는 사람의 비중과 '고급문화'에 대한 지원이 반비례 관계를 보인다 (Looseley 1995). '고급문화'를 과도하게 지원하는 근거는 시대에 따라 달라지지만, 문화 분야에서 재정적 지원을 담당하는 예술기관들은 지속적으로 고급문화를 지원해왔다. 예로 들면, '영국왕립오페라단(Royal Opera House)'은 1946년부터 현재까지 매년 영국예술위원회로부터 가장 많은 지원을 받았다.

('고급문화'에 집중하는) 문화정책이 다른 문화 활동, 특히 대중매체의 성장을 지원하지 않는 것은 아니다. 영국에서 가장 중요한 문화기관인 BBC(British Broadcasting Corporation)는 공공정책으로 건립되었고, 설립 이후 저작권료(license fee)[**]라는 이름으로 설정된 세금을 통하여 지원을 받고 있다. 실제 정책의 수립과 집행에서 혹은 학술적 연구에서 문화 정책과 대중매체 정책이 분리되면, 문화정책이 예술은 물론 대중매체에 미치는 영향을 파악하기 어렵게 되며 문화정책이 우리의 문화적 삶에 미치는 영향을 파악하기 어렵

[**] 역자 주) 저작물을 사용하는 사용자가 저작권자에게 지불하는 비용을 의미하는데, BBC가 만든 1차 창작물을 다중에게 보여주거나 활용하여 2차 창작물을 만들 때 BBC에게 지불해야 하는 비용을 의미한다.

게 된다 (1장 참조). 그럼에도 불구하고, 지난 1세기 동안 상업적 매체 산업이 성장하여 경제적으로 또한 문화적으로 여타 과거에 누리던 문화 활동과 그 유형을 능가하게 되었음에도 불구하고, 문화정책이 대중문화의 확산으로부터 '고급문화'를 지키는 방어적 역할에 집중해왔다.

월리엄스는 1981년 저술한 글에서 문화정책의 목적을 다음과 같은 네 가지 방식으로 이해할 수 있다고 말했다.

> 국가의 순수 예술 지원
> 경기 회복·부양책
> 시장 개입
> 대중문화의 확장과 변화
>
> (Williams [1981b] 1989)

유럽국가, 호주, 캐나다의 문화정책을 분석하면, 문화정책의 주요 목적이 예술 후원과 문화 생산을 위한 지원임을 알수 있다 (Upchurch 2004). 시장 개입이 실제 어느 정도 구현되었는지에 대해서는 논란이 있지만, 문화를 정책의 관점이 아니라 '산업'으로 접근하려는 방식으로 시장개입이 이루어졌다 (하기 참조). 월리엄스는 전체 예산에서 예술 지원을 확보할 수 있었던 유일한 설득력 있는 근거가 '**대중문화의 확장과 변화**'라고 주장한다 ([1981b] 1989: 148). 월리엄스는 시민들의 문화에 대한 접근성은 시장(원리)를 통해 작동될 수 있다고 가정하기에 문화에 대한 시민들의 접근성을 위한 지원에 초점을 맞추지 않고 '확장되고 변화하는 대중문화'를 언급하고 있다는 점이 주목할 만하다. 윌리엄스는 대중문화가 다른 유형의 문화와 마찬가지로 뛰어난 결과물을 만들어낼 수 있는 잠재력을 가지고 있지만, 대중문화에 대한 개입은 여전히 필요하다는 입장을 가진다. 윌리엄스는 대중문화를 있는 그대로 수용하지 않는다. 하지만, 다수 시민이 납부하는 세금을 통해 문화 분야가 운영되는 부분이 있기 때문에, 그들이 향유할 수 있는 문화가 더 다양해질 수 있는 많은 지원들을 기대해볼 수는 있다.

문화를 정의하는 것이 어렵다면, 대중문화(popular culture)를 정의하는 것 또한 결코 쉽지 않다. 대중문화가 다중문화(mass culture)나 상업문화(commercial culture)와 종종 혼동되기도 하는데 (Adorno 1991; Cowen 1998),[**] 대중문화는 대중 사이에 인기가 있고 대중이 즐긴다는 속성을 가진다. 이와 같은 대중문화에 대한 정의는 현실 상황에 대체적으로 부합하는 개념이지는 하지만, 대중문화 안에 (소수 사람만 좋아하고 향유하는) 하위문화가 있기 때문에, 대중문화를 단순히 대중적 인기나 대중의 향유라고 쉽게 정의할 수 없다 (Hebdige 1979).

[**] 역자 주) '다중문화(mass culture)'는 다중이 누리거나 따르고 있는 듯 보이는 문화이다. 비판이론은 다중문화가 대중의 순종으로 이어지는 문화산업의 결과물로 해석한다. 문화산업은 문화를 상업화하고 문화로부터 예술적 요소를 분리시켜 대중을 수동적으로 만든다고 주장한다.

대중문화를 '고급문화' 또는 전통문화와 비교하여 정의할 수도 있다. 그러나 대중문화를 '고급문화' 또는 전통문화와 단순히 구분하여 정의한다면, 문화의 역사적 맥락이 사장될 수 있다. 셰익스피어(Shakespeare)와 디킨스(Dickens)는 오늘날 고급문화로 분류되겠지만, 두 작가와 동시대에 살던 사람들은 두 사람을 대중 연예인으로 여겼다. 매체로서 영화와 비디오 게임은 지적 계몽의 수단이 아니라 유흥거리로 간주되었지만, 20세기 동안 예술의 반열에 오른 영화 목록이 생겨나기도 했다. 예술 반열에 오른 영화 목록 중에는 타르코프스키(Tarkovsky)나 쿠로사와(Kurosawa)와 같은 감독이 제작한 예술 영화가 있고, 〈사랑은 비를 타고(*Singin' in the Rain*)〉와 〈싸이코(*Psycho*)〉와 같은 고전 대중영화도 있다 (Wollen 2012). 대중문화를 사람들의 문화(culture of the people)로 정의하는 접근법도 있다. 대중문화를 간혹 전통문화 또는 민속문화와 연결하기도 하지만 많은 사람이 일상생활 중 즐기고 생산하는 문화로 정의한다 (MacDonald 2003). 이런 의미에서 윌리엄스는 문화가 '일상적이다(ordinary)'라고 묘사한다 (Williams 1958).

대중문화의 상업성에 대한 논쟁이 계속되고 있지만, 대중문화에 대한 공적 지원을 반대하는 근거로 대중문화의 상업성이 오랫동안 언급되었다. 시장의 정상적 작동으로 고품질 소설, 영화, 텔레비전 프로그램, 대중음악이 충분하게 만들어지기에, 상법의 적용 이상으로 대중문화에 개입할 필요가 없다는 주장이 제기되기도 하였다 (Cowen 1998). 그러나 미디어 정책에서, 적어도 많은 유럽국가의 언론정보 정책에서, 공영방송에 대한 정부의 개입은 정부가 대중문화에 개입하지 말아야 한다는 주장과 반대되는 현상이다. 영국 문화계의 핵심이자 공적 지원을 받는 BBC는 개국 이래 뉴스, 다큐멘터리, 어린이 프로그램과 더불어 대중문화를 제공하는 사업을 해왔다. 다른 기관들, 특히 영국예술위원회뿐 아니라 영화 지원 기관들과 (문화)유산 관련 기구들은, 논쟁의 소지는 있었지만, 20세기 중반 이래 수십 년간 점진적으로 대중문화에 대한 지원을 확장해왔다. 영국 내셔널트러스트(National Trust)가[2] 비틀즈(Beatles)의 존 레논(John Lenon)과 폴 메카트니(Paul McCartney)의 어린 시절 거주지를 구입하여 보존할지 여부에 대한 결정, 영국영화위원회(UK Film Council)에 예산 시원 여부에 대한 결정 등에서 보여지듯이, 공공 문화기관은 '예상하지 못한 방식으로 새롭게 등장한 형태'의 대중문화를 지원하기 위해 노력해왔다 (Keynes 1945, Williams [1981] 1989 인용).

현대 대중문화를 구성하는 여러 요소 가운데 지원을 받을 만큼 가치를 가진 대중문화의 요소를 미리 결정하기 쉽지 않다. 시장 기반 접근법을 문화 상품의 생산에 적용하려는 시도조차도 모든 시대의 문화 산물 중 오직 일부분만이 '시간의 시험(test of time)'을 이겨내고 건재할 수 있다는 의견에 동의한다 (Cowen 1998). 최고의 영화를 위해 매년 개최되는 오스카 시상식(Oscar awards)에서 1942년 〈시민 케인(*Citizen Kane*)〉이 존 포드(John Ford)가 주연한 〈나의 계곡은 푸르렀다(*How Green was My Valley*)〉에 밀려 최우수작품상을 받지 못했고, 1976년에는 루멧(Sydney Lumet) 감독이 연출한 〈네트워크(*Network*)〉가 〈록키(*Rockey*)〉에 밀렸다. 비틀즈나 밥 딜런(Bob Dylan)의 위상이 확실하더라도 현재 대중음악 제작에 개입하기 어렵다. 즉, 과거로부터 전해오는 다양한 규범과 현재의 기준들을 통해 그 문화적 가치를 판단하는 풍토를 뜻하는 '선별적 전통(selective tradition)'에 따라 대중문화의 가치가 결정되어야 한다 (Williams 1973:44).

국가의 대중문화 개입이 '문화 컨텐츠나 그 선택지의 지나친 단순화'로 이어진다고 우려하는 시각도 존재한다. 또는 고급문화에는 그 컨텐츠를 파악하거나 평가하는 판단 근거가 있지만, 대중문화는 명확한 심미적 기준이나 요소가 없다고 주장하며, 대중문화를 즐기는 사람들이 '좋아하는 것만 좋아하고' 다른 이들의 말을 듣지 않는다고 폄하한다 (Jenkins 2012). 하지만 오코너(Justin O'Connor)는 다음과 같이 말한다.

> 지속적으로 대중문화에 참여하는 이는 자신만의 독창성을 형성하고자 노력한다. 패션계, 영향력이 있는 소수 집단, 파벌, 영화계, 범죄 조직, 하위문화의 영역에서는 항상 차이를 만들려고 한다. 대중문화의 모든 영역이 차이와 배제를 다룬다.
>
> (O'Connor 2004: 64)

즉, 대중문화 영역 내에서도 그 기준이 때로 불명확할지라도 컨텐츠의 생산이나 소비에 있어 일정한 선별 행위가 이루어진다. 1970년대에 태어난 세대는 시위, 글램 락(glam rock),[**] 통통볼(Space Hoppers)[***]이 1970년대를 대표한다고 단순하게 묘사하는 주장을 당혹스럽게 받아들인다 (Sandbook 2012). 1970년대를 돌이켜보면, 여성주의, 동성애자의 권리, 반핵운동, 벨벳언더그라운드(Velvet Underground)[****]가 있었다. 그러므로 누가 '문화 지배층(cultural elites)'을 형성하는지, 특정 시기 대중문화의 여러 요소 가운데 특정 장르가 선택되는지에 대해 신중하게 고찰할 필요가 있었다. 문화 지배층은 다양한 범위의 역할과 영향력을 행사하는데, 대중문화에서는 재정지원을 결정하는 공공영역의 문화 지배층보다는 시장에 기반한 상업적 주도층이 더 영향력을 가진다.

이러한 대중문화의 다층적인 이슈들로 인해 특정 (문화)정

[**]   역자 주) 1970년대 초반 영국에서 발생한 락 음악으로 음악가들이 특이한 옷차림과 화장으로 관심을 끌며 퇴폐적인 분위기를 만들었다.

[***]   역자 주) 1969년 영국에서 등장한 어린이 놀이기구로 탄력성이 높은 고무공으로 말타기 놀이에 사용된다.

[****] 역자 주) 루 리드(Lou Reed, 보컬, 기타), 존 케일(John Cale, 베이스, 비올라), 스털링 모리슨(Sterling Morrison, 기타), 모린 터커(Maureen Tucker, 드럼)로 구성된 락밴드이다. 1970년대 샌프란시스코에 기반한 락밴드와 히피가 기존 사회체제에 도전하는 성향을 보인 반면, 뉴욕에 기반한 벨벳언더그라운드는 '내적 개인혁명'을 추구했다.

책결정자에게는 대중문화를 주류 문화정책에 포함시키는 일이 과거에도 그리고 현재에서도 어려운 과제일 수 있다. 지원을 받을 가치가 있는 문화가 시장으로부터 보호받아야 한다는 주장이 이미 1980년대 적실성을 잃었다. 상업문화산업이 발전하고 상업문화를 가정으로까지 가져오는 대중매체가 성장하면서 대부분 사람들에게 "문화는 상업문화이다"라고 생각하게 되었다. 문화정책이 정당성을 가지려면, '시장을 통하여 시장 안으로' 개입하는 길을 찾아야 한다 (Garnham 1987).

문화산업 논쟁

많은 이들이 미디어 및 문화의 핵심을 묘사하는 용어로 '문화산업(cultural industries)'을 선호한다 (Hesmondhalgh 2002). 문화정책의 맥락에서 문화산업의 의미를 검토하기 이전에 이 용어에 내포된 역사적 지적 배경을 검토할 필요가 있다. '문화산업'이라는 용어는 마르크스주의 철학자인 아도르노(Theodore Adorno)와 호르크하이머(Max Horkheimer), 특히 그들이 독일 나치를 피해 미국에서 망명 중 저술한 『계몽의 변증법(*Dialectic of Enlightenment*)』(1947, 2002)과 연계되어 있다. 프랑크푸르트학파(Frankfurt School)의 전통에 걸맞게, 두 저자는 산업 자본주의에서의 문화에 대한 비판적인 (정말로 비관적인) 관점을 취한다. 아도르노와 호르크하이머는 사회 비판을 할 수 있었던 예술이 이제는 경제로 철저하게 흡수되어 그 어떠한 비판적 기능도 할 수 없는 하나의 산업으로 변형되었다고 보았다 (Adorno 1991). 그들의 입장에 따르면, 예술이 자본주의 그 자체가 되어버렸기 때문에 예술이 더 이상 더 나은 사회를 제시할 수 없다. 예술이 다른 종류의 사회를 보여줄 수 없고 사람으로 하여금 그가 살고 있는 사회를 단지 받아들이게 만든다. 실제로, 문화상품의 범람 속에서 소비자의 선택이 더 커졌다고 하지만, '모두에게 제공되며' 생산된 각각의 내용물에 큰 차이가 없는 표준화된 상품을 선택을 선택한다. 누구도 (자본주의의 표준화된 소비로부터) 벗어날 수 없다 (Adorno, Horkheimer [1947] 2002: 351).

최소 19세기 중반부터 현대주의(modernims)와 전위예술(*avant garde*)을 결합하는 정치적, 미적 혁명이 좌파의 핵심적 사고였다. 예술의 해방 가능성이 붕괴되는 현상으로 인하여 아도르노와 호르크하이머는 절망하였다. 그러나, 오코너(Justin O'Connor 2010)는 아도르노를 단순히 대량문화의 보수적인 비판가로 간주해서는 안된다고 주장한다. 문화 생산의 산업화에 주목한 아도르노의 저작은 다른 사상가와 정책결정자가 현대 자본주의적 민주주의 안에서 문화의 역할을 이해하는 기초를 제공한다. 아도르노는 문화가 경제적 생산과 이익 창출 영역 밖에서 어떤 역할을 담당하는지 탐구하였다. 시간이 지남에 따라 아도르노의 화두는 적실성을 더 가지게 되었다.

문화산업에 관한 아도르노의 견해는 대량산업문화 또는 '미국화된(Americanised)' 문화가 제2차 세계대전 후 유럽에서 우위를 차지하는 현상에 대한 우려와 연결되어 있다 (Hoggart 1957). 또한, 유럽의 문화적 전통을 지키고 싶은 소망과도 연결되어 있다 (더 자세한 논의는 6장 참조). 아도르노와 호르크하이머는 소외된 집단의 권리를 강조하면서 1960년대 이후 정치와 산업화된 문화생산의 복합성에 대한 이해를 반영하여 문화산업에 대한 통찰력을 제시했다. 반면, 미에지(Bernard Miege 1989)를 포함한 문화산업 연구자는 아도르노와 호르크하이머의 저작을 비판적으로 수용하면서, 아도르노와 호르크하이머의 통찰력을 발전시키려 노력했다.

1950년대 이후 공적 지원을 받을 만한 가치가 있다고 여겨진 문화 형태가 늘어났다면, 1970~1980년대에는 문화정책의 범주에 관하여 급격한 변화가 있었다. 서유럽 도시에서 좌파가 집권하면서 고급예술에 대한 지원을 줄이고 정치적 입장을 보이는 문화 형태를 지원하였다 (Bianchini 1987). 이런 변화는 환경주의, 페미니즘, 동성애자와 소수민족 활동주의 등 1968년 이후 사회적 운동과 연관되어 있다. 이런 사회운동은 문화에 관한 새로운 관점을 제시하였고 그동안 억제되어 왔던 예술 형식과 예술가에 주목하였다. 문화정책이 이런 변화를 수용하게 되면서, 전국 단위로까지 확대되지는 못했지만, 최소한 도시 단위에서는 문화정책의 범주가 전통적인 고급예술에서 대중문화, 특히 열광적인 지지자가 운영하고 구독하는 잡지(fanzines), 독립영화제작자, 급진적 출판사 등 '대안문화'로 확대되었다 (Bianchini 1987).

문화정책의 범주가 확대됨으로써, 문화정책의 입안 및 실행에 참여하는 관계자들의 인식에서 세 가지 변화가 일어났다. 첫째, 문화의 상품화가 아도르노와 호르크하이머의 주장보다 훨씬 더 복합적이며 양면적 성격을 가지고 있다는 점을 인식하게 되었다. 둘째, 문화상품에 대한 소비자 반응이 조작되고 있다는 주장, 특히 문화적으로 조작을 당해 미국 대중문화를 수동적으로 수용한다는 주장이 설득력을 가지지 못한다는 점을 인식하게 되었다. 문화산업은, 겉보기에는 문화생산계 또는 시장이 문화산업을 통제하는 듯 보이지만, 문화생산계 또는 시장에 의하여 통제되지 않는다. 문화생산의 산업화 현상으로 일부 문화 형태가 약화되는 듯 보이지만, 다양한 형태의 문화 상품이 생산되고 판매될 수 있는 기회의 문이 열리기도 했다. 더불어, 문화상품 생산자는 문화상품에 대한 소비자들의 반응을 예측할 수 없기에, 어떠한 문화상품을 판매해야 좋을지 감을 잡기 어려운 경우도 비일비재하다. 셋째, 영화제작자와 대중음악가와 같이 문화상품을 대량으로 만드는 생산자는 자신의 독자성 유지, 자신이 전달하고픈 의견, 자신의 정치적 견해에 관심을 가지며, 투자자, 제작사 측과 상이한 입장을 개진하기도 한다.

문화를 산업이 아니라 공공정책으로 접근하려는 사람은 시장이 만들어내는 문화상품에 만족하지 않는다. 더 나아가, 대중문화를 변화시켜야 한다는 윌리엄스의 주장을 수용한다. 헤스몬달그(Hesmondhalgh 2012: 167)가 말하듯이, 문화를 산업이 아니라 공공정책으로 접근하는 사람은 "문화산업을 달가워 하지는 않지만 문화산업이 현대 문화에서 중심적 지위에 있다"는 점을 인정한다. 예를 들어, 프랑스에서는 프랑스 문화가 '미국화(Americanisation)'된다는 우려가 오래전부터 있었고, 이 우려로 인하여 1980년대 미테랑 정권 아래서 프랑스산 영화를 상영해야 하는 최소 일수를 정한 할당제(quota system)와 같은 문화보호조치가 만들어졌다 (Loosely 1995). 프랑스의 문화정책이 문화민족주의(cultural nationalism)로 비판을 받기도 하지만, "문화와 경제의 관계는 변증법적이며 긍정적 효과를 창출하는 잠재성도 있다"라는 점을 인정하기 시작하였다 (Loosely 1995: 80).

영국이 가진 문화산업에 대한 새로운 시각은 1983~1986년 대런던위원회(GLC: Greater London Council)[**]의 '문화산업' 전략에서 가장 선명하게 드러났다. 대런던위원회의 문화산업전략은 기존 문화산업의 범주에 대중문화를 포함하려 했고, 문화정책이 입안되는 기제를 변경하려 했다. 대런던위원회와 런던고용위원회는 머레이(Robin Murray)와 간헴

[**]   역자 주) 대런던위원회는 1963년 런던지방자치법(London Government Act)에 의하여 설립되었는데, 런던과 런던 주변 도시의 행정을 통합적으로 운영하는 기구였다. 런던 보수집권당에 의하여 1986년 해체되었다.

(Nick Garnham)의 주장으로부터 영향을 받았다. 두 위원회는 프랑스 학자 미에지(Miege)의 생각에 기반하여, 공적 지원을 받던 고급문화와 산업문화 간 차이를 없애는 문화산업 정책을 발전시켰다. 대부분 사람의 문화 소비가 시장의 힘에 영향을 받기에, 문화정책이 문화영역에서 시장의 힘을 인정한 상태에서 만들어져야 하며 녹음실, 잡지사, 상업적 스포츠 기관과 같은 상업적 기업에 공적 지원을 할 수 있다고 주장했다 (Garnham 1990). 간햄은 (상업성을 추구하지 않는 대안문화의) 자급성을 높이고 현재 상업 문화산업계의 문지기(gatekeepers) 역할을 하는 각종 세력과 제도를 대체하는 대안을 제공하기 위해서는, 문화정책이 소규모 문화산입에 대한 시장여구와 (공적지원의) 분배에 초점을 맞추어야 한다고 주장했다. 문화를 시장으로부터 지키기보다는 시장 안에서 지원할 필요가 있다는 것이며, 이런 방식을 통하여 아도르노가 사라질까 두려워했던 문화의 비판적인 역할을 다시 살릴 수 있는 대안이 제공될 수 있다는 논지이다.

대런던위원회는 다양한 문화상품 배분을 할 수 있는 경로를 창출하기 위한 공적 지원 분야로 특히 방송계를 고려했지만, 실행으로 이어지지 못하고 구상 단계에 머물렀다. 대런던위원회의 대부분 문화정책이 실제 실행되기 전, 당시 보수당 정권에 의하여 대런던위원회가 해체되었다. 하지만, 대런던위원회의 문화정책구상은 현재에도 여전히 영향력을 가지고 있다. 문화영역이 경제적으로 중요하다는 믿음이 방송계뿐만 아니라 여러 영역에서 뿌리를 내렸고, 문화정책과 경제적 경쟁 간의 상호적 성장을 수용하는 방향으로 변화하였다. 물론, 경제적 경쟁과 성장 간의 관계는 눈에 띄는 현상이지만 역기능적일 수도 있다. 문화영역의 경제적 성장과 새로운 문화 기반 산업을 지원하는 지방자치단체, 특히 도시의 문화전략은 여러 도시에서 모방되었다 (5장 참조). 공적 지원을 받는 고급문화와 상업적 대중문화는 그 경계가 분명하며 불변하다는 생각은 현저하게 약화되었다. 문화정책에 관한 새로운 생각이 등장하면서, 시장에 대한 '비판적 관여', 즉 시장의 힘에 맞서거나 시장의 힘을 전복하는 정부의 역할이 중요하다는 생각 또한 사그라들었다. 이러한 경향은 향후 문화산업이라는 개념이 다양한 정치적 복잡성을 수반할 수 있다는 점을 암시한다.

창의산업

'문화', '대중문화', '예술' 등 지금까지 우리가 살펴본 많은 용어와 다르게, 창의산업(creative industries) 개념은 1997년 영국 '창의산업 임시 전담반(Creative Industries Taskforce)'의 수립과 함께 시작되었다는 점이 분명하다. 창의산업에 대한 정의가 (매우 문제적일 수 있지만) 다른 개념들에 비해 상대적으로 명료하기도 하다.

개인의 창의성, 기술, 재능에서 유래하는 데 지적재산의

생산과 활용을 통하여 경제적 이익과 고용 창출의 잠재
력을 가진 산업

(DCMS 2001: 4)

1997년 집권한 영국 노동당 정부는 13개 창의산업 분야
(표 2.1 참조)로 구성된 산업계를 정의하고 구획하기 위하여
'창의산업 임시 전담반'을 설립하였다. 문화산업의 경제적 중
요성을 수량화하기 위한 시도가 영국과 다른 나라에서 한동
안 진행되었다 (Myerscough 1998). 대규모 상업 기관과 실
제 대규모 공공 문화기관과 관련된 자료들은 통계 작업에 비
교적 용이하지만, 사실 많은 문화 생산은 소규모 회사나 자영
업자, 자유고용자에 의해 이루어진다. 새로운 정부부저, 특
히 재무부에게 문화영역의 중요성을 설득하고자 하는 문화부
에게 있어, 문화 생산의 경제적 힘이 얼마가 중요해지고 있었

표 2.1 영국의 창의산업

광고	음악
건축	행위예술
예술과 고미술품	출판
공예	소프트웨어와 컴퓨터 서비스
디자인	텔레비전과 라디오
디자이너 패션	상호적인 레저 소프트웨어
영화	

출처: 문화·미디어·스포츠부(Department of Culture, Media, and Sport)

는가를 증명하는 과제가 매우 중요하다. 즉 창의산업 발상으로 문화영역이 전통 예술과 언론정보 분야를 넘어 창의적 서비스, 즉 디자인, 건축, 광고 분야까지 확장하였다 (NESTA 2006).

문화산업에서 창의산업으로 용어가 변화하는 현상은 중요한 의미를 가지며 학술문헌에서도 자주 언급되었다 (Garnham 2005; Hesmondhalgh 2008; O'Connor 2007). 광고나 디자인과 같은 서비스 산업이 문화영역에 포함됨으로써, 문화의 영역이 우리가 문화산업이라 지칭했던 분야보다 더 확대되었다. 창의산업에 '소프트웨어'가 포함되는지 여부에 대한 논쟁이 있었지만, 서비스 산업이 포함되었다는 점은 현실을 반영한 변화였다. '닷 컴(dot com)' 호황이 일어났던 1990년대 상황을 고려하여 문화영역의 범위를 이처럼 넓게 잡았기 때문에 '창의산업 임시 전담반'은 창의산업과 관련된 직업이 영국 경제의 8%를 차지하며, 대부분의 여타 경제 분야에 비해 창의산업이 더욱 빠른 성장을 하고 있었다고 주장할 수 있었다 (Oakley 2014).

문화와 경제성장을 연결하는 창의경제 개념이 등장함으로써, 이후 창의경제와 관련된 정책 문서에서 경제성장과 문화영역을 통합적으로 다루게 되었다 (van Heur 2008). 커닝헴(Stuart Cunningham)이 "창의산업에 대한 가장 엄격한 비판조차도 창의산업 개념이 전 세계에 걸쳐 수용된다는 점에는 동의한다"고 언급했듯이 (Cunningham 2009: 576), 창의산업 접근이 여러 국가와 공동체에서 근사하게 활용된다. 이는 창의경제가 가진 다면적 속성으로 인한 결과다. 다양한 사회경제적 지향을 가진 정부가 다양한 정치적 상황에서 경제성장을 위하여 문화의 역할을 근사하게 언급한다. 따라서 창의경제 용어는 다양한 방식으로 사용된다 (이제는 '문화산업'과 '창의산업'을 포함하는 수준으로 확장된다). 예를 들면, 영국에서는 창의산업 영역에 박물관이 아닌 패션이 들어가지만, 프랑스에는 패션이 아닌 박물관이 포함된다 (Newbigin 2010).

문화산업에서 창의산업으로 용어가 바뀌는 현상은 정치적 함의를 가지고 있다. 이는 좌파 정치의 퇴조를 의미힌다. 좌파는, 대런던위원회의 사례에서 드러나듯이, 지방자치정부의 문화 개입에 적극적이었다. 창의산업의 기저에는 단순히 시장에 개입하고 싶은 수준을 넘어 시장을 형성하고 싶은 의지가 깔려있다. 즉, 생산과 분배에서 거대상업이익을 제어하여 포괄적이며 민주적인 시장을 만들고 싶은 의지가 있다. 즉, 창의산업 접근법에 기반한 정책들은 문화제품의 생산에 대한 지원에 적극적이다. 특히, 공적지원으로 소규모 문화산업의 발전을 촉진하려 하는 한편, 대규모 시장구조에 대한 개입에는 적극적이지 않다. 신자유주의에 기반하여 정책 초점을 공급에 맞춘다. 즉, 문화 생산과 배분을 장악한 거대 산업체들의 이익을 침해하지 않으면서 소기업을 돕기 위한 다양한 지원 방안을 고려하는 방식을 취한다.

창의산업이 세계적으로 유행하게 된 이유는 지배적 정치적 의제와 부합하기 때문이다. 창의산업은 문화가 경제성장에 기여한다는 경험적 증거 또는 문화가 경제성장의 원천이 될 수 있음을 언급한다. 창의산업은 전 세계적으로 성장하고 있으며, 다른 경제 분야보다 더 빠르게 성장하고 있다. 특히 이 글을 저술하고 있는 시기에 진행된 장기적인 경기 침체에도 불구하고 성장하고 있다. 그러나 성장과 관련된 창의산업의 일부 주장이 아직 이루어지지 않았다. 창의산업이 세계적으로 성장하고 있다는 것은 자명하지만 (UNESCO 2013), 국가 영역, 대륙별 영역 간의 차이가 크다. 또한, 문화 활동 유형 간에도 큰 차이가 존재한다. 행위예술과 문화유산처럼 공적 지원을 받는 문화영역은 축소된다. 반면, '구식' 사업으로 분류되는 뉴스, 음악 산업, 영화는 디지털 기술의 성장에 따라 기존 사업수익에 감소세를 보였지만, 새로운 수익산업모형을 찾기 위하여 노력하고 있다 (Doyle 2013).

창의경제 혹은 문화경제?

창의산업의 성장에도 불구하고, 창의산업이라는 용어는 아직 정착되었다고 할 수 없으며 수많은 다른 용어들이 공존한다 (관련된 유용한 논의는 UNESCO 2013: 19-25 참조). 창의산업 관련 용어는 중립적이지 않고 특정한 정치이념적 내용을 담고 있다. 실제로, '문화' 혹은 '창의' 산업에 관한 논의는 현재 창의경제 혹은 문화경제 논의의 형태로 이루어지고 있다.

(현재 유네스코를 비롯한 국제기구가 선호하는) '창의경제'는 하나의 의미로 고착된 용어가 아니라 그 의미가 변화한다. 창의경제는 문화산업이 새로운 기술을 만들고 소비시장을 형성함으로써 문화영역을 넘어 경제 전반에 영향을 미치는 현상을 포착하려 한다. 창의경제는 문화영역 자체의 성장보다는 문화영역의 성장이 경제 전반에 성장을 추동하는 현상에 초점을 맞춘다. 문화와 경제 간의 관계를 논하는 다양한 학파가 있지만, 문화와 경제 간 관계에 관한 정설은 아직 없다.

'문화화 논지(culturisation thesis)'는 문화와 경제 간 관계에 대한 접근법을 하나 보여준다. '문화화 논시'에 따르면 문화가 스스로 다양한 모습으로 확산된다. "문화는 정보, 언론, 고급 상품, 매체 상품, 교통과 여가 서비스와 관련되어 다양하게 나타난다. 문화화로 인하여 다양해진 문화의 형태는 예외적 현상이라기보다는 일반적이다"(Lash, Lury 2007: 8) 따라서 문화화는 특별한 상징적인 현상이 아니라 일반적인 현상이다. 하지만, 사회과학 전통에서 유래한 '문화화 논지'는, 경제와 문화 간 관계를 분석하기보다는 강화하려는 경제학 전통에서 유래한 개념보다 정책연구에서 영향력을 가지지 못했다.

문화경제학자인 트로스비(David Trosby)는 문화영역을 '동심원(concentric circle)' 모형(Throsby 2010)으로 묘사하는데, 이 모형이 창의영역과 경제 간 관계, 문화영역과 경제 간 관계를 이해하는 데 활용된다. 문화의 동심원 모형에 따르면

창의 예술이 발상의 원천이자 추동력으로 동심원의 핵심이
다. 창의 예술로부터 나온 발상이 언론정보와 같은 다른 문화
산업에서 활용된다 (Andari et al. 2007; UNESCO 2013).
트로스비는 '핵심' 예술과 '핵심' 예술의 외연에 해당하는 상
업적 문화산업 간 관계를 예리하게 분석하면서 핵심과 외연
간 비유를 공적 지원을 받는 문화영역과 경제에도 적용했다.
반면, 트로스비의 동심원 모형을 정책 맥락에서 활용하는 연
구자는 '표현적 가치'[**]를 문화산업과 창의산업에 국한시키지
않고 더 넓게 문화와 관련이 없는 상품(예: 다이손 사의 진공
청소기)을 생산하는 경제 영역으로 확장시키려 한다 (Andari
et al. 2007).

'인적 자본'이 영역을 초월하여 존재한다는 주장이 있다. 이
주장에 따르면, 경제 영역에서 창의적 직군에 근무하는 사람
이 문화영역에서 근무하는 사람보다 더 많다 (Higgs et al.
2008; NESTA 2013). 디자인 산업계를 보면, 창의산업 이외
의 영역(예: 제조업)에서 근무하는 디자이너가 창의산업으로
분류되는 업계(예: 디자인 자문회사)에 근무하는 디자이너보
다 많다. 이 주장을 다른 산업계로 확대할 수 있는지 여부는

[**]   역자 주) 표현적 가치(expressive value)'는 문화적 의미와 이해를
형성하는 핵심 의미체계다. 트로스비의 주장에 따르면 문화산업
의 '표현적 가치'는 심미적 가치(aethetic value), 영적 가치(spir-
itual value), 사회적 가치(social value), 역사적 가치(historical
value), 상징적 가치(symbolic value), 독창적 가치(authenticity
value)로 분류될 수 있다.

도시계획사, 소프트웨어 전문가, 사서 등을 창의 노동자로 인정할 수 있는지 여부에 달려있다. 만약 이들을 창의 노동자로 인정한다면, 창의직업의 개념을 문화영역을 넘어 확장시키게 되고 결국 순환 논리에 빠지게 된다. 도대체 어떤 기준으로 창의직업이 창의적인가? 춤, 연기나 사진과 같이 문화와 관련된 직업이기 때문인가? 도시계획이 문화적 활동이 아닌데, 도시계획은 왜 창의직업에 포함되는가? 만약 창의가 새로운 생각을 활용한 활동을 의미한다면, 왜 화학자는 포함되지 않고 음악가가 포함되는가?

창의 관련 논쟁은 '창의경제'와 관련된 정책을 문화와 예술의 생산과 소비로부터 일반적 혁신정책으로 조명한다. 1980년내 이후 문화산업의 주창자가 '문화'와 '경제' 간 간극을 좁히려 노력했지만, 창의 관련 논쟁은 '문화'와 '경제' 간 간극을 다시 드러낸다. '창의산업' 개념이 문화에서 비판적 정치의 약세를 알리는 신호였다면, '창의경제' 개념은 비판적 정치의 약화로 한 발 더 나아간다. 즉, 경제성장이 정책 목표가 되어야 한다는 주장이 무비판적으로 수용되며, 문화 자체를 더욱 심도있게 비판적으로 다루고자 하는 견해에 대한 거부가 매우 강하다. 문화와 관련된 비판적 견해는 주류 담론에 들지 못한다. 주류 담론에서는 문화와 상업 사이에 역사적 긴장관계가 없고 양자가 유기적으로 연결되어 있다.

2013년 영국 국립과학기술예술재단(NESTA: National Endowment for Science, Technology and the Arts)은 창

의산업을 "상업적 목적을 위해 창의적인 재능을 활용하는 데 특화된 분야"라고 재정의했다 (NESTA 2013: 13). 이 정의에 따르면, 자발적 봉사나 공공 분야에서의 비상업적인 문화 생산이 창의산업에 포함되지 않는다. 이와 같은 정의에서는 창의산업의 목표가 사회적, 정치적, 문화적 동기와 무관하게 순전히 경제적 이익이다. 창의산업이 경제적 이익을 추구한다고 정의하면, 문화정책은 공적 지원을 받는 문화에 다시 집중하고 혁신정책은 대중문화의 규제와 지원에 집중하게 된다. 시장이 문화에 미치는 영향을 인지하고, 시장이 문화 생산과 소비를 왜곡하지 못하도록 정책을 세우려는 시도가 사라질 수 있다.

6장에서 논의하겠지만, '창의경제'를 정의하는 용어가 다양하게 제기되는데, 특히 UNESCO와 같은 초국가기구에서 활발하게 진행된다. '창의경제'에 대한 새로운 정의가 '문화경제'의 명목으로 등장하면서도, 정작 문화의 경제적 측면에 초점을 맞추지 않기 때문에, 혼란이 가중된다. '창의경제'의 경제적 측면에 초점을 맞추지 않는 입장은, (문화를 인류학적 관점으로 넓게 이해하며) 문화적 이해가 사회와 경제에 대한 이해에 영향을 미친다고 주장한다 (Amin, Thrift 2004). 따라서 문화는 우리가 '경제'로부터 원하는 바를 재고하도록 한다. 우리가 '경제'로부터 원하는 바가 소비 상품 또는 서비스가 될 수 있고, 가치 또는 신조와 연결될 수도 있다. 깁슨 (Chris Gibson)의 주장에 따르면, '문화경제' 개념이 현재 지속가능하지 못한 경제 관행에 대하여 의문을 제기해야만 하는 임박한 상황과 조응된다. 즉, 현재 경제 관행이 지속될 수 없기에, 적절한 또는 잘못된 생산과 소비의 형태에 대한 규범적 비판이 있어야 한다는 것이다 (Gibson 2011: 6).

간략하게 정리하면, 문화산업 정책에 대하여 매우 다른 두 접근법이 존재한다. 한 접근법은 현재 성장 모형에 기반한 경제성장에 초점을 맞춘다. 또 다른 접근법은 경제성장이 문화정책, 나아가 모든 공공정책의 목표에 항상 포함되어야 한다는 시각에 한계를 가지고 있다는 점에 주목한다. 문화정책에 관한 이와 같은 좌우간 관점 차이, 보수적 입장과 급진적 입장 간 관점 차이는 새로운 현상이 아니다. 문화정책에 관한 상이한 입상 간 관계는 역사적으로 중요한 분기점에서 다양한 방식으로 나타났다. 동시에, 문화적 소비가 어떻게 변화해왔고 문화적 소비 형태를 형성하는 데 공공정책의 역할을 무엇인지와 관한 큰 질문 역시 해결되지 않았다.

고급문화와 하위문화의 소비

누가 어떤 조건에서 문화를 소비하는가? 이 질문은 문화정책 결정자에게 항상 중요했다. '문화산업' 담론에서는 문화소비가 공적 원조가 아니라 시장을 통하여 이루어기 때문에 문화소비를 확장하려면 시장을 활용해야 한다. '창의산업/경제' 담론에서는 문화생산과 경제성장의 관계가 중요하다. 문화소비가 시간의 흐름에 따라 어떻게 변화했는가? 문화산업이 경제에서 중요한 부분을 차지하게 되었고, 인터넷과 디지털 산업과 연결된다. 이런 상황에서 문화정책이 여전히 문화에 대한 접근에 초점을 맞추어야 할까? 문화정책이 어떤 유형의 문화를 다루어야 할까?

임금, 계급, 사회적 지위 등이 문화소비 행태와 상관관계를 보이는 문화소비의 사회적 계층화가 주목을 끈다. 문화소비를 '문화자본'의 일부로 분석한 프랑스 사회학자 부르디외(Pierre Bourdieu)의 연구가 문화소비의 계층화 현상에 관한 연구에 많은 영향을 미쳤다. 부르디외는 문화적 취향과 지식이 사회적 계층화로 이어지고 (음악 또는 발레와 같은 사교육을 통하여 후대로 전수됨으로써) 계급 간 분화의 사회적 재생산에서 핵심적 역할을 한다고 생각했다. '문화자본'이 사회적 이점을 주는 문화에 대한 지식으로 이해되기도 하지만, 부르디외는 문화적 자본을 사회 지배계층이 계층 간 차이를 고착화하기 위한 수단으로 보았고, 지배계층이 특정 문화적 소비형태를 활용하여 계층 간 갈등을 발생시킨다고 주장했다.

문화정책결정자들은 일반적으로는 부르디외의 사회 비판적 관점을 완전히 수용하지는 않지만, 어린이의 문화 소비 습관을 발전시키는데 문화교육이 중요하다는 주장을 전개하기 위하여, 문화지식이 다음 세대로 이전된다는 부르디외의 견해를 이용한다. 훌륭한 공공 교육 체제에서도 어린 시절 문화적 참여를 위한 접근성의 불평등을 없애기 어렵다. 중산층 출신 어린이는 경제적으로 빈곤한 가정 출신 어린이보다 현장학습에 참여하고 극장, 박물관, 연주회 등에 갈 기회가 더 많다 (Bennett et al. 2009). 그러나 문화적 소비와 생산 습관을 기르는 데 있어 학교 안에서 문화적 활동이 중요하다고 주장은 공공교육예산에서 문화 관련 예산을 확보하게 하는 근거로 기능하기도 했다. 학교에서 문화적 참여와 소비를 지속적으로 경험한 학생이 자신감과 소통 기술을 가진다는 연구도 있다 (Bamford 2006). 그러나 이러한 교내 문화 활동에 대한 긍정적인 연구에도 불구하고, 문화적 노출로 더 나은 시험 결과를 얻을 수 있다는 증거가 다소 약해서인지, 전 세계 많은 정부들은 문화적 교육을 전반적인 학교 교육 프로그램 중 흥미로운 부가직인 활동일 뿐, 필수 요소로 보지는 않고 있다.

한편, '고급문화'가 지배계층과 연관되어 있다는 부르디외의 주장은 문화적 취향이 다양해지고 있다는 주장과 고급문화를 누리는 지배계층의 존재를 부정하는 주장으로부터 비판을 받는다 (Chan, Goldthorpe 2007). '문화 잡식 논지(cultural omnivore thesis)'에 따르면, 문화 소비자는 크게 문화의 여러 형태를 소비하는 '문화 잡식' 집단과 소수 문화 형태만 소비하는 '문화 편식(cultural univore)' 집단으로 나뉜다 (Peterson, Kern 1996). '문화 잡식' 집단은 오페라, 연극, 박물관에서부터 대중음악, 영화, TV, 비디오게임까지 다양한 문화를 향유한다. '문화 잡식 논지'를 조금 더 확장하면, '문화 자본'이 베토벤 또는 몰리에르에 대한 지식, TV 연속극에 대한 지식과 같이 문화적 컨텐츠의 위계를 구성하지 않고 고급문화와 대중문화를 섭렵하는 지식으로 구성된다는 함의로 이어진다. 즉, 문화자본은 최신 문학작품에서 시작하여 비디오게임과 TV 광고까지 포괄하는 다양하고 포괄적인 지식을 포함한다.

그러나, '문화 잡식 논지'가 설득력있기는 하지만 문화 소비의 형태 간 경계가 사라졌음을 의미하지는 않는다 (Miles an Sullivan 2010). '문화 잡식'과 '문화 편식' 간 구분이 여전히 사회적 불평을 나타내고 있을 수 있다. 대중문화와 관련된 지식은 현재 널리 알려져 있지만, 일부 문화적 형식은 대중들의 인식과 향유의 정도가 여전히 제한적이다. 2005년 이래로, 영국 디지털문화미디어스포츠부(Department for Digital, Culture, Media and Sports)는 다른 많은 기관과 함께 매년 문화와 스포츠 참여에 관한 연구를 진행해왔다. 이 설문조사는 3만 명에 달하는 영국 성인의 가중 표본을 활용하였으며, 설문조사의 결과는 분기별로 제공된다.

이 연구 결과는 영국 국민들의 문화적 활동에 대한 긍정적인 결과를 보여준다. 설문조사에 따르면, 영국 성인의 거의 4분의 3이 유적지를 가본 적이 있으며, 반은 박물관이나 화랑을 방문한 적이 있고 약 80%는 예술 이벤트와 같은 곳에 참여한 적이 있다. 하지만, 참여 경험을 여러 문화적 형식별로 검토하면, 특정 문화적 형식에서는 참여 경험이 제한적이다. 응답자 중 20%가 상업적 공연의 핵심이라고 할 수 있는 뮤지컬을 관람한 반면, 다양한 춤 공연, 문학 축제와 강연회와 같은 일부 문화적 형식에서는 응답자의 5% 이하만이 참여했다. 공예품 전시의 경우 영국 성인 인구의 10%가 참여했다 (DCMS 2012, 문화적 참여 통계에 관한 더 자세한 논의는 1장을 참조).

위 통계가 문화적 활동이 대중적이지 않다는 것을 의미하지는 않는다. 응답자 중 90.2%가 텔레비전 시청이 주요 여가 활동이라 응답하였으며(가족과 친구들과 보내는 시간보다 더 높다), 응답자 중 약 80%가 음악 청취가 여가시간 중 주요 활동이라 응답하였다 (DCMS 2012). 그러나 이러한 수치를 자세히 보면, 오직 소수의 응답자들만이 가정의 울타리 밖에서 일어나는 문화 활동을 핵심적 문화 활동으로 향유하고 있다. 50% 정도는 가정의 울타리 밖에서 일어나는 문화 활동에 간혹 참여하고, 4분의 1 정도는 아예 가정 밖에서 이루어지는 문화 활동에 참여하지 못한다. 이런 수치 차이가 정치적으로 어떠한 중요한 의미를 가지는지 물을 수 있다. 여가시간을 보내는 방식이 사람마다 다를 수 있다. 사람은 특정한 문화적 취향에 따라 자신을 다른 사람과 다름을 추구하며 자신의 열정을 공유하는 사람과 교류한다. 소수만 가정 밖 문화 활동을 향유한다는 수치는 무엇을 함의하고 있는가?

공공정책과 공공지출의 모든 영역에서 정당성이 필수적이다. 즉, 일부 연구가 예술 활동을 좀처럼 하지 않는 사람조차도 문화에 공공 예산이 지출되기를 희망한다는 결과를 보여준다고 하더라도, 정부의 예산 삭감 과정에서 문화분야 예산은 가장 쉬운 감축 대상이다. 게다가, 공공정책에서 문화분야를 제대로 지원하기 위해서는 접근성의 심각한 불평등 문제를 다루어야 한다. 고급문화를 향유하는 지배층이 단순히 자신의 이익을 위해 공공 지원을 하는 것이라 주장할 것 까진 없지만 문화적 참여는 여전히 매우 불평등하며 공공정책이 접근성 측면에서 불평들을 해소하지 못한다는 점은 분명하다.

대중문화와 고급문화 간의 차이가 '붕괴'되었다는 견해는 아직 공공정책에 반영되지 않았다. 창의경제 논쟁은 상업문화와 비상업문화 간 간극을 더욱 벌릴 위험이 있다. 창의경제 담론에서는 대중문화가 경제적 활력으로 중시되지만, 대중문화의 문화적 중요성은 도외시된다. 따라서, 소규모 책방이나 음악 가게가 정책 계획에서 보호할 가치가 있는 분야라고 여겨지지 않는다. 나이트클럽이 문을 닫거나 아파트로 개조될 수 있다. 영화에는 공적 지원이 있지만, 비디오게임은 공적 지원을 받지 못한다. 대중 스포츠는 유료 텔레비전에서만 볼 수 있다. 이런 현상은 사람이 문화에 노출되는 장소와 플렛폼과 연관되기 때문에, 문화정책과 연관되어 있다고 해석될 수 있다. 하지만, 정책결정자들은 상기 현상을 종종 비효율적 규제의 쟁점으로 치부한다. 이 책의 서두에서 말미까지 계속 다루겠지만, 정책결정가가 당면한 난제 중 하나가 문화 생산에 있어 시장의 힘을 어떻게 다루어야 하는지와 관련된 질문이다. 시장의 힘과 관련된 쟁점에 대해서는 문화산업 연구가들이 다양한 논의를 제시하고 있으나, 다음 절에서 나타나듯이,

이러한 문화정책의 학술적 연구가 문화정책입안자들의 결정
에 그다지 큰 영향을 미치지 못한다.

문화정책연구

문화정책연구는 대학교와 기타 연구기관에서 분과학이 되었는
데, 문화정책연구는 정치학이나 정책학이 아닌 문화연구에서
유래했다. 문화정책연구가 문화연구에서 유래되었다는 점이
문화정책연구가 일반적으로 정책연구와의 접점이 많지 않다는
현상을 어느 정도 설명할 수 있을 것이다 (3장 참조). 문화학
내에서, 상대적으로 규모는 작지만 유녕한 현자 집딘이 문회
정책여구의 중요성을 주장해왔다. 맥로비(Angela McRobbie
1996: 335)는 다양한 이론적 입장에서 문화정책을 '문화학에
서 사라진 의제'라고 부른다.

커닝헴(Stuart Cunningham, 2003)은 문화정책연구를 문
화연구의 한계에 대한 '중도주의자' 또는 '개혁주의자'의 반응
으로 본다.

문화학의 고전에 성찰적 반자본주의, 반소비주의, 하위
문화적 저항의 낭만화가 있지만, 이런 개념은 현재 서양
에서 정치학과 문화학의 경계에 관한 질문에 답을 주지
못한다.

(Cunningham 2003: 13)

문화를 어떻게 정의할까? 문화 정의가 정책에 주는 함의가 무엇인가? 이 두 질문은 문화정책학의 주요 논의로 본장의 주제다. 베넷(Tony Bennett 1992)의 연구를 포함하여 그와 관련 있는 입장은 문화를 도구와 유용성 측면에 초점을 맞추어 정의한다. 푸코의 통치성 이론이 문화를 개념화하는데 원용된다. 반면, 맥기건(Jim McGuigan 1996, 2004)의 저작에서 보여주는 또 다른 입장은 문화를 소통 측면에 맞추어 정의한다. 하버마스(Jürgen Habermas)의 공론장(public sphere)이 문화를 개념화하는데 원용된다.

베넷은 문화연구계에서 지지를 받는 해방정치(emancipatory politics)가, 문화 쟁점을 관리하는 제도와 체계에 실제적인 영향을 미치지 못한다면 제대로 된 힘을 발휘하지 못한다고 주장한다. 문화연구가 '유용성'을 가지려면, 문화산업 관련 종사자를 훈련시켜야 한다고 그는 주장한다. 즉, 문화산업에 종사하는 지식노동자가 의식 변화의 수단으로 문화 비평보다는 정부의 문화정책에 적응하여 문화의 기능이 변화하는 현상에 더 관심을 가져야 한다는 의견을 제시한다 (Bennett 1992: 406). 다르게 표현하면, 문화정책을 만드는 과정에 참여함으로써 부패하게 된다고 우려할 것이 아니라, 박물관과 음악관과 같은 문화기관들을 위한 더 좋은 문화정책을 만드는 데 기여할 수 있다고 생각해야 한다. 맥기건은 이러한 베넷의 의견에 대해 권력구조로부터 비판적 거리를 두지 않는다고 비판했다. 비판적 거리를 둘러싼 논쟁은 창의산업에 관한 슐레진저의 주장에서 재등장했는데 (Schlesinger 2009), 문화연구와 교육계가 (정부의 문화정책에 대하여) 비판적 논평가라기보다는 정부의 문화정책을 승인하는 '찬양대(Hallelujah Chorus)'라고 주장했다. 문화정책연구자의 '연구계획(project)'이 무엇이어야 하는가라는 질문에 대하여 문화정책연구계 안에서 심각한 의견차이가 있다 (문화정책연구에 관한 다양한 접근법은 3장 참조).

학계 밖에서 정부 또는 정부와 관련된 기관이 발주하여 진행되는 문화정책연구는 현재 진행 중인 정책과 무관할 수도 있지만, '적용' 전통(아도르노는 이를 '행정' 전통이라고 함)을 따를 개연성이 높다. 스컬리온과 가르시아(Scullio and Garcia 2005)는 영국의 분권 이행기 스코틀랜드의 문화정책 결정 사례를 연구하였는데, 문화정책 관련 자료와 증거 유형 (그리고 일부 사례에서는 질문)이 비판적이거나 응용적이지만 맥락이 다르게 표현되었다고 주장했다. 좀 더 단순하게 설명하자면, 응용 연구는 "왜" 질문보다는 "어떻게" 질문에 초점을 맞춘다. 스컬리온과 가르시아의 연구 내용 중, 스코틀랜드 문화정책과 스코틀랜드 민족주의를 예를 들 수 있다. 문화정책연구에서 스코틀랜드 민족주의가 비판적으로 검토되어왔지만, 실무를 담당하는 정책 수준에는 문제없는 개념으로 수용되었다 (5장 참조).

문화정책연구의 유용성과 목적에 관한 논쟁에도 불구하고, 세계적 정치 담론으로서 창의경제는 학계 내외에서나 문화정책 내에서 문화정책에 관한 관심의 정도와 범위를 넓혔다. 문화정책연구는 축제나 행사 관리 분야뿐 아니라 언론정보학과 문화학과의 공통된 과목이며 예술 교육의 다른 분야(순수미술, 공연학, 패션과 디자인, 박물관학 등)에서도 성장하고 있다. 문화정책이 연관되어 있는 학문의 범위는 단순히 예술 정책이나 문화 지원을 위한 공공정책에서 벗어나 확장되고 있다. 게다가, 본장에서 주장한 바와 같이, 문화정책의 학문적 범위는 무엇이 문화정책에서의 문화를 구성하는가에 관한 우리의 변화하는 이해를 포함할 수밖에 없다.

결론

문화정책의 범위를 정하는 일은 문화정책 결정가와 문화정책을 연구하는 이에게 가장 어려운 숙제 중 하나다. 문화정책의 영역은 시간이 지남에 따라 고급예술의 영향에 관한 관심에서 표현과 향유의 다양한 방식으로 확장되었다. 국가별로 서로 다른 문화정책의 영역을 설정하고 있으며, 창의산업과 같은 국제적인 정책 개념조차 다르게 이해된다. 때때로 어떤 국가에서는 패션이나 광고를 포함하지만 다른 국가에서는 그렇지 않고, 때때로 음식이나 관광까지 포함되는 경우도 있고, 때때로 디지털 기술에 더욱 초점을 맞추는 경우도 있다. 그리고 중요하게도, 문화정책의 영역은 정치가 결정한다. 문화를 위한 일부 공적 지원은 상대적으로 많은 유럽국가에서 정착된 정책적 논의이지만, 무엇이 '문화'를 구성하는지는 행정부마다 서로 다르다 (5장 참조). 다른 경우에는, 문화와 관련된 관점 차이가 정당 수준의 차이라기보다는 보수주의자 대 진보주의자, 권의주의자 대 자유주의자, 종교 대 세속이라는 더 광범위한 이념의 문제에서 유래한다.

문화와 관련된 모든 쟁점은 우리가 무엇을 '문화'로 보는지, 왜 공공정책이 문화에 일정 영향을 미친다는 것을 체감하게 되는지와 관련되어 있다. 이 점을 인지한다면, 문화정책이 단순히 누가 재정 지원을 받는지 또는 영화산업 규모를 어떻게 측정하는지와 같은 행정에 관한 질문이 아니라 가치, 신념, 우선순위에 관한 질문을 가장 근본적인 방식으로 다룬다는 사실을 더욱 세심하게 생각하게 된다.

📖 주

1) 1867~1875년 아놀드가 『콘힐 매거진(*The Cornhill Magazine*)』에 게재한 논문 묶음이 통상 '문화와 무질서(Culture and Anarchy)'로 불린다.
2) 영국 내셔널트러스트는 법정 자선단체로 역사적으로 가치를 가진 주택, 대저택, 녹지 공간의 보존을 도모한다.

참고문헌과 추천서

Adorno, T. (1991) *The Culture Industry: Selected Essays on Mass Culture*, London: Routledge.

Adorno, T. and Horkheimer, M. (1944) *The Culture Industry: Enlightenment as Mass Deception*. Available at www.marxists.org/reference/archive/adorno/1944/culture-industry.htm (accessed 23/11/13).

________. (1947) *Dialectic of Enlightenment* (as *Dialektik der Aufklarung*), Amsterdam: Querido Verlag; G. S. Noerr (ed.), E. Jephcott (trans.) (2002), Stanford CA: Stanford University Press.

Amin, A. and Thrift, N. (eds) (2004) *Cultural Economy*: a Reader, Blackwell: Oxford.

Andari, R., Bakhshi, H., Hutton, W., O'Keeffe, A. and Schneider, P. (2007) *Staying Ahead: the Economic Performance of the UK's Creative Industries*, London: The Work Foundation.

Bamford, A. (2006) *The Wow Factor: Global Research Compendium on the Impacts of Arts in Education*, New York: Waxman Munster.

Beckett, A. (2010) *When the Lights Went Out. What Really Happened to Britain in the Seventies*, London: Faber and Faber.

Bennett, T. (1992) 'Putting policy into cultural studies', in L. Grosberg, C. Nelson and P. Treichler (eds) *Cultural Studies*, London: Routledge.

________. (1998) *Culture: a Reformer's Science*, London: Sage.

Bennett, T., Savage, M., Silva, E., Warde, A., Gayo-Cal, M. and Wright, D. (2009) *Culture, Class, Distinction*, London: Routledge.

Beriss, D. and Sutton, D. (eds) (2007) *The Restaurants Book: Ethnographies of Where we Eat*, London: Berg.

Bevir, M. and Rhodes, R. (2003) *Interpreting British Governance*, London: Routledge.

Bianchini, F. (1987) 'GLC R I P, 1981–1986', *New Formations*, 1:

103–17.

________. (1993) 'Remaking European cities: the role of cultural policies', in F. Bianchini
and M. Parkinson (eds) *Cultural Policy and Urban Regeneration: the West European Experience*. Manchester: Manchester University Press.

Bourdieu, P. (1984) *Distinction: a Social Critique of the Judgment of Taste*, Cambridge MA: Harvard University Press.

British Council (2010) *Mapping the Creative industries: a Toolkit*, London: British Council.

Chan, T. and Goldthorpe, J. (2007) 'The social stratification of cultural consumption: some policy implications of a research project', *Cultural Trends*, 16(4): 373–84.

Cowen, T. (1998) *In Praise of Commercial Culture*, Cambridge MA: Harvard University Press.

Cunningham, S. (2003) 'Cultural studies from the viewpoint of cultural policy', in J. Lewis and T. Miller (eds) *Critical Cultural Policy Studies: a Reader*, Oxford: Blackwell.

________. (2009) 'Trojan Horse or Rorschach Blot? Creative industries discourse around the world', *International Journal of Cultural Policy*, 15(4): 375–86.

DCMS (2001) *Creative Industries Mapping Document*, London: DCMS.

________. (2012) *Taking Part 2012/13 Quarter 1 Statistical Release*, London: DCMS.

Doyle, G. (2013) *Understanding Media Economics*, London: Sage.

Garnham, N. 1987. 'Concepts of culture: public policy and the cultural industries', *Cultural Studies*, 1(1): 23–37.

________. (1990) *Capitalism and Communication: Global Culture and the Economics of Information*, London: Sage.

________. (2005) 'From cultural to creative industries', *International Journal of Cultural Policy*, 11(1): 15–29.

Gibson, C. (2011) 'Cultural economy: achievements, divergences, future prospects', *Geographical Research*, 50(3): 1–10.

Gray, C. (2010) 'Analysing cultural policy: incorrigibly plural or ontologically incompatible?' *International Journal of Cultural Policy*, 16(2): 215–30.

Hebdige, D. (1979) *Subculture: the Meaning of Style*, London: Routledge.

Hesmondhalgh, D. (2002) *The Cultural Industries*, London: Sage.

______. (2005) 'Media and public policy as cultural policy: the case of the British Labour government', *International Journal of Cultural Policy*, 11(1): 95–108.

______. (2008) 'Cultural and creative industries' in T. Bennett and J. Frow (eds) *The Sage Handbook of Cultural Analysis*, London: Sage.

______. 2012. *The Cultural Industries*, third edition, London: Sage.

Higgs, P., Cunningham, S. and Bakhshi, H. (2008) *Beyond the Creative Industries: Mapping the Creative Economy*. London: NESTA.

Hoggart, R. (1957) *The Uses of Literacy*, London: Chatto and Windus.

Jenkins, T. (2012) '"Who are we to decide?" Internal challenges to cultural authority in the contestation over human remains in British museums', *Cultural Sociology* 6(3): 455–70

Keynes, J. M. (1982) *The Collected Writings of John Maynard Keynes*, vol. 28 (ed. D. Moggridge), London: Macmillan Press.

Lambeth (2010) *Wellbeing through Culture: Developing a Cultural Commissioning Strategy for Lambeth*. Available at www.lambeth. gov.uk/NR/rdonlyres/4F898683-75A0-443A-93AD-8FC2FFA9EF1E/ 0/ActivateCultivateCreate.pdf (accessed 28/11/13).

Lash, S. and Lury, C. (2007) *Global Culture Industry: the Mediation of Things*, Cambridge: Polity Press.

Lewis, J. and Miller, T. (eds) (2003) *Critical Cultural Policy Studies. a Reader*, Oxford: Blackwell.

Looseley, D. (1995) *The Politics of Fun: Cultural Policy and Debate in Contemporary France*, Oxford: Berg.

MacDonald, I. (2003) *The People's Music*, London: Pimlico.

McGuigan, J. (1996) *Culture and the Public Sphere*, London: Routledge.

________. (2004) *Rethinking Cultural Policy*, Maidenhead: Open University Press.

McRobbie, A. (1996) 'All the world's a stage, screen or magazine: when culture is the logic of late capitalism', *Media, Culture and Society*, 18(3): 335–42.

Miege, B. (1989) *The Capitalization of Cultural Production*, New York: International General.

Miles, A. and Sullivan, A. (2010) *Understanding the Relationship between Taste and Value in Culture and Sport*, London: DCMS.

Myerscough, J. (1998) *The Economic Importance of the Arts in Great Britain*, London: Policy Studies Institute.

NESTA (2006) *Creating Growth: How the UK Can Develop World-class Creative Businesses*, London: NESTA.

________. (2013) *A Manifesto for the Creative Economy*, London: NESTA.

Newbigin, J. (2010) *The Creative Economy: An Introductory Guide*, London: British Council.

Oakley, K. (2014) 'Good work? Rethinking cultural entrepreneurship', in C. Bilton and S. Cummings (eds) *The Handbook of Management and Creativity*. London: Edward Elgar.

O'Connor, J. (2004) '"A special kind of city knowledge": innovative clusters, tacit knowledge and the "Creative City"', *Media International Australia*, 112: 131–49.

________. (2007) *The Cultural and Creative Industries: a Review of the Literature*, London: Creative Partnerships.

________. (2010) *The Cultural and Creative Industries: A Literature Review*, second edition, Creativity, Culture and Education series. London: Creativity Culture and Education.

Peterson, R. and Kern, R. (1996) 'Changing highbrow taste: from snob to omnivore', *American Sociological Review,* 61(5): 900–7.

Sandbrook, D. (2012) *Seasons in the Sun: the Battle for Britain 1974–1979,* London: Allen Lane.

Schlesinger, P. (2009) 'Creativity and experts: New Labour, think tanks and the policy process', *The International Journal of Press/ Politics,* 14(1): 3–20.

Scullion, A. and Garcia, B. (2005) 'What is cultural policy research?' *International Journal of Cultural Policy,* 11(2): 113–27.

Stiglitiz, J., Sen, A. and Fitoussi, J. (2009) *Report by the Commission on the Measurement of Economic Performance and Social Progress.* Available at www.stiglitz-sen-fitoussi.fr/documents/ rapport_anglais.pdf (accessed 01/08/13).

Storey, J. (2006) *Cultural Theory and Popular Culture: an Introduction,* fourth edition, Harlow: Pearson Education.

Throsby, D. (2010) *The Economics of Cultural Policy,* Cambridge: Cambridge University Press.

UNESCO (2013) *The Creative Economy Report: Widening Local Development Pathways,* New York: UNESCO.

Upchurch, A. (2004) 'John Maynard Keynes, the Bloomsbury group and the origins of the Arts Council movement', *International Journal of Cultural Policy,* 10(2): 203–17.

van Heur, B. (2008) *Networks of Aesthetic Production and the Urban Political Economy,* unpublished PhD thesis, University of Freien, Berlin.

Williams, R. (1958) *Culture and Society,* London: Chatto and Windus.

________. (1973) 'Base and superstructure in Marxist cultural theory', New Left Review, 82; reprinted in R. Williams (1980), *Culture and Materialism: Selected Essays,* London: Verso.

________. (1981a) *Culture,* London: Fontana.

________. (1981b) 'Politics and policies: the case of the Arts Council',

in *The Arts Council: Politics and Policies*, Arts Council of Great
Britain; reprinted in R. Williams (1989), *The Politics of Modern-
ism: Against the New Conformists*. London: Verso.

Wollen, P. (2012) *Singin' in the Rain*. London: BFI.

문화정책에서 정책

2장에서는 '문화'의 여러 가지 개념과 용례를 검토했다. 3장에서는 이 책의 제목에 언급된 두 번째 핵심어인 정책에 주목한다. 문화'정책'은 무엇인가? 이 질문은 겉보기에는 간단해보인다. 하지만 2장과 마찬가지로, 개념 정의 단계에서부터 복잡한 질문에 봉착한다. 문화정책이 무엇을 위한 것이지? 문화와 관련된 정책이 무엇을 의미하지? 누가 문화정책을 만들지? 문화정책이 작동되는 지리적 단위는 무엇이지? 무슨 의도로 만들지? 무슨 효과가 있지? (의도와 효과가 같지 않다는 점을 염두에 두어야 한다). 이런 질문이 제기된다.

한 가지 간단한 대답으로 시작해 보자. 문화정책은 문화 관리와 관련된 공공정책의 한 분야이다. 개념 정의 단계서부터 중요한 질문이 연쇄적으로 나온다. 공공정책이 무엇인가? 공공이 무엇인가? 이미 분과학으로 자리를 잡은 정책학이 개념 정의와 관련된 쟁점을 탐구했고 공공정책의 개념 정의와 관련된 질문에 답할 수 있는 다양한 도구를 개발했다 (이 장의 후반부 참조). 멀케이(Kevin Mulcahy 2006: 265)는 다이(Thomas Dye 2005)의 공공정책 정의를 빌려왔다. 다이는 '공공정책을 정부가 시행하겠다는 혹은 시행하지 않겠다는 선택'으로 간명하게 정의했다. 따라서 문화정책은 문화와 관련된 정부 활동의 총체, 혹은 문화와 관련하여 정부가 하겠다는 혹은 하지 않겠다는 선택의 총합이다. 문화정책을 상기와 같이 서술하면, 우리는 정부가 다루는 쟁점, 정부의 선택, 멀케이가 공공정책의 '생태적 복합성(ecological complexity)'이라 부른 현상에 관심을 두게 된다. 즉, 문화정책은 경제정책, 복지정책, 사회정책, 외교정책 등과 같이 모든 정책적/정치적 영역 안에 있는 정부 활동으로부터 분리되어 존재하지 않는다. 그러나 이 책에서 문화정책을 이해하고 분석하는 방식과 같이 문화정책이 공공정책의 한 부분이라는 점을 상기하는 것이 중요하다. 헤스몬달그(Dave Hesmondhalgh 2005: 96)는 문화 (그리고 언론정보) 정책에 관한 연구에서 "문화 (그리고 미디어) 정책이 공공정책의 한 부분이라는 점이 때때로 잊혀지는 것 같다"라고 언급하였다. 문화정책이 공공정책의 한 부분이라는 점을 망각하면, 문화정책을 분석하는 작업과 신흥 학제적 연구분야로서 '문화정책연구'의 범위 설정에 심각한 문제 혹은 어려움을 초래하게 된다.

다시 개념으로 돌아가 보자. 앞서 강조했듯이, 공공정책은 정부가 하는 일이다. '정부'가 무엇을 의미하지? 정부가 국가 정부, 법안 통과, 의회에서의 논의, 장관과 정부 중앙부처의 업무를 의미하는가? 정부가 이와 같은 요소들을 포함하지만, 그 외의 요소들도 의미한다. 공공정책은 지방자치단체에서부터 국제사회까지 사이에 존재하는 지리적 단위 안에서 시행되며, 문화정책 역시 다르지 않다 (즉, 우리는 뒤에 나올 장에서 이러한 다양한 지리적 단위에 주목한다). 스티븐슨과 그 외(Deborah Stevenson et al. 2010: 159)는 "문화정책은 현재 모든 층위의 정부와 EU와 같은 초국가 기구의 영역"이라고 저술하였다. 그들이 이어서 설명했듯이, 지리적 단위의 층위를 가로지르는(예: 지방자치단체와 중앙 정부 사이) 또는 같은 층위의 지리적 단위 사이에 존재하는 '정책회로(policy circuit)'의 촘촘한 연결망이 존재한다. 문화정책의 생태적 복합성은 (문화정책의) 이와 같은 다단위적 구조에서 부분적으로 유래한다. 또한, 우리가 4장에서부터 6장까지 (도시, 국가, 국제사회라는) 다루는 각 지리적 단위 역시 정책이 만들어지는 지점을 드러낸다. 문화정책은 중앙 정부가 정책을 지역 및 지방 단위로 정책 의제를 '하달'하는 하향식 위계질서가 아니다 (이에 해당하는 예시도 있으며, 우리는 이런 사례를 검토할 예정이다). 문화정책이 복합적이기 때문에, 우리는 '누가?'라는 질문에 주의해야 한다.

문화정책은 여러 층위에서 존재하는 정부가 문화와 관련하여 하기로 선택한(또는 하지 않기로 선택한) 업무이다. 문화와 관련하여 정부가 선택한 업무는 무엇인가? 이제 우리는 문화에 관한 정부의 업무를 설명해줄 수 있는 두 갈래 갈림길 위에 있다. 한 편에는 문화의 규제(regulation), 다른 한 편에는 문화 지원 또는 문화 홍보(promotion)가 있다. 문화 규제는 검열, 보호(예를 들어, 시장의 힘으로부터의 보호), 소유권(예를 들면 언론의 소유권) 등의 쟁점을 포함한다. 문화 홍보는 문화를 위한 후원이나 국가의 재정적 지원 등을 포함한다. 실제로, 많은 문화정책이 문화정책의 규제와 홍보를 모두 다루며 아마도 이러한 경향은 오늘날 더욱 두드러진다. 또한, 문화 홍보는 문화를 홍보 목적으로 활용하는 행위 또는 혹은 윌리엄스(Raymond Williams 1984)가 언급한 보여주기식 문화정책을 의미한다 (윌리엄스는 보여주기식 문화정책을 '제대로 된 문화정책[cultural policy proper]'과 구분한다. 이와 관련하여 McGuigan 2004 참조). 규제와 홍보는 예를 들어, 지방정부가 지방 문화 자산을 검토하고 홍보하는 전략을 마련하도록 요구하는 정책 안에서 서로 긴밀히 연계되어 있다 (이 장 후반에 한 가지 예시를 다룰 예정이다).

상기 논의에서는 문화정책 결정에 관여하는 행위자(actor[s])를 다루면서 다소 추상적이고 일반적인 용어를 사용해왔다. 정치 지리적 단위의 층위를 덧붙임으로써 정부의 포괄적 범주 안에 다양한 행위자를 집어넣었다. 그러므로 이 시점에서 우리는 정부의 포괄적 범주 안에 있는 행위자를 구체적으로 검토할 필요가 있다. 실제로 누가 정책을 결정하며, 정책결정 행위는 무엇을 수반하는가?

문화정책결정자

정책분석학계에서 '누가?'라는 질문에 관한 논의가 있어왔다. 권력과 영향력, 연결망과 연줄, 행위의 형식과 행위 역량, 개인, 기관, 환경 간의 상호작용, 신념과 아이디어에 관한 질문들이 제기되었다. 우리는 또한 구조(structure)와 행위자(agent) 간 균형에 관한 오랜 수수께끼도 다루어야 한다. 케어니(Paul Cairney 2012: 4)에 따르면, "공공정책은 연구하기 어렵다. 정책과정은 복잡하며, 난장판이고, 종종 예측불가능하게 보인다." 케어니는 이를 연구할 가치가 있다고 덧붙인다. 우리가 '누가?'라는 질문을 탐구하면, 특정 상황에서 특정한 결과를 염두에 두고 행동하는 (혹은 행동하지 않는) 행위자(actors)로 구성된 복잡한 상황을 맞이하게 된다. 그 행위자의 행동은 (일부는 의도한, 일부는 그러하지 않은) 결과를 초래한다. 우리는 또한 조직 구조와 문화에 관한 쟁점, 전문적 직업상의 업무(*work*)로서의 정책 결정(policymaking)에 관한 쟁점을 맞이하게 된다. 더불어, 당연히 정치에 관한 쟁점도 다룬다. 즉, 거시 정치(capital-P Politics)와 일상 속 정치(부서 간 [사람 간] 경쟁, 특정 의제나 쟁점을 주장하려는 시도, 호의를 얻으려는 시도, 우선순위와 자원을 위한 경쟁 등을 포함함)에 존재하는 의사결정구조를 논의한다.

케어니(2012)는 정치적으로 또한 전문적으로 정책 결정이 이루어지는 방식을 언급하고, 심층 기술(thick description)과 사례연구가 정책 과정에 관한 연구에서 담당하는 역할을 논의한다. 케어니는 의제 설정, 정책 형성, 정책의 정당화, 정책 실행, 평가, 정책 유지·승계 혹은 종료(총 6개 요소로 구성되어 있으나, 단계로 치면 5단계 – 역자 주)로 구성된 정책주기(policy cycle)를 제시한다. 이 정책주기 모형을 구성하는 단계 간 경계가 너무 뚜렷하여 실제 정책결정과의 부합도는 그리 높지 않지만, 정책의 입안에서 실행 후까지 몇 단계에서 여러 행위자의 역할을 생각할 수 있도록 하는 장점을 가진다. 정책주기의 특성 단계에서 장관, 선줄직 공무원, 정규직 공무원, 관료, 기술관료, 준정부조직(quangos), 연구소, 로비스트, 자문, 학자(종종 자문 역할을 담당함), 현장에서 정책 이행을 담당하는 '길거리 관료(street-level bureaucrats, 문화 분야에서 박물관 전시 담당자를 예로 들 수 있음)', 대중(자문으로 정책과정에 관여함) 등 수 많은 행위자가 담당하는 역할을 확인할 수 있다. 이 지점에서 다시 정치 단위의 지리적 층위, '하향식' 접근법과 '상향식' 접근법의 상대적 균형을 고려해야 한다 (정부 안에 문화부 장관이 있다고 해도 모든 정책이 문화부 장관으로부터 나오지는 않는다). 또한, 시장이 다양한 경로로 문화정책에 중요한 영향을 미치고 있다는 점도

인지해야 한다 (Pratt 2005). 정책주기를 세분화하고, 여러 행위자를 확인하며, 사례에 집중하면서, 정책과정을 심층적으로 기술할 수 있게 된다.

누가 지방의 문화전략을 결정하는가?

필진이 진행한 사례연구는 영국의 문화정책 결정에 참여했던 개인적 경험에서 유래된다. 이 이야기는 중앙 정부의 '하향식(top-down)' 의제 설정과 지방 차원의 정책 실행으로 구성된 단순한 사례로 보일 수도 있지만, 복합적 양상을 드러낸다. 정책 영역 간, 여러 행위자 간 교차되는 상호작용이 있다. 이 사례연구의 배경은 다른 연구자에 의하여 소개된 바 있다 (예를 들면, Gilmore 2004; Gray 2004). 이 사례연구는 영국 디지털문화미디어스포츠부(DCMS: Department for Digital, Culture, Media and Sports)가 1999년 발행한 한 문서로 '시작'한다. "지방문화전략(*Local Cultural Strategies*)"이라는 제목을 가진 이 문서는 문화계획에 대한 새로운 접근법을 제시한다 (DCMS 1999a). 이 문서에 따라, 영국 내 모든 지방 정부가 문화정책과 실행방안을 만들게 되었다. 이와 관련된 두 문서도 주목해보아야 한다. "지역 문화 컨소시엄(*Regional Cultural Consortium*)"은 기초지방자치단체의 문화정책을 광역지방자치단체와 연계하며 다룬다 (DCMS 1999b). "기회 창출(*Creating Opportunities*)"은 지방자치단체의 정책에 대한 지침을 제공한다 (DCMS 2000). 이 문서는 영국 전역에서 기초지방자치단체가 문화적 기회를 제공하고, 검토하고, 실행하고, 계획을 세우도록 하였다. 이 과정을 거쳐 검토가 완료된 다수의 문화적 전략들이 (곧 보게 되겠지만, 물론 모두는 아니었고), 요란하게 시작되었다. 문화의 가시성이 갑자기 매우 높아졌으며 많은 비문화적 의제가 문화영역 안에서 다루어졌다 (Gray 2004). 급작스러운 정책으로 인하여 컨설턴트가 (지방) 전략수립과정에 기여할 수 있는 수많은 기회가 생겼고, 이 과정에서 필진 역시 문화전략 수립 관련 사업에 참여하게 되면서 이 경험에 관한 사례연구를 시작하게 되었다.

그 시점 고등교육기관에서는 변화가 일어났다. 학자가 교정 밖에서의 활동을 고려하고 지시공유의 수입의 다양화라는 명목으로 전문성에 기반하여 돈을 벌 수 있도록 생각하라고 권면을 받았다 (Selwood 2006). (이 책의 필진 중 한 명인) 데이비드는 당시 어느 대학의 인문사회과학부 문화학과에서 근무하였다. 그 시점 그가 소속되었던 인문사회과학부는 영국 문화정책에 의하여 새로 만들어진 시장에 진입하려고 했었다. 데이비드는 그의 동료들과 함께 CTU라는 자문회사를 세웠고, 대학이 소재한 기초지방자치단체의 문화정책결정에 참여하였다. CTU는 창의산업을 지도로 그려내는 업무와 기타 문화 관련 프로젝트를 수행하였고, (문화전략을 개발하려는) 기초지방자치단체에 자문을 제공했다 (물론 군[county] 단위

지방자치단체에게 자문을 제공했다).[**] 학문 영역에서 습득한 전문 기술과 대학이 주는 신뢰를 활용하여, CTU는 곧 지방당국 공무원들을 위한 정책 자문과 정책 형성을 돕는 계약을 체결하였다 (더 자세한 설명은 Bell 2007 참조).

첫 번째로 한 군에 속한 6개 기초지방자치단체(즉, 구[disrict])가 문화정책의 담당자를 정하는 방식이 각각 달랐다는 점을 언급하고자 한다. CTU는 예술 담당 공무원, 운동, 여가(leisure), 여흥(recreation)을 담당하는 공무원, 경제발전 담당 직원, 그리고 간접적으로는 '문화' 관련 업무를 담당한다는 (종종 다른 업무도 함께 하는) 선출직 위원과 협업하였다. 즉, **등장인물**(*dramatis personae*) 측면에서 보면, 중앙 정부의 장관(그리고 의심의 여지 없이 DCMS 문서를 작성하는 공무원도 함께), 지방자치단체에서 근무하는 선출직 공무원, 다양한 배경을 가진 공무원, 학자/자문관이 등장한다. (6개 기초지방자치단체를 비교하면) 그들이 담당하는 업무에서 책임 범위와 기여 정도가 달랐고, 추가로 등장하는 행위자가 달랐고, 결과 또한 달랐다.

한 가지 예를 들자면, CTU의 서비스를 받고 있던 한 구(disrict)는 '고급문화(high culture)' 자산을 보유하여 상대적으로 부유했지만, '문화에 접근하기 어려운(hard-to-reach)' 집

[**] 역자 주) 영국의 지방자치단위는 4개 층위(9개 광역자치단체[region], 82개 군[counties], 309개 자치구[district], 만 여 구역[parish])로 구성된다.

단과 문화적 혜택을 받지 못하는 '소외(excluded)' 집단에게 (주로 정치학적 이유로) 관심을 두었다. CTU 직원이 늦은 오후 해당 구의 관할 영역 안에 있는 스케이트보드 공원에서 특별하고 기억에 남을 만한 시간을 보낸 적이 있었다. CTU 직원은 경제적으로 어려운 외곽 지역 출신이며 열악한 시설을 사용하고 구 문화위원회가 제공하는 서비스에 관심을 두지 않기 때문에 문화적으로 이중적인 소외감을 느끼던 청년과 만나려 노력했다. CTU는 이 경험을 보고서에 담았고, 구 (문화 담당) 위원은 CTU 직원이 그 일에 관여하지 말라고 하면서, 이 경험을 (자신의) 문화전략으로 발전시켰다. 하지만 기초지방자치단체선거가 다가오면서, 구 (문화) 위원회의 실적이자 동시에 실패를 드러내는 문화전략이 구미에 맞지 않게 되었다. 즉, '문화에 접근하기 어려운(hard-to-reach)' 집단의 요구를 정책의 우선순위에 두는 문화전략이 문화적(동시에 사회적, 경제적, 보건적, 등등) 의제의 적실성을 보여주는 듯 보였지만, (선거철이 다가오면서) 위험해 보였다. '문화에 접근하기 어려운' 집단에 초점을 맞추는 문화전략이 시야에서 사라졌다. 아무 일도 없는 듯 지나갔다. 이 (문화) 위원회가 새로운 포용적 전략을 발표하고 홍보하는 행사에 스케이터보더를 초대하지 않았다. CTU가 그 스케이터보더 청년에 대한 보고서를 (문화) 위원회의 문서에 포함시켜 달라고 했었지만, 새로 선출된 의원은 해당 보고서를 보자마자 빼버렸다. 이런 일이 있은 후 중앙 정부는 지방문화전략을 정책 우선순위 중 높은 순위에서 제외하여 '공동체 전략(community strategies)'으로 포함시켜 다루게 되었다 (DCMS 2004; Gray 2004).

우리는 '누가?'라는 질문을 다루기 위해 이 이야기를 소개하였다. 이 사례연구에서 주요 결정자는 누구였는가? 모든 기초지방자치단체에게 문화전략을 수립하도록 지시한 영국 디지털문화미디어스포츠부(DCMS)인가? DCMS의 최초 지시는 분명히 중요한 기폭제였다. 만약 DCMS의 최초 지시가 없었다면, 다양한 이해관계자들이 문화정책 수립 과정에 몰려드는 현상이 없었을 거다. DCMS는 최초 지시를 내리고 일부 지침을 하달하는 수준을 넘어, 기초지방자치단체에게 권한을 위임하였다. 그리하여 현장에서 다양한 활동가가 참여할 수 있게 되었다. 기초지방자치단체에서 (문화 담당) 선출직 위원은 이 기회를 잡아 자신이 담당하는 업무의 중요성을 높이려했다. 기초지방자치 단체에서 문화를 담당하는 공무원은, 과거에는 재원을 확보하지 못하고 종종 다른 복잡한 업무까지 담당했었는데, 다양한 의도로 문화정책 전략 수립 과정을 기회로 여겼다 (일부는 이타적 목적으로, 일부는 이기적 목적으로 그리했다). 하지만, 재원이 부족하고 (문화 담당) 직원이 과중한 업무를 수행했기 때문에, 다수 기초지방자치단체는 문화전략을 수립하는 업무를 자문 업체, 프리랜서, '학계를 떠난 전문가(para-academics)'에게 발주했다. 이런 행위자들은 각기 다른 동기를 가지고 있었다 (필진의 경우, 직업 안정성의 한 형태인 수입의 다양화와 [필진 자신이] '쓸모있고 [useful]' 싶다는 바람이 참여 동기였다, 이에 대한 장단점은 Bell 2007을 참조). CTU 구성원은 기초지방자치단체의 대표를 모아 회의를 조직했고 다양한 자문을 제공했다 (스케이트보더가 특히 흥미로운 사례였지만 스케이트보더에게 직접 자문을 제공하지는 않았다). CTU는 문서 작성을 의뢰한 기관이 사용하는 전문용어 혹은 관례적 용어들로 자문서를 작성했고, 위의 이야기에서 소개된 바와 같이 자문서를 위원회 담당 공무원에게 전달했고, 그 공무원은 (문화 관련) 업무를 담당하는 위원회의 선출직 위원에게 전달했다. 중앙 정부가 정책을 변경하여 기초지방자치단체의 문화 전략을 '공동체 전략'에 포함시키기 전에, 누가 기초지방자치단체의 문화 전략의 실질적 이행을 보류하였는가? (Gilmorc 2004; Gray 2004)

즉, 누가 이 (지방)문화전략을 수립 (혹은 철회)하였는가? 분명히 이 이야기에 등장하는 모든 행위자가 부분적 역할을 담당했다. 만약 앞서 언급한 기초지방자치단체의 문화전략이 살아남았다면, CTU가 기여한 다른 정책들이 그러했듯이, 필진도 (정책의 첫 단계 실행을 완성하기 위한) 평가, 관찰, 검토를 담당하는 집단 중 일부 또는 실제로 정책을 실행하는 '거리 위 관료' 중 일부가 되었을 것이다. 이 사례를 심층적으로 기술하면, 문화정책을 결정하는 행위자를 둘러싼 복합성이 서서히 나타난다. 정책과정을 다루는 각 사례연구 별로 다르겠지만, 우리는 정책결정과 정책결정자들의 '생태적 복잡성'을 이해할 필요가 있다는 결론을 추출할 수 있다. 어떤 경우에는 정책 과정을 연구하는 중 민족학적 또는 인류학적 접근으로 이어지고(Shore, Wright 1997; Stevens 2011), 실제로 정책 결정에 관여한 활동가로부터 '고해성사' 식의 일련의 이야기도 접하게 된다 (Selwood 2006; Worpole 1998), 그러나 우리는 또다른 요인도 놓치지 말아야 한다. 헤스몬달그는 정책 결정가의 역할만을 과도하게 집중해서 분석하게 되면 외부적 제약과 '정책 이면에 작용하는 더욱 폭넓은 힘'을 보지 못한다고 경고했다 (Hesmondhalgh 2005: 106). 헤스몬달그는 (영국) 신노동당 행정부의 집권기 당시 세계화가 영국의 미디어·문화정책 수립에 있어 중요한 제약으로 작용했음을 강조한다 (참고로, 호주의 사례는 Craik et al. 2003에서 다룸).

앞서 강조하였듯이, 정책 분석 관련 기존 연구는 정책을 형성하는 힘을 설명하고 이에 대한 명확한 기술을 위한 개념을 발전시키는 과정에서 구조와 행위자의 관계를 고려한다 (Cairney 2012). 이로 인하여 정책형성 과정에 관한 설명이 더 복잡하게 되었고 다양한 이론과 방법이 들어왔다. 다음 장에서 살펴보겠지만, 문화정책 분석에서도 비슷한 경향이 명확하게 드러난다. 하지만 필진은, 다양한 외부적, 구조적 힘의 영향을 고려하면서도, 정책 결정에 있어 수많은 다양한 행위자들이 다양한 방식으로 기여하는 바를 이해하는 것이 중요하다는 헤스몬달그의 주장에 반은 동의하면서도 반은 동의하지 않는다. 구조와 행위자를 함께 고려해야 정책 과정을 이해할 수 있기 때문이다. 정책이 어떠한 맥락이나 배경 없이 마술처럼 등장하는 듯 보이기 때문에, 즉, 문화정책이 그 안을 알기 힘든 '블랙박스'처럼 보일 수 있기 때문에(Nisbett 2013b), 필진은 외부적, 구조적 힘과 행위자를 동시에 고려하는 관점에 기반한 연구가 중요하다고 주장한다.

외부적 힘은 다양한 형태로 나타난다. 지구화와 같은 다면적 과정, 재구조화, 지정학적 압박, 모방유전자(meme)와 같이 지리적 거리와 정책 환경을 가로질러 확산되는 생각 등이 외부적 힘으로 나타날 수 있다. 위에서 언급한 (DCMS) 사례의 경우, 확실히 경제적 힘이 정책결정가로 하여금 다양한 문제와 쟁점에 대처하기 위하여 문화를 활용하도록 추동했다. 문화로 다양한 문제와 쟁점을 대처할 수 있다는 생각의 확산 또한 문화가 다양히게 활용된 원인이나. 후에 우리가 '정책연관(policy attachment)'과 정책이동성(policy mobility)을 검토할 때, 상기 주장을 심층적으로 다룰 예정이다. 이 절에서는 지방기초단체가 문화를 전략적으로 보게 된 과정을 기술한 DCMS 문서가 외부적 힘에 의하여 유래되었다는 주장을 자세히 보여주는 것만으로도 충분하다. 이제 지금부터는 '누가?'라는 질문에서 '무엇을?'이라는 질문으로 넘어가고자 한다.

대상으로서의 문화정책

필진은 앞서 문화정책의 개념을 간략하게 검토했다. 문화정책이 문화와 관련된 공공정책의 일부분이라고 주장했지만, 필진은 문화정책을 다소 추상적인 개념으로 놔두었다. 위에서 설명한 기초지방단체의 문화전략 사례에서, 필진은 글과 사진 자료 등으로 구성된 문서에서 드러난 DCMS의 문화정책을 부분적으로 검토했다 (Gilmore 2004). 이 절에서는 문화정책의 형식, 위치, 그리고 '실질성(thingness)'에 대해 알아보기 위해 다른 사례들을 다룬다. 이는 필진으로 하여금 또한 효과에 관한 질문들, 즉 문화정책은 어떻게 작동하는가? 문화정책이 하는 일은 무엇인가? 라는 질문을 다루게 한다. 그리고 문화정책의 효과들은 어떻게 그 형식에 내재되어 있는가? 그 이후에 문화정책을 어떻게 공부하고, 연구하고 분석해야 할지에 관한 시사점을 다룰 수 있다.

만약 우리가 손에 쥐고 만지고 느끼는 것과 같이 문화정책을 연구하기 위해서는, 연구 방향을 어디로 정해야 하는가? (이 장에서는 증가하는 공공정책의 디지털화, 즉 공공정책의 탈물질화는 다루지 않는다). 필진은 기초지방자치단체의 문화전략을 다시 언급하고자 한다. CTU에게 업무를 맡겼던 다른 기초지방단체에서 두 문서가 최종 생산되었다. 하나는 기초지방자치단체의 문화위원회와 문화 관련 기관에서 내부적으로 활용하기 위해 고안된 전략문서이고, 다른 하나는 연설이나 홍보물 등에서 사용되는 문구나 이미지로 쓰일 수 있도록 문화전략을 시각적으로 표현한 자료다. 길모어(Abigail Gilmore 2004)가 보여주었듯이, 지방문화전략에는 반복되어

나타나는 다양한 동기가 있다. 이 다양한 동기로 인하여 문화전략이 드러내고자 기획하였던 기초자치단체의 문화적 독특성을 제대로 보여주지 못했다. 그럼에도 불구하고 영국 전역에서 이와 유사한 많은 문서가 생산되었고 배포되었다. 이러한 문서들이 기초지방자치단체의 문화전략을 뒷받침하는 더 큰 정책의 핵심을 담고 있는가? 정책과정을 반영하는가? 그렇기도 하고 아니기도 하다. 공개된 요약본은 다양한 의제를 담고 있으며 다양한 관련자를 대상으로 한다. 또한, 부분적으로는 홍보용으로 제작되기도 하다. 실제 기초지방자치단체의 문화전략은 행동계획과 감사 장치를 상세히 기술하고, 기술적 용어를 사용하며 (기초자치단체의) 문화영역에 있는 내부 선분가 집단을 대상으로 작성되었다. 즉, 문서의 형식과 독자층은 문서가 활용하는 표현 방식에 영향을 미친다.

필진이 앞서 암시했듯이, 기초지방자치단체 문화전략이 활발히 논의되던 이 시기는 문화 쟁점을 관리하는 방식 측면에서 큰 변화의 흔적을 보여주고 있다. 감사 기제와 증거기반정책(evidence-based policy)의 경향이 이 변화를 상징적으로 보여준다 (상기 논의한 바에서는 스케이트보더 사례가 부분적으로 이런 변화와 부합한다). 벨피오레(Eleanore Belfiore 2004: 183)는 이런 변화가 '신공공관리론(NPM: new public management)'라 불리는 더욱 큰 사상적 변환의 현상이라고 자세히 설명한다. 신공공관리론은 측정, 데이터 수집, 평가, 목표 설정, 가성비(value for money), 성과 지표, 그리고 '성

공’을 평가하기 위한 새로운 지표를 강조하는 공공정책 접근
법 또는 ‘공공정책연구에서 새로운 취향(new style of public
administration)’이다. 전통적 공공정책연구가 신공공관리론
으로 변화하는 현상이 문화정책 관련 문서의 형식, 내용, 연
설문, 취향에 반영되어 있다. 이러한 문서는 많은 경우에서
‘신공공관리화(NPMisation)’의 전형적인 예시가 되었다. 필
진이 문화의 ‘도구화(instrumentalisation)’를 논의할 때 왜
공공 (보조를 받는) 문화영역이 신공공관리론의 주요 연구영
역이 되었는지 언급할 예정이다. 현시점에서는 내적 힘과 외
적 힘이 동시에 작용한 결과 문화정책이 특정 형식을 띠고 있
다는 점에 초점을 맞추려 한다. 연구자가 손에 들고 있는 정
책 문서를 읽으려고 할 때, 연구자는 그 문서가 만들어진 상
황에 대해 유의할 필요가 있다.

필진은 기초지방자치단체의 문화전략이 실제적으로 (적어
도 때때로) 체감할 수 있는 문화정책의 예시 중 하나라는 단
순한 언명으로부터 이 절의 논의를 시작했다. 여기서 전략
과 정책 간의 개념적 측면 및 실행적 측면의 차이에 대한 검
토를 잠시 미루어 두었다. (쉽게 체감할 수 있는) 다른 문화
정책의 예시들은 찾기 힘들고 다루기도 어려울 수 있다. 이
제 다시 개념 문제로 되돌아오려 한다. 특정한 공공정책이 어
떤 특징을 갖추어야 문화정책으로 분류될 수 있는가? 아헤언
(Jeremy Ahearne 2009)은 ‘명백한(explicit)’ 문화정책과 ‘내
포적(implicit)’ 문화정책을 구분한다. 이 구분은 (논란의 여지

를 가지고 있지만) 문화정책의 개념을 이해하는 데 유용한 방식이다. 기초지방자치단체의 문화전략은 문화와 직접적으로 관련되어 있기에 명백한 문화정책으로 분류된다. 내포적 문화정책은 아래와 같이 정의된다.

> '내포적' 문화정책의 영역에는 두 가지 유형이 있다. 정책이 의도하지 않았지만, 부수적으로 초래된 문화적 영향과 문화를 명시적으로 언급하지 않지만, 문화에 영향을 주기 위한 목적으로 시행된 의도적 과정이 있다. 두 유형은 구분될 수 있다.
>
> (Ahearne 2009: 144)

아헤언의 입장에서는, 지금 당신이 검토하는 정책이 문화정책인지 여부를 판별하기 쉽지 않다. 특히, 지금 당신이 검토하는 성책이 주제를 명확히 밝히지 않을 경우, 더욱 그러하다. 아헤언은 "문화정책의 가장 중요한 형식(들)은 사람들이 사람들이 예상하는 영역에 머무르지 않을 수 있다"고 덧붙인다 (Ibid). 아헤언의 언명은 난제이다. 문화정책과 문화정책이 아닌 것 사이에 구분선이 있는가? 다양한 연구들이 보여주었듯이, 사회정책, 복지정책, 경제정책, 그리고 외교정책 등 다른 정책의 영역에 있는 공공정책이 문화를 간접적으로 포함할 수 있다 (Nisbett 2013b). 그레이(Clive Gray 2004)는 '정책연관(policy attachment)'이라는 개념을 통해, 문화가 다른 영역의 공공정책에 어떻게 '연관(attach)'될 수 있는지 설명한다. 이는 문화정책이 항상 문화영역 안에서만 존재하지 않고, '문화'라는 단어를 직함에 넣은 사람만의 소관 업무가 아닐 수 있음을 의미한다. 또한, 정책 실행의 결과가 문화에 직접 영향을 미치지 않을 수도 있다 (문화영역에 대한 특정 정책의 영향이 의도될 수도 있고 의도되지 않을 수도 있다). 특정 정책이 문화정책으로 분류될 수 있는지 결정하는데 세심한 주의를 기울여야 한다.

내포성(implicitness) 개념을 통해 정책에 관한 또다른 논의를 해볼 수 있다. 예를 들어, 이런 질문을 할 수 있다. 언제 특정한 정책이 정책에 해당되지 않는다고 할 수 있는가? 특정 정책이 특정 영역에 속하려면 어떤 특징을 가져야 하는가? 이런 질문은 영국의 문화행정의 맥락과 비슷한 상황에 적절하다. 영국에서는 문화정책이 '팔길이 원칙(arm's length principle)'에 따라 규율된다. 즉, 영국 문화영역에서는 정부의 직접 개입의 정도가 문화 관련 매개 단체(준정부조직을 의미하는 quango로 표현됨)에 얼마만큼 예산을 지원하는지에 그친다. 영국예술위원회(Arts Council)가 문화 관련 준정부조직의 대표적 예다 (영국예술위원회의 역사에 관하여 Hewison 1995와 이 책의 5장 참조).

타국에서는 정부가 종종 문화정책에 직접적인 통제를 행사하기에, '설계자(architects, 프랑스정부가 이 범주의 예시로 종종 언급됨)'나 '조종자(engineers, 중국정부가 이 범주의 예시로 언급됨)' 등 다양하게 묘사되기도 한다 (Gray 2008). 미국의 문화정책이 세금 혜택 제도에 국한되어 있어 정부가 문화영역으로부터 손을 떼고 있다고 표현하듯이, (영국의 문화정책이 준정부조직에 재정 지원에 그치기 때문에) 중앙 정부가 문화영역으로부터 거리를 두는 관행을 영국의 문화정책이라고 표현할 수 있는가? 이 표현은 문화정책을 매우 협의적으로 정의한다고 볼 수 있다. 대신에, 영국예술위원회와 같이 공공 문화 분야를 관리하는 다양한 기관을 살펴보며 시야를 넓혀야 한다. 가끔은 영국정부가 의회에서 법안을 통과시킴으로써 문화정책에 직접적으로 개입할 때도 있었다. 헤위슨(Robert Hewison 2995)은 대영박물관(British Museum) 건립을 이끈 1753년 법률에서 시작하여, 1927년 BBC 창립괴 1946년 영국문화예술위원회(Arts Council of Great Britain) 사례를 포함하여 수많은 (직접적 개입의) 경우를 언급한다. 문화와 관련된 법령에 문화정책이 명확하게 담겨있다. 어떤 경우에는 문화기관(혹은 문화기관 간 협력)이 문화정책을 결정하는 위치에 있을 수도 있다. 니스벳(Nisbett 2013a)은 대영도서관(British Library)과 빅토리아 앨버트 박물관(Victoria and Albert Museum)을 포함한 주요 영국 기관의 연합체가 시작했던 '세계수집프로그램(World Collection Program)' 사례를 연구했다. 이 사례에서 문화기관은, 의회의 승인을 받긴 했지만, 정부의 직접 개입을 받지 않은 상태에서 문화외교전략을 만들었다. 이 사례에 관한 니스벳의 연구는 (적어도 두 가지의) 쟁점을 제기한다. 첫째, 문화정책의 '유형성

(tangibility)'과 '실질성(thingness)'이다. 즉, 정책에 대한 관심은 정책을 담은 문서 자체가 아니라 정책효과로 향한다. 앞서 논의한 바와 같이, 정책은 박물관 건립, 소장품, 전시회, 행사 개최와 같이 구체적 효과로 이어질 수 있다. 문화정책연구는 손으로 직접 느낄 수 있는 정책효과에 국한되지 않는다. (박물관과 같은) 문화정책의 결과물을 방문하고, 향유하고, 바라보고, 생각에 잠길 수 있으며, 먹고, 마시고, 소비를 할 수도 있다. 본장의 후반부에서 연구방법을 논의할 때, 정책효과의 범위를 다시 다룰 예정이다.

둘째, 영국정부가 간접적으로만 문화에 관여하는 원칙을 따르기 때문에, 공공 문화기관이 문화정책을 만들 수 있는 권한을 가진다. 따라서 공공 문화기관이 문화정책의 결정과 관련된 논의에서 추가되어야 한다. 베스테임(Geir Vestheim 2012)은 문화정책결정의 '중첩 영역(overlapping zones)' 개념을 논의하면서, 정치인, 공무원, 문화기관에서 근무하는 전문가, 전문 예술가로 구별된 네 가지 주요 집단에 초점을 맞춘다. 부르디외 관점을 취하는 베스테임의 설명에 따르면, 이 행위자들은 각자의 서로 다른 '영역(fields)'에 관여하지만 문화정책 영역에서 만난다. 문화와 정치가 중첩되는 영역으로 다양한 핵심적 요소와 관점을 가져오고 권력 투쟁을 벌이기도 한다. 베스테임의 통찰에 따르면, 문화정책의 생태계에 대한 관점이 필연적으로 복합성을 가지기 때문에, 무엇이 문화정책연구의 적절한 주제인지 여부를 구분하는 것이 쉽지 않다. 니스벳은 '세계수집프로그램'과 이 프로그램이 문화기관 사이에서 탄생하게 된 배경에 초점을 맞추어 연구를 진행하면서 문화정책연구의 민감한 쟁점 중 하나인 문화(정책)의 도구화 문제를 다루게 되었다. 도구화 문제와 관련된 통상적 논쟁에 따르면, 문화정책에서는 '예술을 위한 예술' 논리가 점차 자리를 잃어가는 반면, 문화와 관련은 있지만 문화와 예술 그 자체가 아닌 다양한 (또한 점점 그 수가 많아지는) 다른 목적들이 자리를 차지하고 있다 (Caust 2003).

정부와 문화의 활용

문화정책연구에서 도구화(instrumentalism) 개념의 중요성을 고려해볼 때(현 시점에서 필진은 분화정책연구의 도구화 자체는 다루지 않는다), 도구화는 이 책에서 지속적으로 등장하는 화두가 될 것이다. 그레이(Gray 2004)의 '정책연관' 개념과 같이, 이 절에서는 문화가 무엇을 위함인지를 묻는(문화정책이 무엇을 위함인지) 질문에 관하여 강조점이 바뀌고 있다는 점을 언급한다. 문화정책결정의 "올바른(correct, 또는 아마 '가장 좋은[best]')" 형식이 무엇인지 묻는 질문은 아주 오래 논쟁으로 모든 정책영역에 해당되는 질문이다. 이 질문은 문화생산과 문화소비와 관련된 질문으로 이어지고, (문화정책에서) 우선순위와 관련된 질문으로 이어진다. 즉, 예술 강좌에 대한 지원이 예술관에 대한 지원보다 더 좋은가?

문화에게 어떤 종류의 좋음(good)을 요구할 수 있는가? 로이센(Royseng 2008)은 문화가 마술과 같이 사물을 '더 좋은' 것으로 (그리고 사람을 더 '나은' 사람으로) 만든다는 가정을 '의례적 논리(ritual logic)'라고 부른다. 그레이의 관점에 따르면, 문화정책의 '의례적 논리'는 문화를 다른 정책과 '연관(attaching)'지어 활용하는 과정에서 문화 자체의 '내재적(intrinsic)' 가치를 잃어버리게 된다. 요약하자면, 문화는 국가의 개입이 시급히 필요하다고 인식된 문제를 해결하는데 활용된다. 그러므로 문화영역이 반사회적 활동이나 사회적 소외, 혹은 비만, 혹은 가난을 해결하는 기관을 돕도록 요구받을 수 있다. 문화정책연구에서는 문화로 큰 문제를 다루도록 압박하는 일종의 하향식 개입으로 도구화를 이해하는 경향이 있었다. 그러나 니스벳(Nisbett 2013a; 2013b)은 (니스벳 외 다른 연구자들도) 외교정책 사례연구를 통해 문화 관련 기관이 '비문화적' 영역에 관여함으로써 단순히 하향식으로 도구적으로 이용된다는 관점에 대응하였다. 그녀의 실증적 연구는 이러한 도구화에 관한 다른 입장을 더 잘 보여준다. 그녀는 아래와 같이 요약한다.

문화 관련 기관은 도구화를 거부하지 않는다. 흔히 정치적 목적에 따라 재정 지원의 흐름이 결정된다고 예상하는데, 문화기관도 이러한 원칙을 지키려 하거나 설파한다. 정책은 무엇이라도 성취하도록 기대를 받거나 무언가와 관련되도록 기대받기 마련이다. 정책은 태생적으로

정부와 관련된다. 만약 그러하지 않다면, 정책이 존재하
지 않는다.

(Nisbett 2013a: 10, 원문에서 강조)

이러한 맥락에 따르면, 문화영역에 종사하는 사람이 신공
공관리론(NPM)의 논리 더 넓게는 신자유주의의 논리를 당연
한 것으로 이미 수용했거나(McGuigan 2005) 또는 비교 우
위를 얻기 위하여 전략적으로 (신공공관리론의 논리 더 넓게
는 신자유주의의 논리를) 따라 하고 있다고 주장할 수도 있
다. 그러나 니스벳은 더욱 구체적으로 (1) 도구화를 다시 검
토해야 하며, (2) 문화영역이 영향력을 가지고 있고 정책 과
정에서 문화기관이 역할을 담당한다는 것을 인정하고, (3) 문
화정책을 하향식으로 활용하는 도구화도 있지만 동시에 문화
영역에 의하여 활용되는 노구화 과정도 추적하라고 촉구한
다. 결국에는 많은 논평가들이 동의하듯이, 정책은 변화를 이
루고자 하기 때문에 당연히 도구적이다. 문화정책이 도구적
이지 않다고 기대하는 것은 공공정책이 어떻게 작동하는지를
이해하지 못함이다. 헤스몬달그(Hesmondhalgh 2005)는,
결국 문화정책도 공공정책이며 이러한 맥락에서 문화정책이
'예외적'이라기보다는 '일반적인' 정책결정과정 영역에 속한
다 (Vestheim 2012)는 점을 이해하지 못하기 때문에 문화정
책이 도구적이지 않을 수 있다고 기대하게 되는 것이라고 강
조한다. 동시에, 문화정책연구 내에서 도구화 논쟁의 중요
성을 인식하고 정부에 의한 문화의 매도에 관하여 불만이 존

재하는 이유를 파악할 수 있는 연구가 필요하다 (Wallinger, Warnock 2000). 문화부 장관조차 문화의 도구적 활용에 대한 찬성과 반대의 논쟁에 관여할 만큼 중요한 쟁점이기 때문이다 (Smith 1998; Jowell 2004).

도구화 논의로 인하여 필진은 문화영역에서 다른 영역 간의 교집합 즉, 다양한 영역에 소속된 문화정책을 연구대상으로 삼는 연구자와 분석가의 학문 영역 간 중첩에 관심을 두게된다. 문화정책 영역과 관련된 다양한 학문적 유산이 있기에, 다양한 개념적, 방법론적, 사상적 입장을 보여주는 전통들이존재한다. 이러한 다양한 학문적 방법들이 어떻게 조합되고또 공통된 주제를 다루고 있는지를 논의하고자 한다. 이제 필진은 '어떻게(How)?'라는 질문으로 넘어가고자 한다. 즉, 어떻게 문화정책을 분석하는가? 문화정책연구가는 어떤 방법을활용하는가?

문화정책연구

문화정책연구는 많은 맥락에서 이루어지고 있으며 다양한 질문을 던지고 수많은 학술적 담론에서 유래한 방대한 연구방법을 활용한다.

(Scullion, Garcia 2005: 113)

무엇을 하고 있지? 언제 문화정책연구를 진행하지? 문화정책연구의 분야가 성장하면서, 이런 질문의 중요성이 커진다. 문화정책연구에 대한 환영의 입장과 우려의 입장 등 다양한 의견이 존재한다. 방법론적 혼합을 수용하는 주장부터 방법론적 양립 불능과 차이에 집중하는 의견도 존재한다. 미로와 같이 다양한 의견이 존재하는 상황에서 몇 가지 주된 논의 주제가 있는데, 이 절에서 필진은 두 가지에 집중하려 한다. 첫째, 상이한 학제적 전통이 문화정책분석에 사용되는 접근법을 정하는 과정을 검토한다. 둘째, 문화정책연구에 활용되는 전형적 연구방법의 실제 사례를 검토한다.

문화정책연구는 학제적이라는 점이 사실상 당연하게 수용된다. 따라서 문화정책연구 분야에서도 학제적 연구가 항상 초래하는 장점과 단점이 존재한다. 즉, 문화정책연구가 문하정책연구 안에 있는 '정설(canon)'에 의해 제한을 받지 않기에, 다양한 실험이 허용되고 실험 중 가상 좋은 섯반을 취사선택할 수 있는 장점이 있다. 반면, 문화정책연구 안에 '근본 원리'가 없기 때문에 문화정책연구 간의 공통점이나 공통 목적이 없다. 이런 현상은 다른 정책 분야에서도 마찬가지로 정책연구가 항상 응용성을 가지는 증상과 비슷하다. 물론 정책연구가 이미 존재하는 이론과 방법을 현실 사례에 단순하게 적용하는 수준에 그치지는 않는다. 사회정책연구와 복지정책연구에서도 같은 현상이 나타난다. 일반적으로 정책연구자는 비판적 접근과 응용적 접근 사이에서 고심을 하게된다. 실용성이 유용성 또는 적실성을 의미하기에 인문학과 사회과학이 고등교육과 학문적 연구 주제로 지속하기에는 실용성이 필수적이라고 여기는 요즘, 정책연구자가 비판적 접근과 응용적 접근 사이에서 갈등하는 정도는 더욱 심하다. 문화정책분야도 예외가 아니다. 스컬리온과 가르시아(Scullion, Garcia 2005: 117)는 이를 '예술-인문학 접근법과 응용 연구 전통' 간 분립(schism)이라고 칭한다. 스컬리온과 가르시아가 문화정책연구가 비판적임과 동시에 응용적인 관점을 취할 수 있는 '제3의 방법', 또는 적어도 '불안한 평화적 방식(125)'을 제시하기는 한다 (Scullion, Garcia 2005: 125). 베넷(Oliver Bennett 2004)도 슈스터(Mark Schuster 2002)의 『문화정책 알리기(*Informing Cultural Policy*)』와 루이스와 밀러(Justin Lewis, Toby Miller 2002)가 공동 편집한 『비판적 문화정책 연구(*Critical Cultural Policy Studies*)』를 검토하면서 문화정책연구에서 방법론의 '양분 현상(torn halves)'을 언급했고, 양자간 불안한 평화를 언급했다 (상기 두 저작은 아주 대조적인 주장을 전개한다). 베넷은 상기 두 저작을 문화정책연구 안에서 존재하는 간극을 잘 보여주고 있다고 평가한다. 두 저작의 제목에 붙은 형용사, 즉 '알리기'와 '비판적'은 문화정책연구에 관한 상이한 입장을 상징적으로 보여준다. 문화정책연구와 같이 다인적 요소들이 존재하는 분야에는 필연적으로 다양한 접근법과 관점, 다양한 이론과 방법이 있다는 점을 베넷은 인정한다. 이런 혼종성을 전제한 상태에서, 베넷은 찢어진 곳을 수선하거나 찢어진 반쪽을 다시 합치려는 시도를 하는 대신 '생각의 충돌' 안의 활력을 찾는 무정설적 입장(anticanonical stand)을 촉구한다 (Bennett 2004: 246).

그레이(Clive Gray 2010)는 문화정책연구 안에 존재하는 병적 현상을 더 통렬하게 더 종합적으로 진단한다. 그레이의 주장에 따르면, 문화정책연구는 학제적 다양성으로 인하여 '상호 몰이해(mutual incomprehnsion)' 상태에 있다. 그레이는 자신의 입장을 직설적으로 드러내며, 문화정책연구가 상이한 학문영역에 기반한 여러가지 접근법 사이에서 '상호 몰이해' 상태에 있다는 점을 아래와 같이 요약한다.

> 다른 학문영역에서 사용되는 연구분석 간 차이를 이해하지 못하고, 상이한 학문영역에서 나온 연구결과를 서로 검토하지 않고, 다른 학문영역, 존재론, 인식론, 방법론이 오해를 초래하거나 단순히 잘못되어 있다는 부정적 고정관념이 존재하기 때문에, 문화정책연구 안에서 몰이해가 초래되었다.
>
> (Gray 2010: 215)

그레이는 문화정책연구에 대한 일반적 비판을 넘어, 상이한 학문영역이 문화정책연구에 기여하는 점을 드러낸다는 점에서 심층 분석을 한다 (여러 학문영역이 문화정책에 기여하는 점은 무시되기보다는 수용되고 이해될 필요가 있다). 예를 들어, 그레이는 문화정책연구의 연구방법론이 (i) 경제학 배경을 가진 연구자가 문화정책연구를 할 때 선호하는 실증주의, (ii) 문화연구 학자들이 선호하는 해석 주의적 방법, (iii) 사회학과 정치학에서 활용되는 사실주의적 방법으로 나뉜다는 점을 포착한다. 문화정책연구 안에 존재하는 방법론적 다양성은 정책 분석의 시작점이자 문화 관련 모든 연구에 영향을 미치는 문화라는 단어의 개념에 투영된다. 문화개념은 심지어 최종 연구결과의 출판 경로와 최종 연구결과의 독자까지 결정한다. 따라서 문화정책연구는 어떤 방법이 왜 사용되는지 명확하게 언급해야 한다. "문화정책연구에서 사용되는 **정확한 연구방법**(*precise methodologies*)에 대한 이해가, 다양한 도구를 활용하는 분석이 드러내는 바를 이해하기 위한 기초를 제공하기 위하여 필요하다"(Gray 2010: 225, 필진의 강조 추가). 명확히 말하자면, 그레이는 방법론적 정설을 주창하지 않는다. 오히려 다른 연구자가 보고 공유할 수 있도록 연구자가 연구방법을 공개하라고 주창한다. 니스벳(Melissa Nisbett 2013b: 87)도, 문화정책연구가 종종 '실증적이고 방법론적인 세부사항'을 빠뜨린다고 말함으로써, 그레이의 주장과 비슷한 입장을 개진한다 (니스벳은 정책문서로 전환되는 연구가 종종 공개되지 않는다는 점에 주목하는데, 필진은 이 쟁점을 나중에 다룰 예정이다). 이는 문화정책연구자들이 절대로 연구방법을 언급하지 않는다는 말이 아니다. 방법론적 논의가 배경 설명으로만 그치거나 각주로 처리되거나 아예 생략되지는 말아야 한다는 뜻이다. 연구가 어떻게 진행되었는지 찾아내는 작업은 종종 좌절스럽다.

필진은 그레이가 (문화정책연구에서) 연구방법론을 유형화한 것이 유용하다는 점에는 동의하지만, 그레이의 작업을 반복하지는 않는다. 필진은, 무엇이 문화정책이며 어떻게 문화정책을 분석해야 하는지에 관한 다양한 관점을 가지는 몇 가지 연구 사례를 살펴봄으로써 방법론에 관한 논의를 더 심도 있게 다루고자 한다. 필진은 문화정책연구를 네 가지 범주로, 즉, 담론으로서의 문화정책에 관한 연구, 문서로서 문화정책에 관한 연구, 과정으로서 문화정책에 관한 연구, 실행으로서의 문화정책에 관한 연구로 나눈다. 이 분류가 항상 깔끔하지는 않지만, 연구대상에 대한 연구자의 인식론적/존재론적 접근을 드러냄으로써, 필진으로 하여금 연구 설계, 자료 원천, 선택된 방법에 대해 고찰할 수 있다. 이 분류는 문화정책연구자가 연구하는 대상에 대한 이해와 문화정책연구자가 연구하는 방식 간 연결성을 보여준다.

담론으로서의 문화정책

그레이(Gray)가 해석학 접근으로 부른 연구전통은 문화정책을 담론으로 탐구한다. 담론은 이해를 돕기 위해 공유된 포괄적 틀이자 지식의 산물로 사회문화적 관행과 사회에 침투되어 내재화되어 있다. 문화정책을 담론으로 접근하면서, 필진은 세 가지 질문을 한다. 무엇이 문화인가? 문화가 특정 효과를 초래하기 위하여 어떻게 조직되는가? 누가 담론을 어떤 수단을 통하여 확산하는가? 결과를 또는 특정 사람을 목표로 하여 정부가 사용하는 기술이 정책이기 때문에, 상기 세 질문은 문화연구의 저변에 자리를 잡고 있다 (Miller, Yudice 2002). 베넷(Tony Bennett)은 이 질문을 탐구하면서, 문화가 통치의 한 형식이 되고 문화의 가치와 활용법에 관한 생각이 문화정책에 반영되는 과정을 드러낸다. 베넷은, 담론으로 인하여 공공도서관, 박물관, 이와 비슷한 (문화) 시설이 노동자를 얌전하고 성적으로 분별 있게 만든다는 생각이 19세기 문화개혁자가에게 수용된 과정을 탐구한다 (Bennett 1998: 11). 문화가 사람을 문명화시킬 수 있다는 생각이 태어났고 자리를 잡았는가? (노동계급의 비문명적 본성에 관한 담론도 탐구해야 한다). 베넷이 그의 연구를 역사 재생(*recovering*)이라고 말했듯이, 그는 문서, 사료, 출판된 자료, 고문서 등을 활용한다. 그는 "문화 유용성의 확대(The multiplication of culture's utilities)"라는 제목의 논문에서 의회 보고서, 19세기 저작, 문화기관이 내놓은 보고서와 자료 등을 활용하여 문화가 문명화 효과를 가진다고 주장하는 담론을 추적한다 (Bennett 1998). 주요 행위자가 문화의 문명화 효과 담론을 표현하는 방식을 세밀하게 읽어내면서 이 담론이 변화하고 강화되는 과정을 그려냈다. 그의 연구는 문화의 문명화 담론이 진행되는 과정에 변화를 준 다른 사조를 유의해야 한다는 점을 나타낸다. 예를 들어, 다윈의 진화론은 계급, 행동, 문명화를 이해하는 방식에 영향을 미쳤고, 박물관의 형태와 목적에도 영향을 미쳤다.

루슬리(David Looseley 2011)의 연구는 담론으로서 문화의 역사를 잘 보여준다. 그는 대중문화와 문화정책 간 관계를 비교 연구하는데, 영국과 프랑스 사례를 택한다. 1945년부터 대중문화를 둘러싼 정책에 관한 논쟁을 추적하면서, "문화정책이 항상 여러 의미를 가진다"는 점을 언급한다 (Looseley 2011: 367). 대중문화의 가치에 관한 담론이 정책이 추동하는 과정을 그려내면서, 주요한 갈등선을 드러냈다. 예를 들어, 영국과 프랑스에서 문화정책을 입안하는 과정에서 접근성과 수월성 간 무엇을 우선순위로 두어야 하는 지를 둘러싼 갈등선이 존재했다. 문화정책을 둘러싼 담론의 변화를 그려내기 위하여, 루슬리도 정책 문서와 출판된 자료를 활용했다. 루슬리가 사료를 심층 검토하지는 않았지만, 라디오 방송 자료 신문 자료, 주요 행위자와 면담 등 다양한 방송 자료를 활용했다. 그의 국적과 학문적 배경도 매우 흥미롭다. 그는 영국인이면서 동시에 프랑스의 문화정책에 관한 전문가로, 프랑스어로 된 영국 문화정책사를 써달라는 의뢰를 받았다 (Poirrier 2011). 루슬리는 그 상황을 다음과 같이 묘사한다.

> 프랑스어를 구사하는 사람에게 프랑스어로 영국 예술 정책의 역사에 관해 글을 써야했다는 것은 두 가지 시선으로 역사에 접근한다는 점을 의미했다. 나는 영국 예술 정책에 관해서는 내부자로 영국에서 예술과 정치적 삶에 관한 경험을 가진 영국인이다. 또한, 동시에 프랑스의 시선으로 나의 경험을 추상화한다는 점에서 나는 외부자이다.
>
> (Looseley 2011: 365)

이는 흥미로운 고백으로 잠시 생각해볼 만하다. 루슬리는 자신을 문화정책 학자일 뿐만 아니라 문화정책에 영향을 받아온 한 명의 시민임을 암시한다. 문화정책연구가 특정 사람에 의하여 탐구되며, 문화정책을 연구하는 사람이 경험한 역사와 장소(물리적 장소, 학문적 배경, 출신 기관)가 탐구하려는 담론과 얽혀져 있다는 점을 루슬리의 연구가 일깨운다. 루슬리는 대중문화에 관하여 명확한 입장을 드러내지 않지만, 문화정책연구에서 전기(biography)가 중요하다는 점을 생각하게 한다. 담론이 연구자의 삶을 포함하여 상호작용하며 실제 삶에 영향을 미친다는 점을 상기시킨다.

문서로서의 문화정책

문화정책을 문서(text)로 접근하는 다양한 방식이 있다. 문화정책을 문서로 접근하는 연구영역 안에 있는 차이점을 검토할 필요가 있다. 첫째로, 정책 문서에 내포된 의미를 알아내기 위하여 언어적 혹은 문자적 분석을 위한 도구를 활용하는 접근법이 있다. 문서 분석(textual analysis)은, 문서와 담론을 연결하고 담론이 문서로 표현되는 방식을 검토하는 비판 담론분석, (숨겨진 뜻을 찾아내는) 의미론과 해체(decontruction)와 같은 분석 도구를 활용한다. 문서 분석은 문서에 집중하는 문화연구에서 중심에 있으며, 그레이가 해석학파로 명명한 연구 경향의 핵심이다. (단어, 어구, 생각의 빈도를 측정하는 내용분석

[content analysis]과 같이 실증적 문서연구방법도 있음을 유의해야 한다). 두 사례연구가 문서로서의 문화정책연구를 잘 보여준다. 먼저, 밀러와 유디스(Toby Miller, George Yudice 2002)는 문화정책을 검토하면서 정책 문서를 **문서로**(*as texts*) 접근한다. 그들이 검토한 문서 중에는 미국 국립예술기금위원회(NEA: National Endowment for the Arts)의 보고서인 『미국의 예술 풍경(*American Canvas*)』[**]이 포함된다. 그들은 이 보고서를 대상으로 연구를 진행하는데 연구 중 일부는 내용분석이다. "200쪽 보고서가 예술 관행 또는 의미에 대해서는 거의 언급이 없다"는 점에 주목하면서(65), 협력과 도시재생사업에서 예술과 같은 단어와 표현에 집중하여 분석을 진행한다, 그늘은 광범위한 미국 문화정책의 서사와 미국 국립예술기금위원회의 맥락 안에서 이 보고서를 검토하고 문서와 담론을 연결함으로써, 상기 보고서는 문화가 '새롭게 정부의 관할 영역으로 들어가는 현상(the new govermentlization)'를 명확하게 드러내고 있음을 보여준다 (66).

둘째로, 길모어(Abigail Gilmore 2004)는 영국 지방문화전략의 '전략적 검토'를 진행하면서 문화정책에 자주 등장하는 (월리엄이 문화를 삶의 방식으로 정의하는 바와 비슷한)

**　역자 주) American Canvas는 비상업적 문화 관련 전문가 협의체로 미국 국립예술기금위원회의 후원을 받는다. 이 단체는 1997년 미국의 비상업적 문화가 직면한 여러 쟁점에 관하여 보고서를 만들었다.

문화개념을 분석한다. 또한, DCMS가 기술한 전략을 달성하기 위하여 지방자치단체가 만든 지방문화전략 문서에서 상이한 접근법이 사용된다는 점을 부각한다. 길모어는 지방문화전략을 문서 분석의 대상으로만 접근하지 않는다. 그녀는 연구대상으로서의 지방문화전략이라는 점에 초점을 맞추어 전략의 출발, 생산, 배포와 관련된 서사를 전한다. 부가적으로 정책입안 과정도 검토한다. 정책을 자료로 접근함에 있어, 특히 문화정책 관련 전문가 집단보다는 일반 시민을 대상으로 만들어진 '대중용(public-facing)' 자료를 검토함으로써, '실질성(thingness)'에 초점을 맞춘다. 대중용 문서의 생산은 번역(*translation*) 행위로 여겨진다. 즉, 내부 전문가를 대상으로 하고 꽤나 기술적 용어로 가득한 정책 문서를 홍보를 위해서 또는 대중의 욕구를 불러일으키는 문서로 재생산하는 작업이다. 그녀는 『에섹스 축제(*Celebrating Essex*)』를 예로 드는데, 이 자료는 (전문가가 참여한) 저명 회의에서 얻는 결과를 군 단위 대중에게 알리는 요약본으로 CD-ROM에 담겨 대중에게 배포되었다. 길모어는 지방문화전략이 대중에게 전달되고 배포되는 방식을 포함하여 많은 요소들이 전략의 내용, 형태, 그리고 효과를 표현하는 방식에 영향을 미쳤다고 저술한다. 불행히도, 그녀의 분석이 생산에서 소비로 초점을 이동시키고 대중이 문화전략을 읽는 방식을 알아내는 부분은 자연스럽지 않았다. 소비자의 관점을 알아내고 대중이 문서를 읽는 방식을 파악하는 것이 문서 접근법의 중요한 부분이다. 하지만 베넷(Tony Bennett 1998: 12)이 역사학적 연구의 '명백한 한계'라고 주목한 역사적 거리감에 의하여 또는 연구가 실제 진행되기 어려운 상황에 의하여 대중 수용자의 입장에 의거한 연구가 어려운 점이 있다. 대중 수용자의 입장에 초점을 맞춘 연구가 쉽지 않지만, 사례연구에서는 이루어질 수 있기에 문화 분석에서 새로운 연구영역이 된다. 이렇게 수용자의 입장에 맞춘 연구는 문화정책연구의 중요한 부분이 되었다.

이제 필진은 '살아있는 문서(living documents)'로서 정책을 논의하는 접근법에 대하여 언급하고자 한다. 이 접근법은 문화정책보다는 복지/사회정책을 주로 다루지만, 정책 문서가 무엇인지 그리고 정책 문서가 어떤 역할을 하는지에 대하여 생각하는 방법을 제공한다. 헌터(Shona Hunter 2008)는 평등 및 다양성 정책 개발을 검토한다. 정책문서에 따라 실행하는 과정과 정책 문서의 심리적/정서적 차원을 탐구하는 헌터의 시도가 필진에게 특히 흥미롭다. 그녀는 "문서는 우리를 움직이게 하고, 우리는 문서를 움직이게 하며, 문서는 공동의 투자를 위한 중요 요소들을 구성하며 우리를 타인과 연결한다"(Hunter 2008: 508)고 말한다. 감사문화(audit culture)와 '신공공관리론'을 기반으로 한 정책과정에 참여한 그녀의 경험을 민족지학적으로 설명하면서, 헌터는 문서를 (행위자-연결망 이론을 원용하여) '경계물(boundary objects)'** 로 또

** 역자 주) '경계물(boundary objects)'은 다양한 사회 집단이 공유하지만 다르게 해석되고 활용되는 것으로, 추상적 개념과 구체적

한 조직의 실행 행위의 한 예로 접근한다. 문서는 살아있고, 문서를 만드는 작업을 넘어서 자체 생명력을 가지고 있으며, '고정되지(fixed)' 않고 '관계적'이다. 어떻게 문서들이 '작동' 하는지 (혹은 작동하지 않는지), 보고서가 미발표로 남는지는 이합집산하는 여러 관계의 결과이다. 지역문화전략과 관련된 필진의 관여 경험에서 볼 수 있듯이, 복합적이며 동시에 일 상적인 일반적인 형태의 정책 실행은 쉽게 결말에 이르지 않 고 의도하지 않은 결과를 초래하기도 한다. 공공정책분석을 비판하는 입장에서는 정책결정을 과정으로 보는 관점을 포 함한 다양한 접근법이 이러한 복잡다단한 문화정책연구과정 의 현실을 다소 깔끔히 정돈할 수 있다고 제안한다 (Cairney 2012). 필진은 정책을 과정으로 보는 관점을 버리기보다는 재검토하고자 한다.

과정으로서의 문화정책

필진은 지역문화전략과 길모어의 영국 지방문화전략의 '전 략적 검토' 연구를 통해 과정으로서의 문화정책을 논의하고 자 한다 (Gilmore 2004). 길모어의 논의는 좋은 사례를 제공 한다. 길모어는 정책 과정을 지침 생산(길모어의 사례에서는

물건 등을 포함한다. 예를 들어, 여러 분과학이 '정체성(identity)' 개념을 공유하지만, 상이한 방식으로 접근한다. 심리학에서는 개 인의 속성으로 접근하는 반면, 사회학에서는 집단의 속성으로 접 근하고 국제정치학에서는 국가상으로 접근한다.

DCMS가 지침을 제공했음), 담당 부서 형성과 업무 분장, 정책 개발의 범위와 단계별 실행 기간 설정, 자료 수집 및/혹은 연구 발주, 자문 회의와 토론회 개최, 주요 행위자와 이해관계자 파악, 전략문서의 구성, 완성본 전략문서와 실행/보완계획의 생산과 배포/확산, 일반 시민용 요약본, 행사 개최로 정의한다. 지역문화전략의 사례에서는 꽤나 선명한 국면이 드러난다 (앞서 필진의 논의에서와 같이, 광역자치단체가 문화전략을 만들라는 DCMS의 결정에 따라 이 과정이 시작된다. 이러한 DCMS의 결정은 정부의 의제를 현대화하고 연결하려는 움직임, '신공공관리', 등과 관련된 광범위한 흐름과 연관되어 있다). 물론 실제 정책 계획 및 실행 과정은 깔끔한 것과는 거리가 멀고 부서 간 내분, 기회 상실, (의제) 파기와 우선순위의 조정, 그리고 실제 정책 참여도의 부족 등, 예상과는 다른 요인들이 다루어 질 가능성이 있다 (Gray 2004).

단지 정책 문서를 읽기보다는 정책을 수립하는 사람과 대화를 하고, 실제 정책이 어떻게 진행되었는지 들음으로써 정책 과정에 초점을 맞추는 접근법을 벗어날 수 있다. 즉, '사회학적' 방법이라고 불리는 방법을 취할 수 있다 (Magor, Schlesinger 2009). 니스벳(Melissa Nisbett 2013a)은 '세계수집프로그램(WCP: World Collections Programme)'의 개발 과정을 논의하면서 면담을 효과적으로 활용했다. 주요 행위자가 이 프로그램과 관련하여 수행한 업무를 들음으로써, 니스벳은 누가 무엇을 왜 하였는가에 대해 다양한 이야기를 얻을 수 있었으며 이로 인해 어떻게 이러한 활동가들이 문화정책의 도구적 논리에 관한 쟁점들을 알면서도 이를 채택 혹은 활용하는지를 보여주면서, 문화정책의 도구화를 재구성하는 논지를 수립할 수 있었다. 그녀는 다양한 행위자들이 다양한 이유로 정책을 '조작'한다고 말한다 (Nisbett 2013a: 11). 그녀는 이 사례에서 풍부한 면담으로 세계수립프로그램 관련 문서만 읽어서는 찾을 수 없는 통찰을 도출하였다. 세계수립프로그램의 뒷이야기는 (불가피하게) 깔끔하게 정돈되거나 사라질 것이다. 이는 일부 문화정책 분석가들에게 있어 정책 입안과 실행의 과정을 보는 관점에서 벗어나, 정책의 실행 또는 그레이가 언급한 '문화를 구성하고, 관리하고, 재정적 지원하는 평범하고 일상적인 활동'을 탐구할 필요성을 의미한다. 관점을 바꾸려면 방법론적 혼종성이 필요하고 가능한 다양한 시각에 따라 질문 대상에 접근해야 한다.

실행으로서의 문화정책

'새천년경험의 의미(The Meanings of the New Millennium Experience)'로 불린 연구프로젝트는 영국이 새천년을 축하하기 위하여 런던 그리니치에 세운 '천년 돔(Millennium Dome)'을 분석한다. 이 프로젝트는 다양한 방법을 통합하고 정책을 담론으로, 문서로, 실행 과정으로, 실험으로 보는 관점을 모두 탐구하는 좋은 예다. 여기서 필진은 '천년 돔'을 다양한 방식으로 접근하는 프로젝트로부터 유래된 두 가지 대조적 연구 결과를 다루고자 한다. '새천년 돔 알아보기(Figuring out the Dome)'라는 제목을 가진 연구는 '천년 돔'과 관련된 사실과 통계, 재정 정보, 방문자 자료 등을 모으고 '신뢰할 수 있는 정보를 제공함으로써 대화를 촉진하기 위하여' '천년 돔'과 관련하여 공식적으로 출간된 자료를 다룬다 (McGuigan and Gilmore 2001: 41). 세부 정보에 면밀하게 주목함으로써, 이 연구는 공식적으로 출간된 자료에 따라 '천년 돔'의 이야기를 정확히 보여준다. 전반적인 연구의 기풍은 (주로) 중립적이고 객관적이며, 후원, 예산, 직업 창출 등을 분류하여 설명하고 있다. 이러한 연구 기풍은 문화정책의 평범한 현실에 관한 이야기에 지나지 않는 것으로 보일 수 있지만, '천년 돔 알아보기(Figuring out the Dome)'에는 드러나지 않은 흥미로운 이면의 의미를 보여준다. 즉, 문화와 관련된 프로젝트에 대한 공개된 데이터가 상대적으로 쉽게 조합될 수 있으며, 문화와 관련된 연구프로젝트가 그 자체로 연구를 촉발한다는 점을 보여준다. 이 연구프로젝트에서 MORI 투표,[**] 연례 보고서, 평가, 영향 연구와 같은 익숙한 도구들을 볼 수 있다. '천년 돔' 이야기를 본격적으로 하기 전에, 이에 대해 생각해보고자 한다.

[**] 역자 주) 사건, MORI 설문조사는 Market and Opinion Research International에 의하여 실시된 설문조사를 의미한다. Market and Opinion Research International은 1969년 Robert Worcester에 의하여 설립된 설문조사 회사로 2005년 Ipsos와 합병하여 Ipsos MORI가 되었다.

‘감사문화(audit culture)’와 신공공정책론은 풍부한 자료 구축과 문서 생산을 초래했다. 문화정책을 결정하는 과정에서 연구프로젝트의 중요 부분으로서 새로운 연구 방법을 발견할 수 있다. 필진은 앞서 슈스터(Mark Shuster 2012)의 『문화정책 알리기(*Informing Cultural Policy*)』의 논지에 동의한 바 있다. 이 보고서는 국가 통계기관, 정부 부처, 준정부기관, 연구소, 연구 모임, 민간 자문기관 등과 같은 ‘문화정책연구 및 정보 기반시설’에 의하여 생산된 다양한 문화 관련 자료를 정리한다. 맥기건(McGuigan)과 길모어(Gilmore)는 (겉보기에는) ‘천년 돔’에 관련된 공식적 자료를 말로 풀어서 재해석한다. 다른 정책이나 연구, 일상생활에서는 공공 통계자료가 제대로 다루어지지 않지만 (BBC News 2012), 문화영역에서는 감사문화와 신공공정책관리론으로 인하여 문화 관련 자료와 통계가 확산되었다. 필진은 문화영역에서 급증한 자료와 통계를 따라가면서 다양한 문화정책과 프로젝트를 ‘알아갈 수 있다.’

맥기건(McGuigan)과 길모어(Gilmore)는 사실과 도표에만 흥미를 가지지 않는다. 두 저자는 ‘천년 돔’을 분석한 두 번째 보고서에서 ‘천년 돔’ 그 자체를 분석하고 ‘천년 돔’을 방문한 관광객의 경험을 탐구한다 (McGuigan, Gilmore 2002). 이 보고서에서의 연구방법은 공개 출판된 자료로만 구성되어 있지 않다. 그들은 면담, ‘천년 돔’의 ‘내용’에 관한 분석, 사진, 관측 자료 등을 추가함으로써, 즉 ‘다차원 분석’이라고 지칭한 기법을 활용하여(McGuigan, Gilmore 2002: 9), '천년 돔'과 관련된 이야기를 풀어낸다. 그들이 대화적이며 이념적인 비판적 접근이라고 칭한 기법을 통하여 큰 담론적인 쟁점을 언급한다는 뜻이다. 동시에 '천년 돔'에 관한 문서와 다양한 저자의 저작 활동으로 드러난 천년 돔 관련 이야기를 탐구하려고 문서 분석도 활용한다. 또한, 방문객의 경험으로 '천년 돔'에 대한 또다른 '독자'를 추가한다. 방문객의 경험을 추가한 분석이 이 연구의 가장 흥미로운 부분 중 하나이다. 방문객들의 '천년 돔'에 대한 우호적 반응이 '천년 돔'을 둘러싼 (예를 들어, 언론 매체와 비판적 평론계에서 나온) 냉소주의를 상쇄한다는 점을 발견하였다. 관람객들은 '천년 돔'을 즐긴 것이다 (혹은, 적어도, 그들 중 일부는 얼마간 즐겼다). 더군다나, 맥기건과 길모어는 방문자들에게 다양한 정도의 '성찰'이 있다고 믿는다. 방문자는 단순히 공식적인 해설을 믿지 않고 (천년 돔에 대하여) 그들 자신의 의미를 만들었다. 자신들만의 용어를 통해 '천년 돔'을 '파악하고' 있었다. 이는, 활동 혹은 실행 기반의 접근법을 활용하여 세부사항에 초점을 맞추면 (단일 사례연구에서 가능하다), 문화정책의 실행 방식과 그 결과를 다양한 형식으로 볼 수 있게 된다는 것을 보여준다. 2002년 맥기건과 길모어의 이 보고서는, '후원, 의미, 방문'을 부제로 사용했다. 이 부제는, 단순히 공식적으로 발표된 사실과 수치에만 기반한 설명을 넘어, '천년 돔'에 대한 열린 해석을 제안한다. '천년 돔'에 관련된 서사는 정책을 담론으로, 문서로, 과정으로, 실행으로 보는 다양한 접근법에 부합하는 여러 요소를 가지고 있다. 아마 다차원 분석으로만 '천년 돔'에 대한 더욱 풍부한 이해가 가능할 것이다. 물론, 정책결정과 정책분석의 세계는 끊임없이 변화한다. 따라서 반드시 새로운 것들과 새로운 방식들을 학습할 수 있는 지평선을 살펴야 한다. 필진은 이와 관련된 한 가지 변화를 검토하면서 이 장을 마치고자 한다.

정책연구의 새로운 움직임

필진은 '새로운 움직임'이라는 용어를 이중적으로 사용하는데 이 장에서는 '정책이동성(policy mobilities)'을 탐구하는 연구 경향에 초점을 맞춘다. 정책을 추동하는 생각 또는 정책이 한 장소에서 다른 장소로 확산하는 '정책전이(policy transfer)'에 관해서는 오랜 관심이 있었다 (Cairney 2012). 하지만, '정책이동성'에 초점을 맞추는 새로운 움직임은 단순한 확산/전이 모형보다는 정책이 이동하는 방식에 초점을 맞춘다. 또한, 연구자들로 하여금 '정책이 실제로 조합되는 장소와 상황'에 주목하게 한다는 점에서 흥미롭다 (Cochrane, Ward 2012: 9). 당연하게도, 지리학이 정책 이동을 이론화하는데 선두에 있는데, 도시 정책학계에서 발전된 관계 지리학, 흐름과 연결망, 변형과 변이에 대한 사고를 활용하고 있다. 예를 들어, 새로운 움직임은 '바이러스처럼 퍼지는 창조적 도시

정책의 확산'도 활용한다 (Peck, Theodore 2010: 171). 정책의 이동에 초점을 맞춘 새로운 움직임은 '누가?'라는 질문을 다시 던진다. 연구자들은 정책 탐방단 또는 펙과 테오도르 (Peck, Theodore 2010: 170)가 명명한 '정책 판매상과 전문가(policy peddlers and gurus)'들을 분석해왔다 (펙과 테오도르는 그들 자신을 정책 판매상 또는 전문가로 부르며, 정책 이동을 연구한다). 정책연구에 관련된 또 다른 새로운 움직임은 또한 실행과 정책을 움직이는 평범한 매일의 일들에 큰 관심을 기울인다. 맥칸과 워드(McCann and Ward 2012: 45)는 '정책실행을 가까이서 관찰하려면(staying close to practice)', 정책을 이동시키고 전 세계적 정책 지식의 흐름에 관여하는 행위자에 관한 세부적 묘사, 정책의 이동에 대한 추적, 비교 기법, 표현 전략이 필요하다고 주장한다. 정책 이동을 이해하기 위해, 맥칸과 워드는 '추적(following)' 연구방법을 권한다. 즉, 정책이 이동할 때 사람, 정책, 장소를 추적하는 기법이 필요하다.

곤잘레스(Gonzalez 2011)는 바르셀로나와 빌바오가 정책 탐방의 장소로 작동하는 현상을 탐색하며, 정책 이동에 관한 좋은 예를 제공한다. 그녀는 의도적으로 '관광(tourism)'이라는 단어를 선택하여, 정책결정자의 관행과 여행객 간 공통점을 보여주려 한다. 예를 들어, 두 집단은 공통적으로 다른 장소에 대하여 근거 없는 믿음을 가지고 있고, 근거 없는 믿음이 있는 장소를 방문함으로써 변화가 일어날 수 있다고 생각한다. 곤잘레스는 정책관광(policy tourism)이 "여행객이 방문했던 일부 장소에 대한 경험으로 도시를 마음속에 구성하듯이 정책과 관련된 장소를 재구성하고 도시를 재조직한다"고 덧붙인다 (Gonzalez 2011 : 4). 그녀는 문화에 기반한 재생 사업과 관련된 바르셀로나와 빌바오의 '성공적 서사'를 배우기 위하여 세계로부터 온 정책 탐사객과 만나 대화를 하고, 정책 탐사객을 대상으로 서비스를 제공하는 '관광 가이드'와 다른 '현지 관계자(other locals)'와 대화를 했다. 곤잘레스의 연구는 정책 이동의 실제를 정확하게 보여준다. 문화정책 분야에서는 창조산업 정책이 아마도 정책 이동에 관해 가장 잘 알려진 예시이다 (예를 들어, Luckman et al. 2009; Rantisi et al. 2006; Wang 2004). 이 책의 후반부에서 더 자세히 검토하겠지만, 도시, 국가, 그리고 국제적 차원에서 창조산업 관련 정책이 지리적 경계를 떠나 이동하는 현상은 매우 중요하다. 이 정책이 이동하면서 정책 지형(실제 지리적 지형)이 재구성되었기 때문이다. 정책과 정책결정자가 이동할 때, 연구대상을 변형 및 변이시키는 다양한 흐름들을 생생히 따라갈 필요가 있다.

결론

이 장에서는 문화정책과 문화정책연구에 있어 누가 정책을 결정하는지, 어떻게 정책이 결정되는지, 정책이 어떤 역할을 하는지, 그리고 어떻게 정책을 연구하는지 탐구하면서 '정책'의 의미에 대한 실마리를 풀어보고자 하였다. 필진이 선택적으로 일부 내용을 검토했지만, 소개한 예시를 통해 앞선 질문들을 포함한 다양한 질문들에 대한 답들을 찾아냈다. 이 과정에서 문화정책을 블랙박스가 아닌 뚜껑을 열고 그 안을 들여다보아야 할 것으로 간주해야 한다는 중요한 점을 상기하게 된다. 필진의 연구에서도 그렇다. 어떻게 문화정책에 접근해야 하는지, 문화정책은 무엇이라 (혹은 무엇을 위해 존재해야 한다고) 이해해야 하는지, 그러므로 어떻게 문화정책을 분석해야 하는지에 대해 생각해보아야 한다. 평론가들은 종종 문화정책연구가 어떤 기로에 서 있다고 결론짓는다. 문화정책연구가 '숙성'되고 있지만, 동시에 학제간 혼종성(interdisciplinary heterogeneity)이 존재한다. 문화정책연구에서 학제간 혼종성으로 인하여 문화정책연구가 무엇을 하고 있는지 (또한 그 목적이 무엇인지를) 이해하는 데 어려움이 있지만, 필진은 이 장에서 문화정책 분야의 혼종성과 문화정책연구 목적의 다종성에 대해 개방적으로 접근하려 노력했다. 그러면서 필진의 주요 요지를 반복적으로 강조하였다. 즉, 문화정책을 정책으로, 즉 일정한 형식을 갖춘 사고이자 특정한 효과를 가져올 그 무언가로 이해하는 것이 중요하다. 문화정책은 행위이다. 다음 장에서 무엇이 문화정책인지를 고찰하기 위해 단위별 관점을 활용하여 실행/행위로서의 문화정책을 상세히 고찰하고자 한다.

Ahearne, J. (2009) 'Cultural policy explicit and implicit: a distinction and some uses', *International Journal of Cultural Policy*, 15(2): 141–53.

BBC News (2012) 'MPs warn census axing could harm social science'. Available at www.bbc.co.uk/news/uk-politics-19669695 (accessed 01/12/13).

Belfiore, E. (2004) 'Auditing culture: the subsidised cultural sector and the New Public Management', *International Journal of Cultural Policy*, 10(2): 183–202.

Bell, D. (2007) 'Fade to grey: some reflections on policy and mundanity', *Environment & Planning A*, 39(3): 541–54.

Bennett, O. (2004) 'The torn halves of cultural policy research', *International Journal of Cultural Policy*, 10(2): 237–48.

Bennett, T. (1998) *Culture: a Reformer's Science*, London: Sage.

Cairney, P. (2012) *Understanding Public Policy: Theories and Issues*, Houndmills: Palgrave.

Caust, J. (2003) 'Putting the "art" back into arts policymaking: how arts policy has been "captured" by the economists and the marketers', *International Journal of Cultural Policy*, 9(1): 51–63.

Cochrane, A. and Ward, K. (2012) 'Researching the geographies of policy mobility: confronting the methodological challenges', *Environment & Planning A*, 44(1): 5–12.

Craik, J., McAllister, L. and Davis, G. (2003) 'Paradoxes and contradictions in government approaches to contemporary cultural policy: an Australian perspective', *International Journal of Cultural Policy*, 9(1): 17–33.

DCMS (1999a) *Local Cultural Strategies*, London: DCMS.

_______. (1999b) *Regional Cultural Consortiums*, London, DCMS.

_______. (2000) *Creating Opportunities*, London: DCMS.

_______. (2004) *Guidance on Integrating Cultural and Community Strategies*, London: DCMS.

Dye, T. (2005) *Understanding Public Policy,* New York: Pearson.

Gilmore, A. (2004) 'Local cultural strategies: a strategic review', *Cultural Trends,* 13(3): 3–32.

Gonzalez, S. (2011) 'Bilbao and Barcelona "in motion": how urban regeneration 'models' travel and mutate in the global flows of policy tourism', *Urban Studies,* 48(7): 1397–418.

Gray, C. (2000) *The Politics of the Arts in Britain,* Basingstoke: Macmillan.

————. (2004) 'Joining up or tagging on? The arts, cultural planning and the view from below', *Public Policy and Administration,* 19(2): 38–49.

————. (2008) 'Instrumental policies: causes, consequences, museums and galleries', *Cultural Trends,* 17(4): 209–22.

————. (2010) 'Analysing cultural policy: incorrigibly plural or ontologically incompatible?' *International Journal of Cultural Policy,* 16(2): 215–30

Gray, C. and Wingfield, M. (2011) 'Are governmental culture departments important? An empirical investigation', *International Journal of Cultural Policy,* 17(5): 590–604.

Hesmondhalgh, D. (2005) 'Media and cultural policy as public policy: the case of the British Labour government', *International Journal of Cultural Policy,* 11(1): 95–109.

Hewison, R. (1995) *Culture and Consensus: England, Art and Politics since 1945,* London: Methuen.

Hunter, S. (2008) 'Living documents: a feminist psychosocial approach to the relational politics of policy documentation', *Critical Social Policy,* 28(4): 506–28.

Jowell, T. (2004) *Government and the Value of Culture,* London: DCMS.

Larson, G. (1997) *American Canvas,* Washington DC: NEA.

Lewis, J. and Miller, T. (eds) (2003) *Critical Cultural Policy Studies: A Reader,* London: Sage.

Looseley, D. (2011) 'Notions of popular culture in cultural policy: a comparative history of France and Britain', *International Jour-*

nal of Cultural Policy, 17(4): 365–79.

Luckman, S., Gibson, C. and Lea, T. (2009) 'Mosquitos in the mix: how transferable is creative city thinking?' *Singapore Journal of Tropical Geography,* 30(1): 70–85.

Magor, M. and Schlesinger, P. (2009) '"For this relief, much thanks": taxation, film policy and the UK government', *Screen,* 50(3): 299–317.

McCann, E. and Ward, K. (eds) (2011) *Mobile Urbanism: Cities and Policymaking in the Global Age,* Minneapolis MN: University of Minnesota Press.

McCann, E. and Ward, K. (2012) 'Assembling urbanism: following policies and "studying through" the sites and situations of policymaking', *Environment & Planning A,* 44(1): 42–51.

McGuigan, J. (2004) *Rethinking Cultural Policy,* Maidenhead: Open University Press.

________. (2005) 'Neo-liberalism, culture and policy', *International Journal of Cultural Policy,* 11(3): 229–41.

McGuigan, J. and Gilmore, A. (2001) 'Figuring out the Dome', *Cultural Trends,* 39: 39–83.

________. (2002) 'The Millennium Dome: sponsoring, meaning and visiting', *International Journal of Cultural Policy,* 8(1): 1–20.

Miller, T. and Yudice, G. (2002) *Cultural Policy,* London: Sage.

Mulcahy, K. (2006) 'Cultural policy', in B. Peters and J. Pierre (eds) *Handbook of Public Policy,* London: Sage.

Nisbett, M. (2013a) 'New perspectives on instrumentalism: an empirical study of cultural diplomacy', *International Journal of Cultural Policy,* 19(5): 557–75.

________. (2013b) 'Protection, survival and growth: an analysis of international policy documents', *International Journal of Cultural Policy,* 19(1): 84–102.

Peck, J. and Theodore, N. (2010) 'Mobilizing policy: models, methods, and mutations', *Geoforum,* 41(2): 169–74.

Poirrier, P. (ed.) (2011) *La Culture Comme Politique Publique: essais d'histoire compare,* Paris: Documentation Francaise.

Pratt, A. (2005) 'Cultural industries and public policy: an oxymoron?' *International Journal of Cultural Policy,* 11(1): 31–44.

Rantisi, N., Leslie, D. and Christopherson, S. (2006) 'Placing the creative economy: scale, politics, and the material', *Environment and Planning A,* 38(10): 1789–97.

Royseng, S. (2008) 'The ritual logic of cultural policy', paper presented at the Fifth International Conference on Cultural Policy Research, Istanbul, 20–24 August. Available via www2.warwick.ac.uk (accessed 01/12/13).

Schuster, J. M. (2002) *Informing Cultural Policy: the Research and Information Infrastructure,* Brunswick NJ: Center for Urban Policy Research, SUNJ.

Scullion, A. and Garcia, B. (2005) 'What is cultural policy research?' *International Journal of Cultural Policy,* 11(2): 113–27.

Selwood, S. (2006) 'A part to play? The academic contribution to the development of cultural policy in England', *International Journal of Cultural Policy,* 12(1): 37–53.

Shore, C. and Wright, S. (eds) (1997) *Anthropology of Policy: Perspectives on Governance and Power,* London: Routledge.

Smith, C. (1998) *Creative Britain,* London: Faber & Faber.

Stevens, A. (2011) 'Telling policy stories: an ethnographic study of the use of evidence in policy-making in the UK', *Journal of Social Policy* 40(2): 237–55.

Stevenson, D., McKay, K. and Rowe, D. (2010) 'Tracing British cultural policy domains: contexts, collaborations and constituencies', *International Journal of Cultural Policy,* 16(2): 159–72.

Vestheim, G. (2012) 'Cultural policy-making: negotiations in an overlapping zone between culture, politics and money', *International Journal of Cultural Policy,* 18(5): 530–44.

Wallinger, M. and Warnock, M. (2000) (eds) *Art for All? Their Policies and Our Culture,* London: PEER.

Wang, J. (2004) 'The global reach of a new discourse: how far can "creative industries" travel?' *International Journal of Cultural Studies,* 7(1): 9–19.

Williams, R. (1984) 'State, culture and beyond', in L. Apignanesi (ed.) *Culture and the State*, London: ICA.

Worpole, K. (1998) 'Think-tanks, consultancies and urban policy in the UK', *International Journal of Urban and Regional Research*, 22(1): 147–55.

4장

도시 문화정책

유엔(UN)과 같은 초국가 기구에서부터 기초자치단체나 동네 사이 여러 층위에 존재하는 정부가 문화정책을 실행한다. 하지만 지난 30여 년 동안 주로 도시에서 문화정책의 발전이 이루어졌다. 이 장에서는 왜 도시가 문화정책의 가장 주요한 장소가 되었는지, 도시가 문화정책을 개발하고 시행해 온 다양한 방식들, 현재 도시 문화정책에 관한 국제적인 연구로부터 얻는 지식을 검토한다.

첫 번째 던지는 질문이 아마 이상하게 들릴지도 모른다. 도시란 무엇인가? 콘서트홀, 박물관, 나이트클럽, 영화관이 몰려있는 '도심(city centre)'이 도시인가? 독특한 문화적 경관을 지닌 특정 지역이 도시인가? 사람이 살고 있거나 일하는 곳이 도시인가? 도시는 교외 지역이나 소도시까지 포함하는가? 혹은 강력한 문화적 명성을 지난 소수 중심지만이 도시인가?

　도시가 무엇인가는 연구자와 정책결정자 모두에게 중요한 질문이다. 최근까지도 도시를 위한 문화정책 학술연구의 대부분이 대규모 도시의 중심, 특히 때때로 '세계급 도시(World Cities)' (Sassen 2006)라 불리는 도시에게 집중되어왔다 해도 과언이 아니다. 홀(Peter Hall)이 발간한 대작 『도시와 문명(*Cities in Civilisation*)』에서 이런 경향이 잘 드러난다. 홀은 이 책에서 고대 아테네부터 현재 로스앤젤레스까지 이르는 도시의 장대한 역사를 훑으며 도시, 인간 창의성, 그리고 혁신의 연관성을 무게감 있게 다루었다. 그는 도시들이 크기 때문이 아니라 도시의 새로운 사조, 이민자들, 다양한 삶의 방식에 대한 개방성 덕에 창의성과 혁신의 동력을 갖추었다고 주장한다. 이는 홀 자신의 다소 도발적인 질문에 답할 때 활용하는 내용이다. "왜 창조의 불꽃은 지방이 아니라 특별히 도시에서 타오르는가?" (Hall 1998: 3)

　일부 현대 작가들은 이러한 문제를 쟁점으로 삼아, 최근 도시를 넘어 소도시와 시골지역의 문화를 바라보는 문학이 성장해왔다 (Bell 2014; Bell, Jayne 2010; Luckman 2012; Thomas et at. 2013; Waitt, Gibson 2009). 부분적으로, 이는 문화정책이 특정 유형의 도시만 과도하게 집중하여 많은 지역사회를 소외시키고 다양한 종류의 문화적 활동을 축소시킬 수 있다는 우려에서 비롯되었다. 이 장은 문화적 발전과 젠트리피케이션(gentrification) 간 관계를 포함하여 도시문화정책의 문제를 다룰 예정인데, 도시문화정책의 문제는 대도시에서 더 크게 드러난다. 대규모 도시에서 사회적 불평등, 특히 주거비용의 압박 문제가 소규모 도시보다 더 심각하다는 증거가 늘어나고 있으며(Stolarick, Currid-Halkett 2013), 이런 문제는 다양한 예술가와 문화 생산자에게 영향을 미쳐왔다.

게다가 (또한 명백하게), 도시의 좋은 상을 만들려는 최선의 노력에도 불구하고 도시는 한 두 줄로 요약하기도 어려울 만큼 대단히 다종적인 공간이다. 이 책의 5장에서 국가의 문화정책을 논의할 때 다루겠지만, 도시는 특별한 방식으로 도시 자체에 대한 서사를 풀어나가는 상상의 공동체(imagined communities)이다. 클락크와 실버(Nichos Clark, Silver 2013: 28)는 시카고를 예시로 들며, 시카고가 '노동자 중심의 유산(heritago)'을 예술, 예능, 그리고 시카고의 인공적 환경(built environment)과 같은 공공재를 강조하는 도시 상으로 '변모'시킨다고 말한다. 하지만 그러한 변형은 단지 부분적일 뿐이다. 이 장에서 살펴볼 바와 같이, 도시는 문화적 갈등의 장소이기도 하다. 도시에서 정체성, 토지, 표현에 관한 논의가 특정한 격렬함과 함께 유발되고, 문화정책에서 가장 논쟁적인 쟁점 중 대다수가 본질적으로 도시이기도 하다.

왜 도시인가?

도시가 문화적 활동과 문화정책결정에서 중요한 중심이라는 점이 자명해 보이는 듯하지만, 항상 그렇지는 않다. 실제로, 그로닥과 실버(Grodach and Silver 2013)는, 문화가 민족국가(nation-state)의 소관사항이라고 여겨졌던 30년 전과 비교하면, 도시 문화정책이 상대적으로 새로운 개념이라고 주장한다. 문화영역에서 고용이 증가함에 따라 도시 경제가 상업과 소비자를 대상으로 하는 사업으로 재구조화되면서, '지식기반경제(knowledge-based economy)'의 세계적 담론과 함께 문화정책에서 도시가 두각을 드러내기 시작했다. 그 결과,

> 세계급 도시는 급속히 성장하는 고급 인적자본 영역(=지식기반경제)을 도시 발전을 위하여 잡으려 한다. 도시는 다양성, 포용성, 삶의 질, 지속가능성과 같은 전통적인 성장 목표를 재구성하고, 신자유주의에 따른 규제 완화와 민영화에 부합하는 정책을 동원하고 있다.
>
> (Grodach, Silver 2013: 3)

그러나 이 과정이 불가피하지는 않았다. 제2차 세계대전 후 도시는, 특히 미국과 유럽의 일부 국가 도시는, 범죄, 주택 빈곤층(poor housing), 부족한 사회적 서비스를 포함한 일련의 사회적, 경제적 문제와 연계되어 있다 (MacLennan, Norman 2004). (지식기반경제에 따른) 재구조화로 일부 경제 영역과 특정 고용의 형태가 혜택을 받아, 도시 사이에 또한 도시 내 지역 사이에 분화가 일어났다 (Massey 2007). 여유 있는 가정들이 도시 지역에서 교외 지역, 시골에 있는 중형 마을(market towns),[**] 시골 지역으로 이동하면서, 경제적으로 궁핍한 가정이 결과적으로 일부 도심 지역에 집중되게 되었다.

과거 통념에 따르면, 교육을 받고 장거리 출근이 가능한 사람이 교외로 이동하여 도시들이 오랜 기간 동안 쇠퇴하리라고 예상되었다. 디지털 기술이 이러한 현상을 더욱 촉진시킴에 따라 지리적 분산과 장거리 통신이 도래하리라고 추측되었다 (Cairncross 1997; Coyle 1997). 도시와 외곽지역의 구분과 같은 장소와 관련된 쟁점은 중요하지 않다고 여겨졌다.

사실, 그 반대의 상황이 벌어졌다. 근대성의 상징인 도시화가 전례 없는 속도로 지속되고 있고 세계 인구의 대다수가 현재 도시에서 거주하고 있다 (United Nations 2011). 또한, 정책결정가는 도시가 모든 문제의 근원이라 보았지만, 도시는 종종 모든 해결책의 근원이 전조가 되기도 힌다. 영국정부의 한 보고서는 "도시가 돌아왔다. 경쟁적 도시는 지역을 번영하게 하고 지역사회를 지속가능하게 한다"(ODPM 2004: 1)고 언급하기도 했다.

이처럼, 도시가 정책에서 중요해졌다면, 문화 역시 도시에게 더욱 중요해졌다고 볼 수 있는데, 이는 완전히 새로운 상황은 아니다. 마셸(Alfred Marshall)이 19세기 여러 활동 중에서도 특히 제강 산업을 묘사하기 위하여 '산업지구(industrial district)'라는 개념을 만들어낸 이후, 공간적 배치와 경

[**]   역자 주) 시골에 위치하지만, 상시 시장이 열릴 수 있을 정도의 규모를 가진 마을을 뜻한다.

제적 활동 간의 관계는 잘 이해되어 왔다. 그러나 공간과 문화 간의 관계는 경제적 생산에만 국한되지 않는다. 도시는 전통적으로 새로운 삶을 추구하는 자들을 위한 도피처로 여겨져 왔다. "도시의 공기가 너희를 자유롭게 하리라"는 오래된 독일어 구절처럼. 19세기 자유를 추구하던 사람이 모였던 파리에서는 예술가와 지식인이 라탱 지구(Latin Quater) 또는 몽파르나스(Montparnasse)와 같은 일부 지역에 모였다. 이런 지구에서는 대안(alternative)문화 혹은 반문화(counter-culture)가 부상했다 (Hall 1998). 이러한 지구 중 일부는 이민자나 난민이 몰리는 장소가 되기도 하였다. 한때 프랑스의 개신교도(Huguenot) 직공들이 프랑스에서의 종교 박해를 피해 정착했던 런던의 이스트엔드(East End) 지구는 그 이후 유대인, 방글라데시인, 그리고 공예가들의 지역사회가 되었다 (Oakley, Pratt 2010).

도시는 또한 고딕 양식의 성당 건물에서부터 현대 예술관을 포함하는 장대한 문화적 유산의 전통적인 장소가 되어왔다. 독일이나 이탈리아와 같은 유럽국가들은 한때 자치적인 정치적 힘을 지니고 있었고 여전히 그 힘을 증명할 인공적 환경을 지닌 과거 도시들의 유산을 보유하고 있다. 시에나, 아비뇽, 하이델베르크를 생각해보라. 다마스커스나 카이로와 같이 오래된 문명의 인공적 환경만으로도 도시의 일정한 형태를 연상시킨다. 또한, 별장, 성, 그리고 교회가 훌륭한 예술품을 가지는 경우가 있지만, '국가 차원의' 예술품은 대부분 대도시에서 당당하게 전시되고 있다.

즉, 문화적 활동이 대도시권에 집중되지는 않지만, 문화 활동을 위한 '지지 기반시설'의 많은 부분 역시 도시와 뗄 수 없다. 문화영역에 활기를 불어넣는 사물과 사람이 도시의 문화적 자산이며 도시 정체성의 한 부분이다. 도시의 레코드 샵, 도시의 크고 작은 장소들, 도시의 도서관과 서점, 도시의 박물관과 갤러리, 도시의 공원과 공공 공간, 도시의 학교와 대학교, 학생과 카페가 이에 해당한다.

최근 몇십 년간 도시에서 문화 관련 투자는 경제적 목적을 위해 진행되었다. 문화영역은 직업과 성장의 원천으로 여겨지며 외부 투자자들, 노동자, 관광객에게 도시를 더욱 매력적으로 보이게 하는 것 같다. 문화를 위한 재정적 지원을 위한 또 다른 근거, 즉 삶의 질과 도시의 사회석 지속가능성을 증진시키는 문화의 역할은 종종 도시 문화정책 차원에서 환기되지만, 좀처럼 도시 내 문화정책을 추동하지는 못하는 듯하다. 이 장에서 곧 논의하겠지만, 도시 문화의 경제적 자산을 개발하기 위해 기획된 정책이 삶의 질, 사회적 지속가능성과 같은 다양한 지원 기준들에 충분한 관심을 기울이지 않거나 도시 문화를 뒷받침하는 세밀한 생태계에 해를 가할 수도 있는 조치들을 고의적으로 확대시킬 경우 문제가 발생한다. 예를 들어, 문화적 소비 공간을 성공적으로 개발함에 따라 문화 분야 생산가들이 감당할 수 없는 임대료를 물게 된다든가, 혹은 더 일반적인 사례로 '창조적' 개발 계획을 따라 정책을 실행하는 도시에서 사회적으로 불평등이 심각해질 수 있는 경우(Florida 2013), 종종 갈등이 발생한다.

깊게 상호 연계되어 있는 (도시의) 자산이 종종 의도적으로 계획하고 실행한 문화정책의 결과라는 점이 정책결정가에게는 골칫거리다. 도시의 자산은 교육정책, 교통정책, 계획 및 면허 법, 이민 및 거주정책, 그리고 자선 및 상업적 거래가 남긴 유산으로 다양한 공공 및 개인의 문화적 자산과 얽혀있다. 도시의 자산과 문화 자산이 복합적으로 섞여있기 때문에, 그로닥과 실버(Grodach and Silver 2013)의 말처럼 정책결정가는 도시 문화정책을 결정함에 있어 정치적 이해와 정책적 방법에 따라 '도구함(toolbox)' 접근법[**]에 종종 의지하는 것처럼 보인다. 이어지는 절에서는 도시 문화정책결정에서 흔한 정책적 수단 중 일부를 설명한다.

도시 내 문화정책

대표적인 문화적 건축물과 재생

문화와 도시를 말하는 순간, 스페인 북쪽 빌바오에 위치한 구

[**] 역자 주) 도구상자는 문제해결에 필요한 도구를 모아 놓은 상자이다. 도구상자 접근법은 문제에 직면하면 도구상자를 열어 간단히 해결하는 방식을 의미한다. 이 장에서는 미리 준비한 정책수단 중 적합한 것을 선택하여 복합적 사회문제를 쉽게 해결할 수 있다고 믿는 접근을 의미한다.

겐하임미술관(Guggenheim Museum)에 표현된 게리(Frank Gehry)의 웅장하고도 파도와 같은 디자인이 머릿속에 떠오를 수 있다. 1997년에 처음 문을 연 구겐하임미술관은 처음에는 문화와 도시 간 연관 사업이 아니었지만, 특별하고 매우 영향력 있는 '문화 기반의 재생' 접근법을 상징하게 되었다. 특히, 구겐하임미술관은 산업도시의 쇠퇴, 대규모의 공적 투자, 국제적으로 명성 있는 건축물, 상징적인 건물, 모방되기도 하고 비판받기도 했던 도시재생을 위한 '고급문화'와 관련된 논의를 한꺼번에 끌어들인다.

가르시아(García 2004)가 지적했듯이, 1990년대 초기 스페인은 세간의 이목을 끄는 주력 자본투자로 도시를 재생시켰다. 이러한 투자는 바르셀로나 올림픽과 세비야 세계박람회(Seville Expo)가 남긴 유산이다. 구겐하임미술관은 그러한 그림에 정확히 들어맞았다. 이 미술관은 우울한 산업화 이후 도시의 문화적 상징이 되었는데, 포스터(Norman Foster)가 디자인한 고급 지하철 체계와 같은 대규모 기반시설 프로젝트와 함께 연계되어 진행되었다. 가르시아가 언급한 것처럼, 빌바오 프로젝트의 단기적 수익은 인상적이었다. 관광의 증가는 빌바오의 이미지가 국제적으로 변모하였음을 증명하였다. 1994년에서 2000년 사이 해외 관광객이 42.7% 증가하였고 스페인 관광객은 58%까지 증가하였다.

그러나 최근 몇 년간 그러한 이목을 끄는 투자의 지속가능성에 대한 의문이 제기되어 왔다. 하비(David Harvey)가 20

여 년 전 주장한 바와 같이, 상대적으로 높은 비용에도 불구하고 그러한 대표적 사업이 사실 비교적 쉽게 다른 장소에서도 모방이 가능하기에 "도시 체계 내 경쟁적 우위를 단명하게 한다"(Harvey [1989a] 2000: 361). 빌바오의 경우 도시의 이미지가 영구히 변모했다는 점이 분명하지만, 관광의 엄청난 성장은 지속적이지 못했다. 더불어 관광 수입보다 더 큰 경제적인 혜택에 관한 증거가 부족했다. 앞서 언급한 사업보다 더 큰 일련의 도시재생 프로젝트들 역시 진행되는 동안, 1억 1,400만 유로 정도로 추산되는 구겐하임의 순수 투자는 '혜택받는' 지역과 그 주변 지역 간의 뚜렷한 차이로 이어졌다. 여(Brenda Yeoh 2005)는 동남아시아에서도 유사한 문제가 발생하고 있다고 주장한다. 그녀는 동남아시아 도시재생에서 '상상에 기반한 도시공학(imagineering)', 도시의 대규모 사업(mega-projects), 상징적 건물의 활용이 공간적으로 더욱 집중되고 있어, 세계급 도시와 "현재 이루어지고 있는 세계 자본 축적에서 구조적으로 제외된 하위 위계에 위치해 있는 도시 간 격차가 벌어지고 있다고 주장한다"(Yeoh 2005: 955).

이러한 대규모 (도시) 사업이 국가 혹은 국제 차원의 대중을 대상으로 한다는 이유로 인해, 지역주민과 지역 문화 관련 생산자들이 복잡 미묘한 감정을 가지게 될 수도 있다. 에반스(Graeme Evans, 2004)는 대표적인 문화 사업과 지역의 창조사업 간의 연계가 부족하다는 문제가 빌바오에만 국한되는 않으며 어느 지역에서나 이루어지는 비슷한 개발 계획에서 발견되는 공통된 단점이라 주장한다. 실제로, 다른 학자와 함께(Hannigan 1998; Kong 2012) 에반스는 대표적 (문화) 사업이 종종 지역 및 대륙별 문화적 발전을 희생하면서 착수되기 때문에 지역의 문화산업을 지원하는데 활용될 수 있었던 재정적 지원을 앗아간다고 주장한다.

그럼에도 불구하고, 다수의 도시는 '빌바오 효과(Bilbao effect)'라 불리기도 하는 빌바오의 명백한 성공의 선례를 따르고 싶어 했다 (Gonzalez 2011). 게리(Gehry)와 같은 '유명 건축가(starchitects)'와 세계적 건축 회사가 이미 1990년대부터 본격적으로 활동하기 시작하면서 (Sudjic 1993), 상징직 역할을 하는 건물과 특정 문화의 '브랜드'를 연계할 수 있는 이미지를 만들고 도시를 개발하기 위한 과정에서 빌바오 효과를 모방하려는 움직임이 심화되었다. 특히, 구겐하임 재단(Guggenheim Foundation)은, 당시 이사장이었던 크렌스(Thomas Krens)의 지휘 아래, 대만, 멕시코, 브라질, 아랍에미리트에서 구겐하임미술관을 개장하고 뉴욕과 베니스에 있던 구겐하임미술관을 확장하는 계획을 세우며 국제적으로 규모를 넓히기 시작했다. 불리한 재정적 조건, 지역의 반대, 그리고 기관의 무리한 업무로 인해 이 사업의 많은 부분이 실패하였다. 특히, 리오에 건립하려던 구겐하임 사업은, 누벨(Jean Nouvel)이 설계를 맡았지만, 리오의 시정부가 권한을 무리하게 사용하며 구겐하임 재단에 10년 동안 사용료를 지급하기로 약속했다는 이유로 법적 제재를 받아 중단되었다 (Yudice 2009). 멕시코의 과달라하라, 대만의 타이중에 예정 되었던 구겐하임 사업들은 리오 사태가 일어나기 전에 이미 취소되었다 (Ponzini 2013).

2008년 글로벌 금융위기의 시작 이래 구겐하임이 어려움에 봉착했고 대규모 건축 사업이 시들해졌지만, 위에서 언급한 도시 문화정책 접근이 완전히 사그러들지는 않았다. 아부다비 의 사디야트섬(Saadiyat Island) 개발 사업은 장 누벨이 설계 한 루브르(Louvre) 분관(outpost), 자하 하디드(Zaha Hadid) 의 공연예술 센터, 안도 다다오(Tadao Ando)의 해양박물관, 노만 포스터(Norman Foster)의 국립 셰이크 자이드 박물관 (Sheikh Zahad National Musuem)을 포함하는데, 샤야트섬 개발 사업은 앞서 언급한 상징적 건축물을 통해 도시 이미지 및 경제를 구축하는 도시 문화정책 접근법의 예시이면서, 동 시에 이 접근법의 단점을 잘 보여준다. 사디야트섬(Saadiyat Island) 개발 사업은 문화 브랜드가 건축가에게나 루브르와 같은 문화 기관에게 중요하다는 점을 빌바오 개발 사업보다 더 잘 보여준다. 게리와 누벨과 같은 건축가가 그들이 생각하 는 전통적 아랍 도시의 특징을 건축 설계에 투영하려고 하지 만, 이를 위한 대규모 투자 과정에서 지역의 문화 관행 간 연 계가 매우 부족했다. 현지에서 '박물관을 방문하는 사람'을 늘 리려는 목적으로 기획된 전시회와 박람회, 학회와 같은 행사 가 문화적 식민지의 인상을 불식시키려 취해졌지만, 이런 대규모 투자가 실상 외국 투자자와 외국 관광객을 대상으로 했다고 엘쉬스타위(Elsheshtawy 2012)는 주장한다.

아부다비 개발 사업은 현지 문화기관과 예술가와 협의를 하지 않고 진행되었고 심지어는 현지 개발 절차를 따르지 않았다 (Ponzini 2013). 이런 모습은 리오의 구겐하임 사업과 같은 여타 개발 사업에서도 찾을 수 볼 수 있다 (Yudice 2009), 그 결과 현지인으로부터 불신을 받고 현지인을 소외시켰다. 현지 도시의 특징이 강화되기보다는 세계적 건축자의 관여, 세계적 소매업체와 소비업체의 입점으로 인한 문화적 동질화로 현지의 특징이 약화되었다. 오히려 '분별있는' 소비자에게는 덜 매력적이게 되었다.

문화 지구의 군집

세간의 이목을 끄는 전시관과 박물관이 종종 도시 내 문화적 혹은 예술적 구역의 중심이지만, 지방 중심의 개발 전통도 존재한다. 지방에 초점을 맞춘 개발 전통은 빌바오 개발 사업과 대조적으로 보일 수 있는데, 종종 생산에 초점을 맞춘다. 문화 지구(cultural quarters), 군집지(clusters) 혹은 구역(districts)으로 불리는 공간을 개발하는 방식이 특정 정책 개발집단의 관심을 끌고 있다. 이 집단은 예술가의 공방에서부터 하이테크 신규 사업체의 사업장까지 포함하여 문화 생산업체에 집중하거나, 비엔나에 있는 무제움스크바르

티어(MuseumsQuartier)과 시드니에 있는 피어몬트-울티모(Prymont-Ultimo)와 같이 소비와 여흥에 집중하거나, 지방의 재생 또는 공동체 개발에 초점을 맞춘다. 그러나 실제로는 많은 문화 혹은 창의 지구는 시간이 지남에 따라 여러 가지 역할을 수행하게 되었다. 문화 지구내 문화 공간이 거주용이나 소비용의 공간으로 변하게 되었다.

1980년대 뉴욕의 소호(SoHo) 재개발이 전형적 예이다. 주킨(Sharon Zukin 1982)은 이 현상을 『다락방에서 살기』에서 잘 포착했다. 소호 재개발은 원래 예술가가 주도했다. 과거 공장 건물이 큰 창 덕분에 조명이 잘 들고 화구를 운반할 수 있는 화물용 엘리베이터를 갖추었기에 예술에 적합한 공간이 되었다. 필라델피아, 파리, 베를린, 그리고 스톡홀름과 같은 다른 도시들에서는 예술 관련 기관이 과거 공장 건물을 차지하고 예술가에게 안정적 임대료를 받는 공간을 제공하거나 임대료를 보조해 주었다 (Evans 2001).

제조업이 많은 유럽 도시 중심지에서 쇠퇴해졌기 때문에, 과거 창고로 쓰이던 전통적인 작업공간이 다락형 주거공간이나 스튜디오의 용도로 변경되어 예술가와 공예가가 예전 창고 공간을 차지하게 되었다. 일부 경우에는, 이런 변화가 새로운 산업이 도래했음을 보여주기도 한다. 예를 들어, 정육업자가 일했던 공간이 비디오게임 업종을 위한 공간이 되었다. 다른 경우에는, 과거 의류 제조업이 연관된 장소를 '최고급(higher end)' 공예를 통해 과거의 유산을 이어 발전시키려는 시도도 있을 수 있다. 예를 들어, 영국 노팅엄의 레이스 마켓(Lace Market) 지역이나 버밍엄의 주얼리 쿼터(Jewellery Quarter)가 이에 해당한다 (Crewe and Beaverstock 1998).

이러한 공간 변화의 예시는 대부분의 문화산업이 도시에 편중되어 있음을 나타낸다. 즉, 문화산업은 도시 내, 특히 대도시에서 더욱 자주 발견되며, 실제로 종종 도시의 '브랜드 이미지'의 일부가 되기 쉽다. 밀라노와 패션, 파리와 순수미술 혹은 로스엔젤레스와 영화 제작을 생각해보라. 물론, 이러한 세계적인 사례는 규칙적이라기보다는 예외적이며 일부 산업들은 전 세계 중 소수의 도시에서만 존재하고 있지만 (Scott 2000, 2005; Scott, Power 2004), 이러한 세계적 중심지의 성공은 규모가 더욱 작은 도시의 정책결정가로 하여금 문화산업을 발전시키는데 흥미를 가지게 한다.

도시에서 문화산업을 개발하려는 대부분 사업은 '산업구역(district)'과 '혁신 공간(innovative milieu)'과 같은 개념과 함께 포터(Michael Porter 1998)가 제시한 '군집지(cluster)'라는 개념을 활용하여 문화 지대를 발전시키려 한다 (O'Connor 2004; Pratt 2000). 포터가 제시한 개념은 특정 산업 영역에 관여하는 상호연관된 사업체, 공급업체, 관련 기관이 한 장소에 위치하는 현상(co-location)을 언급한다. 일각에서는 이러한 포터의 논지가 문화산업에 제대로 적용이 어렵다고 주장하기도 한다 (Pratt 2002). 문화 분야에서는 문화 관련 생산자가 생각을 나누고 계약하고 함께 교류하고 산업에 관한 소식을 교환하고자 하는 필요에 의해 종종 도시 거리에서 함께 모이는 현상이 나타난다 (Currid 2007; Lloyd 2006; Pratt 2006). 이 현상은 '암묵적 지식 교환(tacit knowledge exchange)'으로 불리는데, 우리가 말하는 것보다는 더 많이 알고 있다는 폴라니의 유명한 주장에 기반한다 (Polanyi 1966). 암묵적 지식은 표준화하기 어려운 비공식적인 지식의 유형을 뜻한다. 문화 생산 과정의 경우, 예술가, 작가, 그리고 음악가는 종종 개인적으로 표현하고자 하는 바와 함께 사람들이 원하는 바에 대한 비공식적인 '감(feeling)'을 사용한다.

문화 분야에서의 암묵적 지식은 대면으로 가장 잘 전달된다. 디지털 기술을 많이 사용하는 광고업과 비디오게임 생산업계에서도 그러하다 (Pratt 2011). 가치 사슬에서 높은 위치에 있을수록, 생산 과정 중 창의성과 관련될수록, 대면 소통이 더 중요할 개연성이 높다 (Pratt 2006, 2011). 이 현상이 다른 '지식 기반 영역'에서도 나타나는데, 예를 들면 금융 서비스 산업의 거래와 투자 활동도 특정 장소에 모이는 경향을 보인다. 문화 활동이 도시에 집중되는 현상은 도시 환경에 기인한다. 도시에는 문화 소비의 기회가 더 많으며 생산과 소비 간의 연계성도 강하다. 예를 들어, 음악가는 일반적으로 음악을 즐기는 고급 소비자이다. 더군다나, 문화 생산이 번창하기 위해서는 착상의 교류가 필요한데, 공적, 비공식적, 비상업적 영역 간 상호 관통이 이루어지는 공간에서 착상이 교류가 이루어진다. 도시에서 이러한 교류가 풍부하게 이루어진다. 도시에는 공공미술관이 거리 예술과 만나고, 보조를 받는 공공 극장이 상업적 공연과 어우러진다.

일부 도시에서는 특정 '경관(scenes)'과 연계된 명성 효과가 있다. 예를 들어, 셰필드, 보고타, 디트로이트는 대중음악과 연결되어 있다. 문화 활동에 관심을 가진 사람은 도시로 모이고, 그렇게 모인 사람이 도시의 경관을 만드는 선순환이 일어날 수 있다. 문화산업과 관련된 기업, 술집, 클럽, 찻집 등을 포함하는 여흥 업체, 그리고 도시의 정체성과 경관을 보여주는 '상징 자본(symbolic capital)'을 갖춘 지역에 위치한 소매점들이 집중 투자될 수 있다 (Currid 2007; Harvey [1989a] 2000; Lloyd 2006), 특정 도시가 가진 상징 자본은 다른 도시에 의하여 모방되기 쉽지 않다. 몰로치는 특정 도시의 상징 자본을 '장소에 고착된 독점적 지대'로 묘사한다 (Molotch 1976: 229). 특정 장소와 결합된 독점적 지대와 같은 상징 자본은 다른 장소에서 만들어진 상품이 수용되기 어렵게 할 수도 있고, 특정 도시에서 기반한 산업이, 예를 들어, 밀라노에 있는 의류 산업이, (제품 자체의 가치보다) 높은 가격을 부를 수 있게 한다.

도시가 한 두 영역에서 문화산업을 개발시킨 성공 사례가 있지만, 도시가 문화산업의 발전을 통제하기는 어렵다는 점이 드러났다. 앞서 언급한 대표적 문화 개발의 사례에서는 문화 군집지가 성공했지만 기존 거주인이 밀려나는 현상이 뒤따라 나왔다. 뉴욕의 소호 구역에서는 문화산업용 공간이 점차 고급 소매점과 소비 업체에게로 넘어갔다. 저임금 문화업체 근로자와 가난한 지역주민이 (소호 구역에서) 한 때 섞여 살았지만, 임대료가 올라가면서 문화업체 근로자와 가난한 지역주민에게는 적정한 거주 공간이 아니게 되었다.

도시 간 경쟁

문화가 도시에게 중요해짐에 따라 도시 간 '경쟁'이 심화되었다. 올림픽이나 엑스포(expos)와 같은 대규모 행사뿐만 아니라 '문화수도(Capital of Culture)'가 되기 위한 경쟁이 일어난다. 이런 경쟁이 현재 유럽뿐 아니라 아시아에서도 발생하고 있다 (6장 참조). 게다가, '디자인 도시(City of Design)', '문학 도시,' '영화 도시' 로 불리기 위한 도시 간 다양한 경쟁이 진행되고 있다. 이런 경쟁이 어떤 경우에는 문화정책과 재원 분배에 영향을 미치고 문화정책과 재원 분배의 방향을 바꾸고, 문화정책의 도구적 접근(toolkit-type approach)를 강화시켰다.

이러한 대규모 행사는 여러 관객을 목표로 한다. 도시별로 주요 관심이 다르지만, 도시내 관객, 국가내 관객, 국제 관객이 존재한다. 2008년 '유럽문화수도(European Capital of Culture)'[**]로 리버풀이 선정되어 치른 행사는, 비록 리버풀

***

[**] 역자 주) EU 차원에서 회원국가들의 문화 다양성을 인정하고 도시, 문화, 관광을 활성화하기 위해 매년 회원국가들의 도시를 평가 과정을 통해 유럽의 문화수도로 지정한다.

의 도시 이미지가 외국인이 아니라 주로 영국인에게 좋아졌지만, 도시의 이미지를 좋게 만들었다고 전해진다. 2008년 북경은 올림픽을 활용하여 국제적인 관중들 뿐 아니라 중국인들을 대상으로 중국의 성장하는 힘과 영향을 보여주었다.

대규모 도시 행사로서 엑스포가 몇십 년 사이 부활했다. 엑스포는 대규모 도시 행사의 오랜 형식 중 하나인데, 19세기 만국박람회로 거슬러 올라간다 (Roche 1998). 베이징올림픽 2년 후 열린 2010년 상하이 엑스포가 엑스포의 부활을 확인시켜주었다. 상하이 엑스포의 부지는 사상 최대였다. 빈곤국 참가자들이 상하이 엑스포에 참여하도록 후원을 했고 무역국으로서 중국의 매력이 합해져 상하이 엑스포가 성공을 거둘 수 있다. 이 행사로 상하이는 세계급 도시로서의 이미지를 공고히 했다.

엄밀히 말해서 엑스포를 문화 축제로 볼 수는 없지만, 전시관 건립을 통하여 디자인과 건축을 자랑하기에 '보여주는 문화(culture as display)'의 한 형식으로 볼 수 있다. 올림픽과 같은 대규모 스포츠 행사도 대규모 문화 축제를 수반한다. 2012년 런던 올림픽이 대표적 사례다. 가르시아(Beatriz García, 2004)는 도시에서 치뤄지는 대형 행사가 강력한 문화적 테마에 기반하더라도, 도시 내 예술과 문화의 지속가능한발전으로 이어지지 않는다고 주장한다. 그녀는 1990년 글래스고의 문화도시(City of Culture), 2000년 시드니의 올림픽예술축제(Olympic Arts Festival), 2004년 바르셀로나의 세계문화포럼(Universal Forum for Cultures)을 분석하면서, 세 도시가 공통적으로 유치 경쟁을 벌였을 때 문화에 초점을 맞추었다는 점을 언급한다. 문화에 초점을 맞춘 유치전략은 지역사회가 대형 행사에 관심을 가지고 있으며 이 행사가 단지 해외 관광객을 유치하고 사업 투자를 목적으로 기획되려 한다는 우려를 불식시키기 위하여 활용되었을 개연성이 높다. 하지만 대형 행사 유치 경쟁에서 이긴 후 행사 준비가 진행되면서 예술에 대한 초점은 점차 희미해졌다. "예술 관련 프로그램이 대형 행사의 중심에서 종종 제외되었고, 의도한 목표를 달성하기에 부족한 예산 지원을 받았다"(García 2004: 114). '문화수도'와 같이 문화 중심의 축제에서조차도 문화 행사가 지역에 기반을 두며 혁신적 시도를 하기 보다는 링고 스타(Ringo Starr)나 파바로티(Pavarotti)와 같은 저명인사가 참석하는 단발성이었다. 지역 내 예술 현장과 좋은 관계를 맺으려는 계획이 유치 경쟁 중 개발되었지만, 장기간 지속되지 못했다.

대형 행사에 대한 가르시아의 비판은 상기 소개된 도시정책 예시들이 가진 전략들의 잠재적인 약점을 지적한다. 세계 문화의 본향으로서 도시는 더 넓은 세계에 인상을 남기기 위하여 종종 화려하고 장대하며 국제적인 것에 관심을 보이며 문화를 활용하고자 하는 것 같다. 그러한 정책 중 대다수, 즉 대표적인 빌딩, 대규모 행사나 문화 지구가 실패한 이유는 도시의 더욱 보통의 일상적인 문화적 삶과의 통합이 부족했기 때문이다. 파편성, 단기주의(short-termism), 그리고 엘리트주의가 이런 정책에 대한 비판과 연관되어 있다. '창의도시(creative city)' 접근법이 모색되었을 때 이러한 문제점들이 논의되었다.

창의도시

현재 도시 문화정책에 대한 논의에서 '창의도시(Creative City)'라는 용어는 매우 폭넓게 사용 (그리고 남용)되어, 이 용어가 문화와 도시의 관계에 대한 현대 정책 담론과 도시 문화 발전에 대한 비판적 담론에서 (많은 내용을 빠르게 전달하는) 축약어(shorthand term)가 되었다. 다수 도시는 창의도시로 자칭하기도 한다. 국제적 수준에서 유네스코(UNESCO)가 수립한 창의도시 네트워크(creative city networks),[1] '캐나다 창의도시 네트워크(Creative Cities Network of Canada)'[2]과 같이 국가내 도시 연결망, 그리고 민간 분야 자문업체가 운영하는 창의도시 네트워크가 다수 존재한다. 프랫(Pratt 2012)은 이러한 창의도시 담론이 동일 '대본'을 따라가지 않고 창의도시에 대한 다양한 생각이 있다고 주목하지만, 깁슨(Gibson)은 창의도시 담론이 단순히 '전형적인 창의도시 대본'을 따른다고 주장한다 (Gibson 2013: 125).

창의도시의 본래 개념은 창의도시 정책의 목적이 무엇인지 관련된 논쟁과 정책이 어떻게 만들어졌는지 관련된 논쟁 모두에서 언급되었다 (Landry 2000; Landry, Bianchini 1995). 이 논쟁의 맥락에서 창의성(creativity)이 도시에 관한 더욱 의식적이고 성찰적으로 생각할 필요성을 언급함으로써 앞 절에서 소개되었던 도시정책들의 상업화, 도시의 일상생활과의 연계 부족, 젠트리피케이션 등과 같은 문제점들을 극복하고자 했다. 즉, 이 개념은 단순히 도시 경제에서 '창의적 영역'만을 의미하지는 않았다. 창의도시 개념의 핵심은, 도시계획과정의 모든 부분, 즉 대중교통부터 학교내 예술교육에 이르는 모든 부분과 문화적 요구를 통합시킨다는 생각이다. 단순히 문화를 경제개발의 수단으로 활용하자는 생각이 창의도시의 핵심이 아니다 (Mercer 2002). '창의적 공간 만들기(creative placemaking)'와 같은 용어와 비슷한 개념은 물론 문화 계획에서 핵심은 교통과 보건과 같이 문화영역 밖에 있는 기관의 관여와 건축 전문가에서부터 심리학자까지 포함하는 전문가 집단, 시민 대표, 지역 대표의 참여이다. 창의도시 개념은 정책이라기보다는 정책을 만드는 방법인 것이다.

도시 공동체 안에 있는 사회적 분열, 공포, 소외 문제를 해결하고 장소와 연관된 독특한 의미를 개발하는 것이 본래 창의도시 '대본'의 일부였다. 창의도시를 구현하려던 많은 프로그램은 이 부분의 중요성을 낮게 보았다. 랜드리와 비안치니 (Landry, Bianchini 1995)가 제시했던 최초 '창의도시' 모형은 경제를 성장시키는 문화의 역할은 물론 도시의 사회적 문제를 개선하는 문화의 역할에도 주의를 기울였다 (하지만 두 저자는 두 측면이 상충적 관계, 예를 들어, 문화 성장으로 원주민이 쫓겨나는 현상을 충분하게 다루지는 못했다).

'정책전이(policy transfer)' 개념은 창의도시에 대한 랜드리와 비안치니의 연구와 바르셀로나, 헬싱키, 멜버른, 그리고 다른 도시의 정책에서 중요하다. 헬싱키의 겨울 축제, 루르의 비어있는 산업용 공간의 재개발, 코펜하겐의 재활용과 친환경 기술 센터들에 이르기까지 정책전이가 폭넓게 존재한다. 그러한 모범적이고 혁신적인 사례는 다른 도시가 채택해야할 모델로서 추앙받기도 했다. 차별화되고 지역적인 접근법에 대한 랜드리와 비안치니의 강조를 고려해보면, 역설적이게도 '창의도시' 개념이, 종종 지역의 정치적 혹은 경제적 상황에 대한 충분한 검토 없이 정책 아이디어가 빠른 속도로 전문 컨설턴트와 정책 자문가의 네트워크를 통해 한 간할권에서 다른 관할권으로 이동하는 현상을 설명하는 펙(Peck)의 '빠른 정책(fast policy)' 개념에 부합하게 되었다 (Peck 2004, 2005; 3장 참조).

프랫(Pratt 2009)은 정책이동성이라는 정교한 개념을 사용하기보다는 창의도시 개념이 무분별하게 이동하면서 특정 지역에 맞는 조건과 기회를 충분히 고려하고 관여하려는 노력이 약화되고, 오히려 정책결정자가 정책을 모방하는 '제록스(Xerox, 1906년에 설립된 프린터, 복사기, 인쇄업을 하는 미국 기업 – 역자 주)' 접근법을 선호하게 되는 현상을 기술했다. 이 현상은 정책의 핵심 개념이 특정 도시나 지역에 안착한 후 적응하지 않거나 바뀌지 않는다는 것을 의미하지는 않는다. 오히려 한 정책에 활용되는 개념이나 아이디어들은 종종 적응하고 변화한다. 콩과 그 외(Kong et al. 2006)는 홍콩, 싱가포르, 대한민국 그리고 대만의 도시 사례에서 어떻게 '창조경제(creative economy)' 담론이 흡수되었고 변화했는지 설명하였다. 웨이트와 깁슨(Waitt and Gibson 2009) 역시 호주 도시인 울런공에 대한 설명에서, 도시의 규모, 위치, 그리고 정책연합(policy coalition)에 의해 정책 아이디어의 일정 부분이 달라진다고 주장한다. 창의도시의 경우, 창의도시 개념의 등장 배경이었던 탈산업화와 관련된 사회적 맥락을 고려하지 않고 매우 상이한 환경에 처한 도시의 성공적 경제발전을 위한 '비법(recipe)'으로 창의도시 개념이 빠르게 이동하였다 (O'Connor 2009; UNESCO 2013). '비법'의 일부는 의심의 여지 없이 문화 관광, 여가용 시설 개발이었다. 이제부터 이를 다루고자 한다.

관광지로서의 도시

창의도시와 관련된 맥락에서 문화는 산업적 생산보다는 내부 투자와 문화 관광 혹은 기술직 인력을 끌어들이는 수단으로 활용된다. 관광은 경제를 경제성장의 동력으로 삼는 현상의 명백한 예시이며, 기자 피라미드, 앙코르와트나 에펠 타워와 같은 국제적인 유명 관광지에서 이런 현상이 잘 드러난다.

그러한 관광지 일부는 베니스 운하나 교토의 사원의 경우와 같이 도시에 위치해 있다. 이러한 유형의 상징 자본은 모방하기 어렵다. 누구도 베니스의 도시 풍경을 금방 재생산할 수 없다. 그러나 동시에 관광의 성공은 도시를 취약하게 만들기도 한다. 너무 많은 숫자의 관광객이 조용하고 느리게 관광을 원하는 사람의 방문을 방해할 수 있다. 많은 군중의 소음 속에서 시스티나 성당의 미적이거나 영적인 울림을 찾기 쉽지 않다.

지역적이며 독특한 문화를 보유하지만 이를 세계급 관광지로 활용할 수 없게 하는 요인이 무엇인가? 지역적이며 독특한 문화를 가진 도시는 문화적 자산과 '브랜드'를 시장화하고 개발하는 방법을 추구한다. 1970년대 이후부터 도시 당국은 예술지구나 여흥 지구 등으로 다양하게 언급되는 공간을 개발하고자 했다. 이에 대한 고전적이면서도 많이 연구된 사례로 미국의 볼티모어 항구(Baltimore Harbour)의 재개발 사업을 들 수 있는데, 이 사업은 문화적 '경험'을 물건 구입, 외식, 음주와 같은 다른 소비 활동과 접목시켜 관광객들을 유치하며, 동시에 도시 중심가에 중산층 거주민들을 다시 불러들이고자 진행되었다 (Hannigan 1998; Harvey 1989b). 재개발된 해변 구역은 (최소한 해변에 접한 도시 지역이) 과도하게 도회지 풍경을 가지고 있어, 강이 교통체계로 여겨지고 도시가 교통체계로서 강에게 의존했던 시대를 상상하기 어려운 모습으로 변모하였다.

'거리 수준(street level)'의 문화 관광지라 부르는 구역을 개발하거나 녹지 또는 자전거 전용도로에 쉽게 접근성을 높이는 것과 같이 도시의 '적주성(liveability)'을 개발하는 전략도 있다. 비록 이런 개발 사업이 원주민에게도 이익이 되지만, 고임금 전문인력을 끌어들이고 유지하는 방법으로서 정당화되고 금융 지원을 받는다. 플로리다(Richard Florida 2002)의 연구가 이런 접근법의 대표적 예이다. 플로리다가 전문 노동자와 지식노동자를 '창의계급(creative class)'으로 불렀기 때문에, 그는 창의도시 관련 담론에 포함되어 언급되게 되었다. 하지만, 그의 경제발전 전략은 문화산업의 성장이 아닌 재능있는 노동자의 유치에 초점을 맞춘다. 그의 연구에서는 첨단산업과 첨단산업에 근무하는 전문인의 유치가 핵심이다.

이 분야에서 연구자로서 플로리다는 숙련 노동의 중요성에 대한 도시계획전문가의 생각(Hall 1998; Jacobs 1961), '신성장 이론가(new growth theorists)'의 생각(Romer 1994), (플로리다가 '창의계급'으로 부른) 숙련 노동자의 유입에 따른 도시의 역할 등을 연계시켜, 도시의 문화정책를 이해하는데 기여하였다. 플로리다는 창의계급에 속한 노동자가 직업의 질보다는 일터가 위치해 있는 도시나 지역의 편의시설과 생활 방식에 초점을 맞추어 취업을 고려하다고 주장한다. 문화 시설도 당연히 고려사항이다.

다수 도시는 도시 개발을 위해 '플로리다가 처방한(Floridian)' 방식을 선택했다 (Berry 2005; Boyle 2006; Hui et al. 2004;

Kong et al. 2006). 하지만 실증적이고 정치적인 근거로 플로리다의 연구는 심히 비판을 받기도 했다 (플로리다가 처방한 방식에 대한 요약으로 Oakley 2009를 참조). 아마도 플로리다의 처방이 초래할 사회적 결과에 비판이 집중되었다. 일부 학자는 플로리다가 원주민의 이주를 정당화하고 불평등과 인종 차별 문제를 충분히 생각하지 않았다고 비판했다 (Markusen 2005; Peck 2005; Scott 2006). 또한, 플로리다의 도시정책이 불평등 문제에 적절히 대응하지 못하고 오히려 불평등을 더욱 악화시킨다고 주장했다. 예를 들어, 문화에 대한 공적 지출과 관련하여, 거리문화에 대한 플로리다의 정책 선호로 인하여 특정 유형의 문화적 소비(외식, 음주, 나이트클럽, 음악)에만 재원이 집중되는 반면, 역사적 건물과 같은 다른 유형의 문화 수비는 등한시된다. 항상 문화 관련 편의 시설에 대한 재정 지원이 특정 유형의 취향 선호를 반영하지만(전통적으로 대중문화보다는 고급문화를 선호), 다른 사회적 집단을 제외하면서까지 청년층이나 자유를 추구하는 사람을 끌어들이고자 편의시설에 지나치게 집중하는 정책은 비민주적일 뿐 아니라 비생산적일 수 있다.

창조적 계급을 끌어들일 수 있는 활동과 투자에 초점을 맞추는 정책은 어린이집, 학교, 노인과 여성 노동자에 영향을 미치는 대중교통과 같은 다른 정책을 등한시하게 할 수 있다. 이와 유사하게, 거동에 불편이 없고 직장이나 여가를 위해 이동하는 유동인구가 이동성이 약한 노인과 가난한 시민보다 혜택을 받을 수 있다. 즉, '비창의적(non-creative)' 계급은 두 번 소외를 당한다. 한 번은 비창의적 계급의 소비 선호도와 수요가 창의계급과 다르기 때문이고, 두 번째로 창의계급의 유입으로 인해 지가(land price)나 주택 가격이 올라가거나 기본적인 (공공) 서비스를 더 이상 제공하지 않을 수 있기 때문이다 (Massey 2007).

'창의계급'의 유치를 통한 경제발전 도모 여부와 무관하게 세계 도처에 있는 도시에서 불평등이 매우 빠르게 악화되고 있다. 창의도시와 관련된 정책이 균형이 잡히고 포용적인 도시의 삶을 제시했지만, 실제 정책효과가 그러하지 못하다고 비판을 받는다. 실제 창의도시 정책이 정책 목표에 부합하지 못할 때, 창의경제는 덜 낙관적 모습을 보인다. 적어도 미국에서는, 창의경제 순위에서 가장 높은 위치를 차지하는 도시지역(city-regions)이 경제적 불평등 순위에서도 높다. 플로리다가 제안한 바와 같이, 다소 부드럽게 표현하자면, "면밀히 살펴보면, 재능인력의 군집화(talent clustering)는 낙수효과 혜택을 거의 주지 않는다"(Florida 2013: 1).

이에 대한 대응적 조치로, 일부 시정부는 더욱 선제적인 자세를 취하며 문화 기반의 경제발전을 더욱 균형적으로 시행하여 문화 기반 경제에 의존하는 예술가들과 지역주민들이 내몰리는 위험을 감소시키고자 한다. 카메룬(Stuart Cameron)과 코피(Jon Coaffee) (2005)는 잉글랜드 북동쪽에 위치한 게이츠헤드(Gateshead)[**]에 관한 연구에서, 상업적 자본에 의해 젠트리피케이션이 발생한 도시와 카메룬과 코피가 '긍정적 젠트리피케이션(positive gentrification)'이라고 명명한 현상, 즉 공공 당국이 주도한 젠트리피케이션이 발생한 도시 사이의 차이점에 대해 논하고 있다. 많은 경우 시정부들은 임대료가 치솟고 '성공을 이룬' 지역이 생산에서 소비로의 용도 변화가 일어나는 현상에 대처할 수 있는 법적 도구를 가지고 있지 못한다.

도시 내에서 문화산업을 발전시키고 도시 경쟁력을 위해 문화가 활용되는 동시에 도시에서는 현대 문화정책 및 경제정책에 대한 일부 예술가와 활동가의 저항이 일어나기도 한다. 아래에서 더 자세히 논의하겠지만, 지속가능하지 못한 문화적 발전과 더불어 다양한 도시가 도시를 '거주할만하고' 지속가능하게 만들려는 정책에 문화 활동을 통합하려는 시도를 하고 있음에 주목할 만하다.

도시 지속가능성과 사회적 지속가능성

3장에서 논의한 바와 같이, 문화정책 그리고 문화 관련 투자가 사회적 불평등에 대한 문제를 해결하는 데 어느 정도의 역할을 할 수 있다는 생각이 로이셴(Royseng)이 말하는 '의례적 논리'의 일부분이다 (Royseng 2008). 도시 문화정책 맥락

** 역자 주) 영국 잉글랜드 타인위어(Tyne and Wea) 주의 마을로 '밀레니엄 다리'로 유명하다.

에서 문화는 종종 사회적 목표, 즉 재범률을 줄이거나 초등학생들의 교육적 성취를 증진시키는 것(Bamford 2006), 혹은 더욱 일반적으로 '적주성(livability)'이나 사회적 포용, 그리고 지역사회의 결속을 증진시키는 목적으로(3장 참조) 활용되었다. 특히 문화 주도의 경제발전이 사회 양극화를 유발할 수 있다는 점을 고려해 볼 때, 이러한 도시 발전 과정 내에서 문화의 역할을 정확하게 판단하기 어렵다. 그러나 캐나다와 미국에서 많이 이루어지는 연구에서는 문화적 활동과 창조적 활동에 참여하는 행위가 때때로 사람 간 유대, '사회적 자본(social capital)'이라 불리는 출신 배경이 다른 사람 간 유대를 형성하는 데 도움이 된다는 것을 보여준다 (Markusen, Gadwa 2010a; Stern, Seifert 2010).

스턴과 세이퍼트(Stern, Seifert 2000, 2010)의 연구는 누가 문화적 활동에 참여할지를 결정하는 데 있어 이웃효과(neighbourhood effect)[**]가 일정 역할을 한다는 점을 보여준다. 특히, 문화 활동, 특정 지역 안에서 문화 활동이 밀도있게 이루어지는 현상은 그 지역 내부 사람이 문화 활동에 참여할 개연성이 높다는 뜻이다. 다른 연구자와 대조적으로 스턴과 세이퍼트는 경제적으로나 인종적으로 다양한 도심 지역에 사는 사람이 더욱 균질화된 도심 지역에 사는 사람보다 문화 활동에 참여하는 비율이 더욱 높다고 주장한다. 스턴과 세이퍼트는

[**] 역자 주) 경제학에서 쓰이는 용어로, 주변 집단의 재산, 소비수준, 여가 활동 등과 비교하여 자신을 평가하는 행동을 의미한다.

문화 활동을 "공동 행태의 한 형태로 볼 필요가 있다"고 주장
하면서(Stern and Seifert 2000: 6), 개인 차원보다는 지역사
회 차원에서 문화 시설을 늘리며 문화 활동을 독려하는 노력
이 도시에 필요하다고 결론짓는다. 지놋(Jeannotte 2003a,
2003b)은 문화 활동에 참여하는 사람이 다른 역량을 개발하
는 활동에도 더욱 자발적으로 참여하는 경향이 있다고 주장한
다. 지놋의 이러한 연구결과는 성별, 수입 그리고 교육과 같은
사회경제적이며 인구학적 요소를 조정하더라도 결과가 동일
하다는 보르도(Bourdeau 2002)의 연구에 의해 더욱 공고화
되었다. 다른 연구에 따르면 신뢰와 관용과 같은 사회적 자본
을 발전시키는 데 있어 문화 행사 참여가 다른 유형의 행사에
참여보다 효과적이다 (Stolle, Rochon 1998).

그러나 사회적 사본이 이짐을 가지고 있다는 주장을 지지
하는 연구자, 심지어 퍼트넘(Robert Putnam)조차도, 사회적
자본은 "시민 참여, 상호성, 정직 그리고 사회적 신뢰 간의 인
과적 화살(causal arrow)이 스파게티 면과 같이 얽혀있다고
인정한다" (Putnam 2000: 38). 복합적인 사회현상에 문화를
더하면 더 복합적이게 된다. 다시 말해서, 문화와 사회적 자
본간 연관성 자체에 대해서는 경험적 자료에서 매우 강하게
나타나지만, 문화 활동의 참여와 다른 사람에 대한 신뢰 사이
의 인과적 연계에 대해서 혹은 그 인과적 관계의 특질에 대해
서는 자세히 알 수 없다.

공공정책의 영역 중 웰빙이 문화정책결정가의 주목을 끌고

있다. 이 부분에 대하여 상대적으로 많은 연구가 이루어졌음에도 불구하고, 문화와 사회적 자본과 같이 불분명한 인과관계와 관련된 쟁점이 있다. 2010년 영국정부는 스포츠와 문화 활동에 참여하는 동인과 그 영향을 3년 연구한 "문화와 스포츠 증거 프로그램(CASE: Culture and Sport Evidence Pro-gramme)"을 발표하였다. 이 연구의 핵심 내용 중 하나는 스포츠나 문화 관련 활동을 하면서 발생하는 주관적으로 느끼는 웰빙의 증진을 이해하고 평가하는 것이었다 (CASE 2010).

연구를 통하여 사람들이 스포츠나 문화 활동에 참여함으로써 삶에 대한 느낌에 긍정적 영향을 준다는 주장을 뒷받침하는 근거가 일부 발견되었지만, 어떤 유형의 문화 활동이 웰빙에 긍정적일 수 있는지 밝혀내지 못했기 때문에 문화정책결정가로부터 재정적 지원을 확보하는 데 그다지 도움이 되지 못했다. 정책결정가가 사회적 병리현상을 해결하기 위하여 '더 많은 문화'를 처방하는 데 급급하기 전에, 누구의 문화에 대해 이야기하고 있는지를 더욱 잘 이해할 필요가 있다. 문화가 사회적 웰빙에 반영되고 영향을 미칠 수 있다는 주장은 '고급예술' 지지자와 '대중문화' 지지자, 공적 투자와 민간 투자, 오래된 문화기관과 새로운 문화기관 간의 오래된 논쟁에 새로운 관점을 부여한다.

길모어(Abigail Gilmore 2013)가 언급했듯이, 문화 활동에 관한 많은 연구는, 심지어 지역적 차원의 문화 활동에 관한 연구도, 사람이 여가 시간에 실질적으로 하는 행동에서 연구

를 시작하기보다는 사람들이 '잘 알려진' 예술이나 문화 활동
에 참가하는 경향을 조사한다. 사람들이 실제로 하는 행위를
조사하는 방향으로 정책 초점이 맞추어 질 때, 문화의 '사용
자'와 '비사용자'와 같은 유형 구분이 더욱 복잡해지거나 사라
질 수 있다. 이러한 경우, 정책이 다양한 활동, 특히 매우 지
역적 차원에서 이루어지는 활동을 위한 재정적 지원에 집중
하게 된다.

　대부분 도시 문화정책이 상징적 활동으로서의 문화에 대한
참여에 초점을 맞춘다면, 일군의 도시 문화정책은 문화를 '인
류학적'으로 보며 다양한 종교적, 민족적 배경의 사람이 어느
정도로, 또 어떻게 노시에서 힘께 생활하는 것을 배울 수 있
는지를 연구한다. 소수민족과 소수 종파가 다른 문화권에서
이주자로서의 지위를 가진다는 점으로 인하여 세계 노시 상
황이 더 복합적이다. 이주자 사회가 도시에 집중하는 경향이
있으며, 따라서 국가 수준의 정책결정은 물론 도시 수준의 정
책결정에서도 다문화주의(multiculturalism)와 상호문화주
의(interculturalism)가 주요 쟁점이 된다.

　정책의 구성 요소로서 다문화주의가 영국에서 1960년대
와 1970년대 '동화주의적 접근법(assimilationist)'에 대한 대
응으로서 시작되었으며, 이민 공동체와 영국에서 출생한 이
민 후손의 고유한 문화적 전통을 인정하려했다. 도시 문화
정책은 때때로 이러한 다양한 지역사회를 지원하고 기리려
했고, 런던 이스트엔드(London's East End)의 방글라타운

(Banglatown)^{**}이나 많은 차이나타운, 리틀이탈리아(Little Italy)^{***}와 같이 소수 민족적 정체성을 지닌 도시 내 특정 구역을 브랜드로 만들려 했다 (Kunnemann, Mayer 2013). 최근에는 더욱 '상호문화주의'적인 관점이 대두되면서 한 개인이나 지역사회의 정체성을 '고정'시키기보다는 사람이 가지고 있는 정체성의 다양성을 강조한다 (Fanshawe, Sriskandarajah 2010). 이는 문화정책과 관련하여, 지역사회가 서로 만나고 소통하며 활동을 공유할 수 있는 공간과 기회, 즉, 하자르와 레인도르프(Hajer, Reijndorp 2001: 11)가 '신공공영역(new public domain)'이라고 부르는 '다양한 사회 집단 간의 교류가 가능한 장소'가 필요하다는 점을 보여준다. 하자르와 레인도르프의 논지에 따라 광장, 예술관, 연주공간과 같이 순수하게 전통적인 문화 공간에서 시선을 옮겨 대중교통, 거리, 공원, 상가, 그리고 공항 역시 문화적 장소임을 인정할 필요가 있다 (Wood and Landry 2008).

**   역자 주) 방글라타운은 런던 도심와 인접한 타워햄릿구(borough of Tower Hamlets) 브릭가(Brick Lane)을 중심으로 형성되어 있다. 이곳에는 유대인이 많이 거주했지만 20세기 초 방글라데쉬 이민자가 커리 전문점을 여러 열면서 방글라데쉬 이민자의 집단 거주·사업지가 되었다.

*** 역자 주) 이탈리아 음식, 물품, 기념품 등을 파는 상점이 모여 있는 런던의 한 구역이다.

도시정책 연합

도시 문화정책을 만드는 과정에 지방정부는 물론 문화산업가, 예술 관련 기관, 시민 단체, 그리고 부동산 개발자와 같은 비정부 활동가들까지 참여한다. 이 현상은 분권화된 정부 또는 분권화된 관리를 지향하는 경향의 일부이다. 도시가 자원, 일자리, 투자를 차지하기 위하여 세계적 경쟁을 하면서, 이런 경향이 더 선명하게 드러난다. 다양한 층위에 있는 지방정부는, 하비(Harvey [1989a] 2000)가 '도시 기업가주의(urban enterpreneurialism)'라고 묘사한 정책 접근법을 실행하는 과정에서, 상징적, 심미적, 경제적 문화 활동의 혼합 형식을 활용하고 있다. 실제로 도시에는 이러한 혼합 형태의 상징적, 심미직, 경제적 문화 활동이 많이 일어난다.

점차 도시 정부가 경제적 발전에 우선순위를 둠에 따라, 앞서 검토한 바와 같이, 도시는 사람과 재원을 차지하기 위한 경쟁에서 문화 자산을 활용하려 한다. 산업계뿐만 아니라 도시에 적용되는 '경쟁력(competiveness)' 개념이 근본적으로 잘못 이해되고 있다 (Buck et al. 2005). 적주성, 문화 자산 등을 포함하는 다양한 도시 생활의 양상을 고려하여 도시의 '순위'를 평가하는 지표가 많이 늘어났지만, '경쟁력'의 개념은 경제적 성장(만)이 도시를 평가하는 주요 기준이라는 점을 은유적으로 보여주는 협소한 방식을 취하는 경우가 있기 때문이다 (Mayor of London 2013). 즉, 브랜드를 가지고, 판매 부서와 공보 담당 직원이 있는 기업처럼 도시가 행동해야 한다는 뜻이다. 그러나, 경제적 경쟁력을 추구하면, 종종 문화적 혹은 사회적 열망과 충돌이 일어나고, 문화정책을 둘러싼 다양한 사회적 연합을 형성하는 과정에서 갈등이 발생할 수 있다.

도시가 문화정책을 주목하게 되면서, 증가하는 사회적 요구에 대응하는 문화정책가의 능력에 대한 의문이 제기되어왔다 (O'Connor, Gu 2013). 전통적으로 문화정책가는 경제발전보다는 전통적으로 예술과 여가 제공에 관심을 두어왔기 때문이다. 이와 관련된 우려 중 하나는 지속가능한 문화 발전의 핵심인 도시계획을 입법화하는 과정이 '문화'정책가의 연구 범위 밖에 있다는 점이었다 (Grodach and Silver 2013). 이런 단점을 다수 연구자가 지적한다. 문화와 관련된 중요 결정이, 예를 들어, 작업공간, 임대, 구역 및 토지 활용 계획, 야간 경제(night-time economy)의 허가와 규제 사안이, 문화정책가와 협의를 할 수도 또한 협의하지 않을 수도 있는 정책결정자의 영역 안에 있다. 문화정책가가 문화 관련 정책의 핵심 쟁점에 관하여 자신의 주장에 대한 지지를 얻는다 하더라도, '친문화(pro-culture)'정책을 실행할 수 있는 입법 수단을 가지지 못한다.

선출 지도자도 도시의 문화정책에서 중요한 역할을 한다. 런던의 리빙스턴(Ken Livingstone, 2000~2008년 영국 런던 시장 역임 – 역자 주), 보고타의 모커스(Antanas Mockus, 2001~

2003년 콜롬비아 보고타 시장 역임 – 역자 주), 시카고의 데일리(Richard M. Daley, 1989~2011년 미국 시카고 시장 역임 – 역자 주)를 포함한 소수 지도자는 문화정책결정에 대한 특정 접근법에 대한 논의와 관련되어 있다 (Nicholas Clark, Silver 2013; Oakley 2013; Pasotti 2013). 규모가 크고 장대하며 유명한 미술관이나 박물관의 건립을 선호하는 접근법이 있는 반면, 리빙스턴의 '문화산업' 정책이나 모커스의 '시민사회 문화'에서와 같이 도시 내 민주적인 문화적 풍경에 중점을 둔 접근법도 있다. 그러나 선출 공무원들 중에서는 예술이나 문화 프로그램을 공공 지출 삭감의 첫 대상이 되는 '연성(soft)' 서비스로 인식해오기도 했다.

문화와 관련된 정책연합은 도시에 따라 다양한 양상을 보인다. 예를 들어, 어떤 도시에서는 대규모의 예술 기관이 다른 도시에 비해 더 중요하다. 어떤 도시에는 공공영역과 사적 영역에 걸친 제3의 영역이나 지역사회의 유산이 강하다. 반면, 부동산 개발업자는 모든 도시에서 중요한 정책 행위자이다. 문화정책의 역량과 입법 활동이 전반적으로 약하거나 규제 철폐 정책으로 힘이 약해진 도시에게 부동산 개발업의 강한 입김이 작용한다. 부동산 개발업자의 이해가 소매업과 여가 산업의 이해와 더불어 도심 개발에서 크게 영향을 미치는 현상이 많은 도시에서 탐구되었다 (Markusen and Gadwa 2010a; Zukin 1995). 일부 경우에서는 활동력이 있는 시장(mayor)이나 예술 및 시민 단체가 부동산 개발업자의 영향력에 저항하거나 조정할 수 있었지만 (Silver 2013), 그들 역시 일반적으로는 도시 중심지와 특정 구역, 문화 시설의 집중, 예전에 공적 도시 공간이었던 곳을 재정적으로 지원하기 위한 일련의 민관 협력 등에 초점을 맞추는 경향이 있다. 그 결과 상가, 런던의 카나리 와프(Canary Wharf)와 같은 소위 공적 광장 근처에서 사적으로 소유된 반공적(semi-public) 공간이 늘어났다. 특정한 기준을 충족하거나 자전거 타기, 롤러 블레이드 타기, 음식 섭취와 같이 평범해 보이는 활동들의 대부분을 하지 않는 조건 아래서, 일반인이 그러한 공간을 사용할 수 있다. 노숙자, 마약 복용자 혹은 ('월스트리트 점거운동[Occupy movement]**이 나타났던) 시위자와 같은 일부 부류는 이런 공간에서 환영을 받지 못한다.

도시의 문화를 통한 경제적 발전이 중요해짐에 따라, '창의 네트워크(creative network)'이라고 불리는 도시정책 연합이 성장했다. 면직업과 같은 산업 분야 내 매개 기관(intermediary institutions)의 역할에 대한 이해가 부분적으로 창의네트워크의 발전에 영향을 미쳤다. 문화영역이 자본과 정책적 아이디어에 관한 국제적인 네트워크에서 중요한 위치를 차지하지만, 문화영역이 특정 장소에 뿌리를 두는 현상에 대한 이

** 역자 주) 뉴욕 월스트리트에서 시작되어 전 세계적으로 확산된 점거운동으로, 서로 다른 인종, 성별, 정치적 입장을 가진 사람들이 신자유주의 및 소수 부유한 엘리트에 저항하는 시위 활동을 말한다. 예술가들은 창조성과 창조 계층이 도시 경제 성장에 혜택을 가져다줄 거라는 논의에 저항하였다.

해 또한 창의네트워크의 발전에 영향을 미쳤다. 그러므로 지역 문화에 대한 상세한 지식이 중요하다. 전통적인 예술 기관이 공적 보조금 수혜 대상 기관에 보조금을 지급했지만, 뉴미디어, 대중음악, 희극, 잡지 발행사 등과 같이 스스로를 '예술' 분야에 있다고 여기지 않는 소규모 문화산업을 충분히 이해하지 못했다. 이러한 이해의 부족은 소규모 문화산업의 목표가 순전히 상업적이기 때문이 아니라, 소규모 문화산업의 정체성 또는 형태(예를 들어, 희극 극장)가 (전통적으로 공적) 보조를 받아왔던 예술 영역으로 간주되지 않기 때문이다.

따라서 많은 도시와 지역은 다종적이고 종종 조직적이지 못한 소규모의 문화영역과 지방 혹은 지역 정부 사이에서 (그리고 일부 경우에는 국가 정부 혹은 국제기구) 중간 역할을 하고자 하는 전문적인 정책 기관들을 수립해왔다. 때때로 지방 정부의 내부 조직으로 수립되거나 외부 기관으로 설립되는 매개 기관은 민간, 공공, 그리고 자발적 영역에서, 또한 도시 계획과 토지 이용과 같은 여러 정책영역에서 운영되어야 하며, 문화산업에 정보, 조언, 지침을 제공하면서 문화산업을 돕은 과제를 수행해야 한다.

오코너와 구(O'Connor, Gu 2013)는 그러한 매개 기관 중 하나인 '맨체스터 창의산업 개발 서비스(CIDS: Manchester's Creative Industries Development Service)'를 연구하였다. 이 기관이 담당하는 중요한 역할 중 하나가 문화기관의 사업 요구와 사회적, 문화적, 도시적 우려를 경제발전의 언어로 '번역(trans-lating)'하는 것이다. (술집이나 나이트클럽에 적용되는) 허가, 도시계획, 치안, 마약 통제가 도심에 있는 문화산업에 중요했다. 여기서 매개 기관은 종종 영리 기관과 자발적 기관이 함께 경제적 활동을 하는 환경을 유지하는 데 관여했고, 노숙자, 마약 복용자, 성매매 종사자와 같이 다른 목적을 가진 집단이 도시의 공간을 쓰는 현상에 대하여 관대한 입장을 가졌다. 전통적인 산업을 지원하는 기관은 정부와의 관계에서 이러한 도시 내부의 사회적, 문화적인 문제를 고려하지 않았다. 또한, 매개 기관은 도시 안 사회적, 문화적 문제를 고려해보고자 한 소규모 문화산업의 바람들을 반영하지 않았다.

그러나 영국과 다른 국가에 설립된 많은 전문 기관은 사업, 일자리, 그리고 매출량 성장으로 정의되는 협의적 '경제발전'을 추구하였다. 매개 기관은 도움을 제공한 사업체의 숫자, 창출된 일자리 숫자, 훈련 장소의 개수 등으로 평가되었다. 매개 기관에서 일하는 많은 사람이 소규모 문화 조직의 신뢰를 얻고자 노력하였지만, 매개 기관과 소규모 문화 조직간 상호작용의 효능성을 측정해야 한다는 필요성으로 인하여 두 유형의 기관간 신뢰가 약화되었다. 오코너와 구의 연구에 따르면, '맨체스터 창의산업 개발 서비스'가 경제정책, 도시계획, 문화정책을 함께 다루고자 했지만, 지원을 얻기 위한 조건, 국가 수준에서 문화와 경제발전을 분리하여 문화정책을 만드는 방식으로 인해 경제와 문화간 큰 분리가 발생하였다. 잉글랜드 북서 지역 정책이 BBC의 대규모의 '미디어 시티(Mediacity)'

(BBC의 일부분을 샐퍼드로 이전하는 사업) 발전에 더욱 집중하면서, '맨체스터 창의산업 개발 서비스'는 2008년 종료되었다. 오코너와 구의 연구는 다양한 기관이 여러 정책영역을 포괄하는 작업을 공동으로 진행하는 것이 어렵긴 하지만, 도시 문화정책의 맥락에서는 다양한 기관이 여러 정책영역을 넘나드는 활동의 필요성이 크다는 점을 상기시킨다.

문화, 그리고 도시에서의 갈등

이 장은 도시가 최근 몇 년간 문화정책 발전의 주요한 장소이자 문화정책 발전의 주요한 논쟁의 장이라는 점을 명확하게 전달한다. 문화정책이 다양한 도시정책의 쟁점과 연계되어야 하고 장소의 맥락에서 문화 관련 생산과 소비를 이해해야 힐 필요성이 있다. 즉, 공공 공간, 노동, 지역사회 그리고 정체성에 관한 폭넓은 정치적 쟁점을 함께 일관되게 다루어야 한다. 이는 물론 국가 및 국제적 차원의 문화정책에도 적용되지만, 새로운 박물관, 없어질 위기에 처했던 스케이트보드 공원, 지역사회의 변화가 보여주듯이 도시에서 문화정책의 '가시성(visibility)'이 높기 때문에 앞서 언급한 정치적 쟁점이 시민에게 절실하게 다가온다 (저작권에 대한 분쟁 또는 문화민족주의는 시민에게 절실하게 다가오기 어렵다).

　많은 도시 이론가에게 도시는 이상 세계(Utopia)가 아니지만, 저항과 새로운 정치성 가능성을 상상하게 하는 정치적 활동의 중심이다 (예를 들어, Graeber 2013; Harvey [1989a] 2000, 2013; Pinder 2005). '창의계급투쟁'**과 같은 조직이 대표적 예이다. 일군의 활동가가 플로리다의 연구에서 영감을 받아 이름을 정한 이 조직은 플로리다가 현재 거주하는 토론토에 기반한다. 이 조직에 속한 활동가는 그들의 시선에서 젠트리피케이션, 차별, 강제이주와 같은 현상에 반대하는 활동을 블로그를 통하여 전달한다. 종종 예술자가 이런 활동을 주도하거나 관여한다. 또 다른 예로 건물이 부동산 개발자들에 의해 팔리는 것을 막기 위해 예술가들이 함부르크 내 건물을 점거하는 현상을 들 수 있다. 베를린에 있는 빈민가인 크로이츠베르그(Berlin-Kreuzberg)에서는 예술가가 사회운동에 참여하는 현상이 일어난다 (Bader, Bialluch 2009). 암스테르담과 베르셀로나에서는 예술자가 도심 지역의 젠트리피케이션에 저항하는 운동의 선두에 있다 (van de Geyn, Draaisma 2009). 특히, 새로운 '문화 지구'를 건설하기 위한 도시계획이 이미 존재하던 예술 관련 하위문화와 저소득 지역주민을 쫓아내는 결과를 종종 가져온다. 이런 도시계획으로 인하여 임대료를 올리고 임대료 인상이 특정한 창의적 활동에만 유리한 결과를 가져오지 않도록, 문화산업 종사자가 반대 활동을 하는 것이다.

최근 몇 년간 '점거'운동(Occupy movement)으로 알려진

** 역자 주) 플로리다(Richard Florida)의 주장에 반대하는 단체로 토론토에 위치한다.

사회운동이 (아마도 단일 사건이 아닌 여러 점거운동을 포괄하는 사회운동으로 가장 잘 이해될 수 있다) 뉴욕의 월 스트리트(Wall Street), 이스탄불의 탁심 광장(Taksim Square) 등과 같이 중요한 도심 공간을 점거함으로써 사회적/경제적인 불평등에 관심을 모으려 했다. 점거운동은 축제 형식으로 첨예한 정치적 쟁점을 다룸으로써 시위에서 문화적 요소들을 활용했고, 임금, 불안정한 고용, 주거 비용, 교육비 등과 같은 문화산업에 근무하는 젊은이의 우려 사항을 점거 현장에서 표출했다 (David Harvey 2013). 문화산업에 근무하는 인력의 '온건화와 전문화(pacification and professionalization)'로 인하여 과격함이 줄어들었지만, 하비는 하위문화에는 (저항의) 잠재력이 있고 불만이 증가하기 때문에 좌파 정치의 근거가 될 수 있나고 본다 (Harvey 2013: 88). 하비는 상업화를 흡수할 수도 있고 상업화에 저항할 수도 있는 '아주 특별한 무언가'로서의 문화에 주목한다. 전복 활동, 게릴라 가드닝(guerrilla gardening, 환경 보호 등의 목적으로 도시 내 기습적으로 식물을 심는 활동 – 역자 주)과 같은 다른 형태의 도시 저항활동도 문화 생산과 소비의 저항적 측면, 비판하고 대안을 제시하는 문화의 역할을 상기시킨다.

결론

이 장은 도시에서 문화정책이 '눈에 띄이게(visible)' 되었다고 주장한다. 역사적으로 보면, 도시는 다양한 후원(patronage)이나 신념을 기반으로 한 문화적 유산을 가진 장소이다. 국가가 당연히 문화정책과 문화정책 분석을 담당하는 듯 보이지만 (5장 참조), 국가는 도시에, 특히 (수도에만 국한되는 것은 아니지만) 수도에서 문화정책을 실행한다. 도시에 생산, 소비, 시장, 사람의 촘촘한 연결망이 있기에, 도시 안에 문화활동이 집중된다. 도시 문화정책은 도시의 장점을 활용하여 국가와 다양한 정책을 개발하려 한다.

아마도 도시보다 지정학적 이동이 강하게 작용하는 곳은 없을 것이다. 규모로 보면, 세계에서 가장 중요한 도시가 세계 개발도상권(Global South)에 위치해 있다. 2025년에는 21개 부유한 도시가 아시아에 위치할 것으로 예상되는데 (Mayor of London 2013) 이런 변화가 경제적 지표에 반영될 것이다. 최근 몇 년간 도시는 직접적으로 문화정책을 수행하고 있다. 창의경제 담론을 기반으로 한 정책적 아이디어가 세계 개발도상권에 있는 많은 도시에서 발전했다. 세계 개발도상권에 있는 많은 도시들도 창의경제 관련 접근법을 채택했지만, 일부 도시는 평등과 공동체의 관여를 위하여 새로운 접근법을 발전시키고 있다. 혁신적인 문화정책을 위한 실험실로서의 도시의 역할은 지속될 것으로 보인다.

📖 주

1) http://www.unesco.org/new/en/culture/themes/creativity/
creative-citiesnetwork/ 참조.
2) http://www.creativecity.ca/

🔖 참고문헌과 추천서

Bader, I. and Bialluch, M. (2009) 'Gentrification and the creative
class in Berlin Kreuzberg', in L.Porter and K.Shaw (eds)
*Whose Urban Renaissance? An International Comparison of
Urban Regeneration Strategies*, London: Routledge.

Bamford, A. (2006) *The Wow Factor: Global Research Compen-
dium on the Impact of the Arts in Education*, Berlin: Waxmann
Publishing.

Barnes, K., Waitt., G., Gill, N. and Gibson, C. (2006) 'Community
and nostalgia in urban revitalisation: a critique of urban village
and creative class strategies as remedies for social "problems"',
Australian Geographer 37(3): 335–54.

Bell, D. (2014) 'Cottage economy: the "ruralness" of rural cultural
industries', in K. Oakley and J. O'Connor (eds) *The Routledge
Companion to the Cultural Industries*, London: Routledge.

Bell, D. and Jayne, M. (eds) (2004) *City of Quarters: Urban Vil-
lages in the Contemporary City*, Aldershot: Ashgate.

Bell, D. and Jayne, M. (2010) 'The creative countryside: policy and
practice in the UK rural cultural economy', *Journal of Rural
Studies*, 26(3): 209–18.

Bennett, T. (1992) 'Putting policy into cultural studies', in L.
Grosberg, C. Nelson and P. Treichler (eds) *Cultural Studies*,
London: Routledge.

Berry, M. (2005) 'Melbourne – is there life after Florida?', *Urban*

Policy and Research, 23(4): 381–92.

Bianchini, F. (1987) 'GLC R I P, 1981–1986', *New Formations,* 1: 103–17.

________. (1993) 'Remaking European cities: the role of cultural policies' in F. Bianchini and M. Parkinson (eds) *Cultural Policy and Urban Regeneration: the West European Experience,* Manchester: Manchester University Press.

BOP (2012) *World Cities Culture Report,* London: Mayor of London.

Bourdeau, J.-P. (2002) *Bowling Alone: Cross-indicators of Social Participation and Local Community Belonging in Canada,* Ottawa, ON: Strategic Research and Analysis Directorate, Department of Canadian Heritage.

Boyle, M. (2006) 'Culture in the rise of tiger economies: Scottish expatriates in Dublin and the "creative class" thesis', *International Journal of Urban and Regional Research,* 30(2): 403–26.

Brenner, N. and Theodore, N. (2002) 'Preface to special issue: from the new localism to the spaces of neoliberalism', *Antipode,* 34(3): 341–8.

Buck, N., Gordon, I., Harding, A. and Turok, I. (2005) *Changing Cities: Rethinking Urban Competitiveness, Cohesion and Governance,* Basingstoke: Palgrave MacMillan.

Cairncross, F. (1997) *The Death of Distance,* Cambridge MA: Harvard Business School Press.

Cameron, S. and Coafee, J. (2005) 'Art, gentrification and regeneration: from artist to pioneer to public arts', *European Journal of Housing Policy,* 5(1): 39–58.

CASE. (2010) *Understanding the drivers, impact and value of engagement in culture and sport,* London: Department for Culture, Media and Sport.

Coyle, D. (1997) *The Weightless World,* Cambridge MA: MIT Press.

Crewe, L. and Beaverstock, J. (1998) 'Fashioning the city: cultures of consumption in contemporary urban space's', *Geoforum,* 29(3): 287–308.

Currid, E. (2007) *The Warhol Economy: How Fashion, Art, and Music Drive New York City*, Princeton NJ: Princeton University Press.

Elsheshtawy, Y. (2012) 'The production of culture: Abu Dhabi's urban strategies', in *Cultural Policy and Governance in a New Metropolitan Age*, vol. 5, Cultures and
Globalization, London: Sage.

Evans, G. (2001) *Cultural Planning: an Urban Renaissance?* Routledge: London.

__________. (2004) 'Cultural industry quarters: from pre-industrial to post-industrial production', in D. Bell and M. Jayne (eds) *City of Quarters: Urban Villages in the Contemporary City*, Aldershot: Ashgate.

Evans, G. and Shaw, P. (2004) *The Contribution of Culture to Regeneration in the UK: a Review of the Evidence*, London: DCMS.

Fanshawe, S. and Sriskandarajah, D. (2010) *You Can't Put me in a Box: Super-diversity and the End of Identity Politics*, London: Institute for Public Policy Research.

Florida, R. (2002) *The Rise of the Creative Class, and How it's Transforming Work, Leisure, Community and Everyday Life*, New York: Basic Books.

Florida, R. (2013) *More Losers than Winners in America's New Economic Geography*. Available at www.theatlanticcities.com/jobs-and-economy/2013/01/morelosers-winners-americas-new-economic-geography/4465/ (accessed 29/11/13).

Florida, R. and Tinagli, I. (2004) *Europe in the Creative Age*, London: Demos.

Garcia, B. (2004) 'Urban regeneration, arts programming and major events', *International Journal of Cultural Policy*, 10(1): 103–18.

Gibson, C. (2013) 'Widening development pathways', paper absorbed into UNESCO, *The Creative Economy Report: Widening Local Development Pathways*, New York: UNESCO.

Gibson, C. and Klocker, N. (2005) 'The "Cultural Turn" in Australian regional economic development discourse: neoliberalising creativity?' *Geographical Research,* 43(1): 93–102.

Gilmore, A. (2013) 'Cold spots, crap towns and cultural deserts: The role of place and geography in cultural participation and creative place-making', *International Journal of Cultural Policy,* 22(2): 86–96.

GLA (2010) *London's Creative Workforce, 2009 Update,* Working Paper 40, London: GLA Economics.

Gonzalez, S. (2011) 'Bilbao and Barcelona "in motion": how urban regeneration "models" travel and mutate in the global flows of policy tourism', *Urban Studies,* 48(7): 1397–418.

Graeber, D. (2013) *The Democracy Project: a History, a Crisis, a Movement,* London: Allen Lane.

Grodach, C. and Silver, D. (eds) (2013) *The Politics of Urban Cultural Policy: Global Perspectives,* London: Routledge.

Hajer, M. and Reijndorp, A. (2001) In Search of a New Public Domain, Rotterdam: NAI Publishers.

Hall, P. (1998) *Cities and Civilisation: Culture, Technology and Urban Order,* London: Weidenfield and Nicolson.

Hannigan, J. (1998) *Fantasy City: Pleasure and Profit in the Postmodern Metropolis,* London: Routledge.

Harvey, D. (1989a) 'From managerialism to entrepreneurialism: the transformation of urban governance in late capitalism', *Geografiska Annaler,* 71(2): 3–17; reprinted in D. Harvey (2000) *Spaces of Hope,* Edinburgh: Edinburgh University Press.

_______. (1989b) *The Urban Experience,* Oxford: Oxford University Press.

_______. (2013) *Rebel Cities: From the Right to the City to the Urban Revolution,* London: Verso.

Harvey, D., Hawkins, H. and Thomas, N. (2012) 'Thinking creative clusters beyond the city: people, places and networks', *Geoforum,* 43: 529–39

Hui, D., Ng, C.-H. and Mok, P. (2004) *A Study on Hong Kong Creativity Index, Interim Report,* University of Hong Kong:

Centre for Cultural Policy Research.

Jacobs, J. (1961) *The Death and Life of Great American Cities*, New York: Random House.

Jeannotte, M. (2003a) 'Singing alone? The contribution of cultural capital to social cohesion and sustainable communities', *International Journal of Cultural Policy,* 9(1): 35–49.

________. (2003b) 'Just showing up: social and cultural capital in everyday life', in C. Andrew, M. Gattinger, M. Jeannotte, and W. Straw (eds) *Accounting for Culture: Thinking through Cultural Citizenship*, Ottawa, ON: University of Ottawa Press.

Kong, L. (2012) 'Ambitions of a global city: arts, culture and creative economy in "post-crisis" Singapore', *International Journal of Cultural Policy,* 18(3): 279–94.

Kong, L., Gibson, C, Khoo, L. and Semple, A. (2006) 'Knowledges of the creative economy: towards a relational geography of diffusion and adaptation in Asia', *Asia Pacific Viewpoint,* 47(2): 173–94.

Kong, L. and O'Connor, J. (eds) (2009) *Creative Economies, Creative Cities: Asian-European Perspectives*, Berlin: Springer Verlag.

Kunnemann, V. and Mayer, R. (eds) (2013) *Chinatowns in a Transnational World: Myths and Realities of an Urban Phenomenon*, London: Routledge.

Landry, C. (2000) *The Creative City: A Toolkit for Urban Innovators,* London: Earthscan.

Landry, C. and Bianchini, F. (1995) *The Creative City*, London: Demos.

LDA (2002) *Creativity: London's Core Business,* London: LDA.

________. (2003) *Creative London,* London: LDA.

Lloyd, R. (2006) *Neo-bohemia: Arts and Commerce in the Post-industrial City,* New York: Routledge.

Luckman, S. (2012) *Locating Cultural Work: the Politics and Poetics of Rural, Regional and Remote Creativity,* Basingstoke: Palgrave Macmillan.

MacLennan, D. and Norman, B. (2004) *Glasgow and Melbourne: Remaking Two Great Victorian Cities,* presented at Resurgent Cities Conference, London School of Economics, 19–21 April.

Mayor of London (2013) *World Cities Culture Report.* London: Mayor of London.

McGranahan, D. and Wojan, T. (2007) 'Recasting the creative class to examine growth processes in rural and urban counties', *Regional Studies,* 41(2): 197–216.

Markusen, A. (2005) *Urban Development and the Politics of a Creative Class: Evidence from the Study of Artists,* presented at Regional Studies Association Conference on Regional Growth Agendas, Aalborg.

Markusen, A. and Gadwa, A. (2010a) 'Arts and culture in urban or regional planning', in N. Verma (ed.) *Institutions and planning,* Oxford: Elsevier.

Markusen, A. and Gadwa, A. (2010b) *Creative Placemaking. a White Paper for the Mayors' Institute on City Design,* Washington DC: National Endowment for the Arts.

Marshall, A. (1925) *Principles of Economics,* London: Macmillan.

Massey, D. (1994) *Space, Place and Gender,* Cambridge: Polity Press.

———. (2007) *World City,* Cambridge: Polity Press.

Mercer, C. (2002) *Towards Cultural Citizenship: Tools for Cultural Policy and Development,* Hedemora: The Bank of Sweden Tercentenary Foundation and Gidlunds Forlag.

Moloch, H. (1976) 'The city as a growth machine', *American Journal of Sociology,* 82(2): 309–32.

Nichols Clark, T. and Silver, D. 2013. 'Chicago from the Political Machine to the Entertainment Machine' in C. Grodach and D. Silver (eds) *The Politics of Urban Cultural Policy: Global Perspectives,* London: Routledge

Oakley, K. (2009) 'Getting out of place: the mobile creative class takes on the local. A UK perspective on the creative class', in L. Kong and J. O'Connor (eds) *Creative Economies, Creative*

Cities: Asian-European Perspectives, Berlin: Springer Verlag.

__________. (2012) 'Rich but divided … the politics of cultural policy in London', in *Cultural Policy and Governance in a New Metropolitan Age*, vol. 5, Cultures and Globalization, London: Sage.

__________. (2013) 'A different class: politics and culture in London', in C. Grodach and D. Silver (eds) *The Politics of Urban Cultural Policy: Global Perspectives*, London: Routledge.

Oakley, K. and Pratt, A. (2010) *Brick Lane: Community-driven Innovation? Local Knowledge*, London: NESTA.

O'Connor, J. (2004) '"A special kind of city knowledge": innovative clusters, tacit knowledge and the "Creative City"', *Media International Australia*, 112: 131–49.

__________. (2006) 'Art, popular culture and cultural policy: variations on a theme of John Carey', *Critical Quarterly*, 48(4): 49–105.

__________. (2007) *The Cultural and Creative Industries: a Review of the Literature*, London: Creative Partnerships.

__________. (2009) 'Creative industries: a new direction?' *International Journal of Cultural Policy*, 15 (4): 387–402.

O'Connor, J. and Gu, X. (2013) 'Developing a creative cluster in a post-industrial city: CIDS andManchester', in T. Flew (ed.) *Creative Industries and Urban Development: Creative Cities in the 21st Century*, London: Routledge.

ODPM (2004) *Our Cities are Back: Third Report of the Core Cities Working Group*, London: ODPM.

Pasotti, E. (2013) 'Brecht in Bogota: how cultural policy transformed a clientelist political culture', in C. Grodach and D. Silver (eds) *The Politics of Urban Cultural Policy: Global Perspectives*, London: Routledge.

Peck, J. (2004) 'Geography and public policy: constructions of neoliberalism', *Progress in Human Geography*, 28(3): 392–405.

__________. (2005) 'Struggling with the creative class', *International Journal of Urban and Regional Research*, 20(4): 740–70.

Peck, J., Theodore, N. and Brenner, N. (2009) 'Neoliberal urbanism: models, moments, mutations', *SAIS Review*, 1: 49–66.

Peterson, R. and Kern, R. (1996) 'Changing highbrow taste: from snob to omnivore', *American Sociological Review*, 61(5): 900–7.

Pinder, D. (2005) *Visions of the City: Utopianism, Power and Politics in Twentieth-Century Urbanism*, Edinburgh: Edinburgh University Press.

Polanyi, M. (1966) *The Tacit Dimension*, Chicago: University of Chicago Press.

Polese, M. and Stren, R. (2000) *The Social Sustainability of Cities: Diversity and the Management of Change*, Toronto: University of Toronto Press.

Ponzini, D. (2013) 'Branded megaprojects and fading urban structure in contemporary cities', in G. del Cerro Santamaria (ed.) *Urban Megaprojects: a Worldwide View*, Bingley: Emerald.

Porter, M. (1998) 'Clusters and the new economics of competition', *Harvard Business Review*, 76(6): 77–90.

Pratt, A. (2000) 'New media, the new economy and new spaces', *Geoforum*, 31: 425–436.

________. (2002) 'Hot jobs in cool places: the material cultures of new media product spaces: the case of the south of market, San Francisco', *Information, Communication and Society*, 5(1): 27–50.

________. (2004) 'Creative clusters: towards the governance of the creative industries production system?' *Media International Australia*, 112: 50–66.

________. (2005) 'Cultural industries and public policy: an oxymoron?' *International Journal of Cultural Policy*, 11(1): 31–44.

________. (2006) 'Advertising and creativity, a governance approach: a case study of creative agencies in London', *Environment and Planning A*, 38: 1883–99.

________. (2009) 'Urban regeneration: from the arts "feel good" factor to the cultural economy: A case study of Hoxton, London', *Urban Studies*, 46(5/6): 1041–61.

________. (2011) 'Microclustering of the media industries in London', in R. Picard and C. Karlsson (eds) *Media Clusters*, Cheltenham: Edward Elgar.

________. (2012). 'A world turned upside down: the creative economy, cities and the new austerity' in *Smart, Creative, Sustainable, Inclusive: Territorial Development Strategies in the Age of Austerity* London: Regional Studies Association.

Putnam, R. (2000) *Bowling Alone: The Collapse and Revival of American Community*, New York: Simon and Schuster.

Rausch, S. and Negrey, C. (2006) 'Does the creative engine run? A consideration of the effect of creative class on economic strength and growth', *Journal of Urban Affairs*, 28(5): 473–89.

Roche, M. (1998) 'Mega-events, culture and modernity: Expos and the origins of public culture', *International Journal of Cultural Policy*, 5(1): 1–31.

Romer, R. (1994) 'The origins of endogenous growth', *Journal of Economic Perspectives*, 8(1): 3 22.

Royseng, S. (2008) 'The ritual logic of cultural policy', paper presented at the Fifth International Conference on Cultural Policy Research, Istanbul, 20–24 August. Available from www2.warwick.ac.uk (accessed 01/12/13).

Sassen, S. (2001) *The Global City: New York, London, Tokyo*, Princeton NJ: Princeton University Press.

________. (2006) *Cities in a World Economy*, third edition, Thousand Oaks CA: Pine Forge Press.

Scott A. (2000) *The Cultural Economy of Cities: Essays on the Geography of Image-producing Industries*, London: Sage.

________. (2005) *On Hollywood: the place, the industry*, Princeton NJ: Princeton University Press.

________. (2006) 'Creative cities: conceptual issues and policy questions', *Journal of Urban Affairs*, 28(1): 1–17.

Scott, A. and Power, D. (2004) *Cultural Industries and the Production of Culture*, New York: Routledge.

Silver, D. (2013) 'Local politics in the creative city: the case of Toronto', in C. Grodach and D. Silver (eds) *The Politics of Urban*

Cultural Policy: Global Perspectives, London: Routledge.

Smith, N. (2003) 'New globalism, new urbanism: Gentrification as global urban strategy', in N. Brenner and N. Theodore (eds) *Spaces of Neoliberalism: Urban Restructuring in North America and Western Europe,* Oxford: Blackwell.

Stern M. and Seifert, S. (2000) *Cultural Participation and Communities: the Role of Individual and Neighborhood Effects,* Working Paper #13, SIAP: University of Pennsylvania.

__________. (2010) 'Cultural cluster: the implications of cultural assets agglomeration for neighbourhood revitalization', *Journal of Planning Education and Research,* 29(3): 262–79.

Stolarick, K. and Currid-Halkett, E. (2013) 'Creativity and the crisis: the impact of creative workers on regional unemployment', *Cities,* 33: 5–14.

Stolarick, K. and Florida, R. (2006) 'Creativity, connections and innovation: a study of linkages in the Montreal region', *Environment and Planning A,* 38: 1799–817.

Stolle, D. and Rochon, T. (1998) 'Are all associations alike? Member diversity, associational type and the creation of social capital', *American Behavorial Scientist,* 42(1): 47–65.

Sudjic, D. (1993) *The 100 Mile City,* London: Harcourt Publishers.

Thomas, N., Harvey, D. and Hawkins, H. (2013) 'Crafting the region: creative industries and practices of regional space', *Regional Studies,* 47: 75–88.

United Nations (2011) *World Population Prospects: The 2010 Revision,* New York: United Nations.

UNESCO (2013) *The Creative Economy Report: Widening Local Development Pathways,* New York: UNESCO.

van de Geyn, B. and Draaisma, J. (2009) 'The embrace of Amsterdam's creative breeding ground', in L. Porter and K. Shaw (eds) *Whose Urban Renaissance? an International Comparison of Urban Regeneration Strategies,* London: Routledge.

Waitt, G. (2004) 'Pyrmont-Ultimo: the newest chic quarter of Sydney', in D. Bell and M. Jayne (eds) *City of Quarters: Urban Villages in the Contemporary City*, Aldershot: Ashgate.

Waitt, G. and Gibson, C. (2009) 'Creative small cities: rethinking the creative economy in place', *Urban Studies*, 46(5/6): 1223–46.

Wood, P. and Landry, C. (2008) *The Intercultural City: Planning for Diversity Advantage*, London: Earthscan.

Yeoh, B. (2005) 'The global cultural city? Spatial imagineering and politics in the (multi)cultural marketplaces of South-east Asia', *Urban Studies*, 42(5/6): 945–58.

Yudice, G. (2009) 'Culture-based urban development in Rio de Janeiro', in R. Biron (ed.) *CITY/ART: the Urban Scene in Latin America*, Durham NC: Duke University Press.

Zukin, S. (1982) *Loft Living: Culture and Capital in Urban Change*, Baltimore: Johns Hopkins University Press.

______. (1995) *The Culture of Cities*, Oxford: Blackwell.

국가 문화정책

2013년 여름에 있었던 두 소식을 가지고 문화정책을 논의하고자 한다. 첫째, 프랑수아 올랑드(François Gérard Georges Nicolas Hollande) 프랑스 대통령이 스마트폰, 태블릿, 노트북에 세금을 부과하겠다는 정책안을 제시했다. 이 정책안에 따르면 세 품목에 부과된 세금이 음악, 미술, 영화와 같은 프랑스 문화상품의 지원을 위하여 사용될 예정이었다 (Willsher 2013). '특별문화위원회'와 그 외 75인은 아홉 달의 면밀한 검토를 거쳐 프랑스의 '문화예외(cultural exception)'를 위하여 이 안을 제시했다 (6장 참조). 둘째, 밀러(Maria Miller) 영국 문화장관에 대한 글이 영국의 한 신문사 블로그에 올라갔다. 밀러 장관의 자질에 의문을 던지면서, 영국의 마지막 문화부 장관이 되지 않을까 하며 우려했다. 심지어 1997

년 출범한 노동당 정부가 설립한 (또는 최소한 부처 이름을 바꾼) 미디어문화스포츠부(DCMS: Department for Media, Culture and Sport)의 해산을 담당할 수 있다는 가능성까지 제기했다. 긴축재정과 지원금 삼각의 분위기 속에서 밀러와 DCMS에 대한 의심이 제기되었다. 정부 지원의 삼각이 있을 경우 예술 분야가 손쉬운 대상이다 (Higgines 2013).

한 소식은 보호(protection)/예외(exception)와 연관되고, 또 다른 소식은 문화에 대한 국가 지원의 취약성 및 문화를 위한 정부 부처의 목적에 대한 의심과 연관된다. 이런 이야기가 국가 문화정책의 역사 전반에 걸쳐 반복된다. 예술과 문화를 위한 국가의 올바른 역할은 무엇인가? 국가는 문화와 예술에 어떠한 방식으로 개입해야 하는가? 그리고 국가 조직이 보호 또는 후원을 통하여 문화를 '관리(managing)'히기 위한 적절한 기제인가? 이 장에서는 국가라는 단위를 통해 이러한 질문을 검토한다. 국가가 문화정책과 문화정책 분석을 담당하는 '당연한 기관(natural home)'으로 보일 수 있지만, 앞으로 살펴볼 바와 같이 문화에 대한 국가의 역할에는 상당한 논쟁이 있으며, 국가의 역할이 행해지는 방식에는 더욱 다양한 양상이 존재한다. 이 장에서는 또한 비교연구와 더불어 단일 국가의 '사례연구(case studies)'를 통해 국가 문화정책을 연구하는 방식에 대해서도 논의한다. 국가 문화정책의 여러 현상 가운데 가장 잘 알려지고 논쟁적인 현상, 즉 국가를 기념하기 위한 목적으로 문화를 사용하는 현상을 논의하면서 이

장을 시작하고자 한다.

자국 문화 홍보

20년이 채 안되는 기간 동안 영국은 자국 문화를 보여주기 위해 거대하고 비용이 많이 든 두 행사, 즉, '천년 돔(Millennium Dome)'에서 펼쳐진 새천년 기념행사와 2012년 런던 올림픽을 개최했다. 두 행사는 영국 국민뿐 아니라 해외 관객을 대상으로 했으며 (아주 적어도) 대규모 행사의 능력 있는 주최자로서, 그리고 (기껏해야) 문화 분야에서 주요한 국제적인 주체로서 영국의 긍정적인 상을 만들고자 했다. 소위 대형 행사(mega-events)의 개최는 문화정책에서 익숙하고도 오랫동안 이어져 온 전략이다 (Roche 2000). 특히, 실제로는 이러한 문화행사들의 맥락과 개최 배경이 각각 달랐지만, 1851년 '만국산업박람회(Great Exhibition of the Works of Industry of All Nations),' 1951년 '영국 축제(Festival of Britain)', '새천년 경험(New Millennium Experience)'으로 이어지는 계보가 있다 (McGuigan 2004). 1851년 '만국산업박람회'의 부제는 '국가 전시(a nation on display)'였고 (Auerach 1999), 1951년 '영국 축제'의 부제는 '국가의 자서전(the autobiography of a nation)'이었다 (Conekin 2003). 두 행사 모두 국내적 요소와 국제적 요소를 모두를 활용했으며, 제국에 관한 컨텐츠를 활용하여 기획되었다 (물론 1951년 '영국 축제'의 제국적 맥락과 한 세기 이전의 제국적 맥락은 서로 다른 의미를 지닌다). 1999년에서 2000년으로 넘어갈 때는, '천년 돔' 행사를 둘러싼 수사(rhetoric)가 앞서 언급한 영국의 국가 차원의 대형 행사를 분명히 상기시키겠지만, 상이한 국내외 맥락이 있었다. 당시 영국 총리였던 블레어(Tony Blair)는 '천년 돔' 행사에 대한 야심찬 계획을 아래와 같이 표현했다.

> 이 행사는 영국을 세계에 알릴 수 있는 대담하고 아름답고도 영감을 주는 기회로, 영국의 자신감과 모험심, 그리고 세계의 미래 정신을 보여줄 수 있다.
>
> (Blair 1998, McGuigan 2004: 77 인용)

같은 연설에서, 블레어 총리는 이 행사를 1951년 행사, 1851년 행사와 분명하게 연결함으로써 영국 예외주의(British exceptionalism)의 계보를 확장하였다. 역사를 이용하는 '천년 돔'에 대한 비판을 반박하면서, 동시에 세계 무대에서 영국의 지위를 재차 강조하였다.

맥기건(Jim McGuigan 2004)은 '천년 돔'과 같은 대형 행사를 국가에 의한 '부적절한(improper)' 문화의 활용이라고 본다. 이 글 2장에서 국가가 문화를 부적절하게 사용하는 세 방식에 대한 윌리엄스(Raymond Williams 1984)의 주장을 소개한 바 있다. 윌리엄스는 국가가 국가 문화의 힘과 능력을 '전시(display)'하는 '국가 과시(national aggrandizement)'로 문화를 활용하는 현상을 비판한 바 있다.

영국 내 왕가 행사(대관식, 결혼식, 세례, 장례식)를 포함한 대형 행사는 국가 문화를 전시하는 주요 형식으로, 올림픽과 같은 국제적 순회 행사, 국가의 지원으로 진행되는 문화 후원과 투자의 다양한 형태와 궤를 같이한다. 이런 행사는 국가 내부에 초점을 맞출 수도 있고(영국의 위대함을 영국인에게 상기시키는 행사), 국가 외부에 초점을 맞출 수도 있다 (영국의 위대함을 세계인에게 상기시키는 행사). 국가 과시는 국가 문화정책의 세계적인 문화 현상이고 어떤 국가도 자국 문화의 가치를 낮추어 보여주지 않지만, 일부 국가는 다른 국가보다 자국의 과시를 공격적으로 진행하는 듯 보인다. 이런 측면에서 프랑스가 종종 꼽힌다. 프랑스는 **자국의 탁월함**(*par excellence*)을 스스로 홍보한다. 특히 미테랑(Francois Mitterand) 대통령과 랑(Jack Lang) 문화장관의 재임기 소위 '대규모 계획(grands projets)'**을 통하여 이런 측면을 보였다 (Loosely 1995). '대규모 계획' 전략은 종종 대표 건축물(flagships)로 불리며 건축적 위대함을 강조하는 주요 문화기관의 건물과 관련된다. 이 시기에 진행한 '거대 계획' 가운데 루브르(Louvre) 박물관, 오페라 바스티유(Opéra Bastille), 프랑스 국립 박물관(Bibilotheque Nationale)의 재단장/개조

**   역자 주) 1989년부터 1998년 사이 프랑스의 정치 이념과 관련된 대형 건축물을 건립함으로써 도시 풍경을 바꾼 도시계획이다. 1989년 프랑스 혁명 200주년 기념사업의 일환으로, 미테랑 프랑스 대통령은 13개의 기념비적인 대형 건축물을 세우는 사업을 진행했다.

가 포함되어 있다. 루슬리(David Loosely 1995: 139)는 새
로운 (혹은 개조된) 문화기관이 '국가 문화의 재천명과 재정
의', 즉 프랑스의 예외적 문화(혹은 문화예외)의 새로운 기념
비를 세우려는 목적으로 건립되었다고 요약했다. 이 장의 서
두에서 언급했던 스마트폰에 대한 세금 부과와 관련된 논쟁에
서와 같이, 프랑스 문화가 예외적으로 특별하다는 개념이 보
호 필요성 또는 문화 예외주의에 대한 위협/문화 예외주의의
손상을 막기 위한 국가 개입의 필요성과 연결되어 있다 ('문화
예외'의 경제적 개념, 즉 문화상품이 '특별'하므로 다른 상품
과 달리 취급되어야 한다는 입장에 관하여 이 책의 6장을 참
조). 루슬리는 미테랑과 랑이 "프랑스 사회 그 자체에 생기를
불어넣고 프랑스의 자신감을 회복"하는 야심을 가졌다고 주장
했다 (Loosely 1995: 140; 강조 표시 별도). 이 책에서 다루
겠지만, 문화예외주의와 문화 보호간 결합이 국가 문화정책
에 스며들어 있다. 국가 정체성을 강화하기 위하여 국가 개입
이 필요하다는 입장은 국가 단위의 문화정책에 대한 분석에서
항상 등장한다. 사실상, 국가 문화정책의 중심에 국가 정체성
의 창조와 지속적인 강조를 위해 문화를 활용한다는 도구주의
(instrumentalism)의 특정 형식이 있다는 것이다.

상상의 공동체, 만들어진 전통, 일상적 민족주의

민족국가는 완전히 새롭고 전례 없는 문화 제도와 문화

정책을 만들었다. 민족국가의 시대에서 문화정책은 민족
국가적 문화 질서를 만들고 관리해왔다. 민족국가에 대
한 소속감과 충성심을 만드는 것이 핵심 목적이었다.

(Robins 2007: 150)

그러므로 문화와 민족 형성 간에는 명백한 연관성이 존재한
다. 즉, 문화는 민족을 개념화하는 데 기여하도록 활용된다.
일부 비평가들은 민족건설과 민족정체성의 역사를 살펴보면
문화가 '민족국가성(nation-ness)'을 정의하며 민족을 하나로
묶는 접착제와 같다는 점을 지적한다. 여기서 핵심 개념은 상
상의 공동체(imagined community)로서의 민족(Anderson
1991)이며 민족을 결합시키고 스스로를 정의하는 상상 작업
이 문화와 관련된다. 역사가는 민족이 '허구(fiction)'임을 상
기시킨다. 따라서 문화 생산과 소비가 민족의 서사와 연결되
며, 민족 정체성을 형성하는 데 중요한 핵심 서사를 제공한다
는 점은 놀랍지 않다 (DeVereaux, Griffin 2013; Minnaert
2014). 문화의 역할이 상상의 자원을 제공하고 '정체성을 만
드는 일(identity-work)'을 촉진시킨다는 것을 고려하면, 전시
용 문화(culture-as-display)가 상상으로 만들어진 민족의 구
성원을 결속시키고 로빈스가 말하는 '민족적 상상(national
imaginaire)'을 형성함을 알 수 있다 (Robins 2007: 150). 앞
서 소개한 국가적 대형 행사는 확실히 (민족 정체성을 형성
하는) 확실한 무기 중 하나다. 영국의 (논쟁적인) 통념에 따
르면, 1953년 엘리자베스 여왕 2세의 대관식은 민족국가로

서 영국의 결속을 가져온 중요한 계기였다. 이 행사는 당시 새롭게 등장한 기술인 텔레비전에 의하여 용이하게 연출되었다 (McGuigan 2004).

국가에게 중요한 국경일에 TV로 중계되는 행사에 사람이 모이는 현상은 '만들어진 전통(invented tradition)'이라는 문화의 국가적 프로젝트를 이해하는 데 도움을 준다 (Hobsbawn and Ranger 1983). 국가에게 중요한 절기는 영국 왕실과 관련되거나, 운동 행사와 관련되거나, 그외 다양한 전통과 관련될 수 있다. 문화를 통한 민족/민족성 만들기 과정에서 현재 및 향후에 진행될 민족/민족성 만들기를 위해 민족의 과거를 재발견하거나 창조한다. 시간이 흐름에 따라, 이러한 전통의 '작위성(inventedness)'이 점차 사라져 민족국가의 일상적인 문화생활의 일부가 되어, 마치 본래이 전통이었던 것처럼 (민족국가의 탄생) 배경에 녹아 들어간다. 현대 사회에서 텔레비전이 새로운 전통을 만드는 중심지가 되었으며, 특히 영국의 BBC와 같이 전국에서 방영되는 국영 텔레비전 방송국이 있는 경우 더욱 그렇다. 생방송 텔레비전 방송은 민족국가의 축제를 실시간으로 경험하도록 하여 민족국가를 향한 자긍심을 회복시킬 수 있다.

물론, 이런 행사들은 논쟁의 대상이며 거부되기도 한다. 영국에서 성탄절에 영국 여왕이 대국민 연설(Queen's Christmas Day speech)을 하는 전통이 만들어졌는데, 몇 방송국은 영국 여왕의 대국민 연설이 아니라 '대안(alternatives)' 프로그램을 송출함으로 대응하고 있다. 하지만, 이런 행사가 반복되면서 영국인이 영국에 소속되어 있다는 점을 (그리고 다른 사람은 영국에 속하지 않는다는 점을), 의식적으로 또는 무의식적으로, 영국인에게 상기시키는 중요한 역할을 담당한다. 국가 미디어 사업자가 이념적으로 다양할 수 있지만, 텔레비전에서 국내 뉴스를 매일 시청하거나 국내 신문을 읽는 것은 '민족국가성(nation-ness)'을 강화한다. 영국에서 '국가 방송사'로서 BBC의 역할과 가치에 관한 지속적인 논쟁이 있지만, 적어도 BBC의 일상적인 미디어 관행에 대한 논쟁은 영국이 분열되는 것처럼 보일 수 있지만, 이 논쟁 자체가 영국인의 존재 방식, **영국적인**(*British*) 방송사의 존재 의미에 대한 집단적 성찰, 즉, 일종의 만들어진 전통이 되었다 (O'Brien 2013). BBC가 가진 편견이나 수신료에 대한 불평이나 'Auntie Beeb(BBC의 애칭 – 역자 주)'을 중요하게 여기는 모든 행위는 특정한 국가에 관한 대화의 일부로, 국가, 즉 영국에 대한 이야기를 지속하게 하기 때문이다.

공동체적 상상과 전통 만들기의 많은 부분은 일상 영역에서 발생한다. 예외적인 행사가 민족을 다시 상상하는 계기로서 중요하기도 한다. 최근 사례로 영국 다이애나비의 장례식을 들 수 있다 (McGuigan 2004). 문화를 통하여 민족국가를 만드는 작업은 대부분 사소한 행동이나 일상적 민족주의(banal nationalism)에서 비롯된다 (Billig 1995). 이에 대한 가장 명백한 예시로 다양한 국가대표 선수단에 관심을 가지는 현상을 들 수 있다. 대형 행사와 '대규모 계획'조차도 일상의 민족주의의 요소가 되며, 특히 세계화의 맥락에서 국가를 '재구성(rebrand)' 하려는 시도도 그렇다. '대규모 계획'에 관련된 국가적 담론이, 심지어 '대규모 계획'에 비판적인 담론들마저도, 민족국가의 가치를 재천명하는 데 기여한다는 점 또한 중요하다 (McNeill, Tewdwr-Jones 2003). 대표적 문화 기관(flagship cultural institution)은, 사랑을 받든지 또는 증오되든지 무관하게, 이 담론의 '전체 구성(furniture)'의 부분이 된다.

대형 행사가 진행되는 시간과 장소가 아닌 일반적인 경우에는 문화를 통해 민족국가의 정체성을 만드는 과정에서 국가가 개입을 많이 하지 않는 것으로 보일 수 있다. 하지만 국가 차원에서 정치적 문화를 통하여 민족국기의 정체싱을 다룬다는 점에서 이 현상이 바로 일상적 민족주의의 한 형태이다. 이 현상이 "문화와 같은 시민의 삶의 분야에서 정부 간섭을 믿지 않는다"라고 천명하는 민족국가의 정체성을 말해준다. 문화정책은 넓은 관점에서 민족국가의 특성을 보여주는 측정치 또는 표식이 된다. 민족국가의 문화정책을 실행하는 행위가 바로 민족국가와 문화에 대한 선언이다.

국가성

국가 문화정책과 관련된 법과 행정에는 역사적 궤도, 전략적 선택, 경제적 전제, 그리고 국가적 목표가 추구하는 독특한 문화적 특성이 혼재되어 있다.

(Häyrynen 2013: 623, 강조 추가)

국가의 문화정책을 이해하기 위해서는 문화를 정책 목표로 삼는 민족을 이해해야 한다. 이는 닭과 달걀 간 선후관계를 따지는 수수께끼와 복합성을 고려할 필요도 없이 명백해 보인다. 실제로, 민족 문화로부터 문화정책을 드러내는 작업은 복잡한 과제가 될 수 있다. 슈스터(Mark Schuster)는 이를 문화정책연구에서 '기술적 문헌연구(descriptive literature)', 즉, 민족국가의 문화, 정치, 그리고 민족국가의 특성을 종합적으로 다루며 문화정책의 형성을 설명하는 단일 '사례연구(case studies)'라고 칭한다 (Schuster 2002). 프랑스 문화정책의 프랑스성(Frenchness)은 대담하고 중앙집권적이며 은근히 오만하고 미국을 싫어한다. 이러한 프랑스 문화정책의 특징은 상대적으로 대놓고 뽐내지 않는 (그러나 여전히 간섭적인) 영국의 문화정책, 그리고 미국 문화정책에서 명백하게 드러나는 국가의 문화정책(또한 전반적인 국가의 개입)에 대한 부정적 시선과 대조된다 (미국 문화정책에 대한 논쟁을 곧 검토한다). 멀케이(Kevin Mulcahy)가 주장한 바와 같이, "이런 고정 관념적 관점에서 미국은 문화에 있어 인색하고 금욕적 성향을 보이며 문화 후원을 주저하는 반면, 유럽국가는 문화에 대해 오래전부터 관대하고 아낌없이 후원한다고 보는 통념이 존재한다" (Kevin Mulcahy 2000: 138). 멀케이의 주장이 드러내듯이, 이런 차이는 민족국가의 특성을 어느 정도 설명해주는 문화적 후원에 대한 접근법과 관련되어 있다. 편집본 『누가 예술을 후원할까(*Who's to Pay for the Arts*)』의 저자는 이 주제를 탐구한다 (Cummings, Schuster 1989).

루슬리(David Looseley)는 영국-프랑스 간 문화(정책)적 차이를 논의하면서, 민족국가 정체성의 또 다른 주요 측면인 '우리(us)'와 우리와 같지 않은 '남(other)'의 개념화에 주목한다 (Looseley 2011). 영국 예술계가 프랑스를 우스울 정도로 장황하게 '남'으로 표현한다는 점을 인지할 수 있는데, 이는 영국인의 '상식'을 재확인하려는 흔적이라고 루슬리는 주장한다 (Looseley 2011: 366). 하지만 동시에 영국의 예술계기 종종 영국 해협(Channel) 건너편을 부러운 시선으로 바라보면서, 영국 문화계에서는 찾을 수 없는 문하에 대한 프랑스의 방대한 재정지출에 관심을 가진다는 점에도 주목한다. 이 지점에서 루슬리는 두 국가에 대한 차이를 의식하는 이러한 관점이 (해협을 사이에 둔 두 국가 모두에 대한) 고정관념을 이용한다는 점을 상기시킨다. 그럼에도 불구하고 '기술적 문헌연구'에는 정치문화는 물론 광범위하게 표현되는 '민족국가성'을 반영함으로써 민족국가의 문화정책을 설명하려는 시도가 있다 (정치문화는 다음 절에서 다룰 예정이다). 그러므로 미국에서 국가 차원의 문화정책이 부족하다는 추측은 적어도 부분적으로는 큰 정부(Big Government)에 대한 혐오에서 비롯된다. 미국에서 큰 정부에 대한 혐오가 달걀이라면, 미국

문화가 닭이다. 진실 여부와 무관하게 이런 일종의 고정관념
이 어느 정도 녹아있는 국가와 문화 지원 방식에 대한 추정적
논의가 문화정책연구를 포함한 다양한 담론에서 반복되는 현
상이 바로 일상적 민족주의에 해당된다. 이는 미국의 국민성,
미국 정치, 미국의 문화정책을 통틀어 반복적으로 언급하게
되는 셈이다.

학계는 국가의 문화정책을 분류하는 유형을 발전시키며 이
질문에 접근하려 한다. 그 중 차트랜드와 맥코이의 유형화가
잘 알려지고 널리 사용된다 (Chartrand, McCaughey 1989,
표 5.1).

차트랜드와 맥코이의 유형화에 따르면 미국은 면세나 (종종
지렛대 역할을 하는 부응기금[matching fund]과 더불어) 후
원을 통해 예술을 재정적으로 지원하는 '촉진 국가(facilitator
state)'의 예시가 되며, 영국은 문화정책 이행을 '후원하지만,
독자적으로 운영되는 기관(arms-length bodies)'에 맡기는

표 5.1 국가의 예술지원 유형

국가 역할	사례	정책 목표	재정적 지원 체계
촉진(facilitator)	미국	다양성	면세
후원(patron)	영국	탁월함	독립적인 예술위원회
설계(architect)	프랑스	사회 복지	문화부
조종(engineer)	소련	정치 교육	예술 생산에 필요한 수단 소유

출처: Bordat 2013(원출처: Chartrand, McCaughey 1989)

'후원 국가(patron state)'로 분류된다.

'설계 국가(architect state)'인 프랑스는 직접적으로 국가 관료 체계를 사용하여 예술을 통해 사회 복지를 향상시키고자 하며, '조종 국가(engineer state)'인 소련은 직접적으로 예술 생산을 통제한다. 현재, 여타 유형화와 마찬가지로 겉으로는 단순해 보이는 유형과 사례간 조합 안에는 상당한 교집합과 애매모호함이 이면에 존재한다. 보닷(Bordat 2013)이 이 유형화를 라틴 아메리카 국가, 특히 멕시코에 적용하려는 시도에서 보여주었듯이, 때때로 이 분류 유형에 맞지 않는 경우가 있다. 더군다나, 유형화와 사례간 조합은 유형화가 구축된 시점에서 변하지 않은 정적인 틀이기 때문에 시가에 따른 변화를 반영하지 않는다. 예를 들어, 루슬리에 따르면, 영국 및 프랑스식 문화정책이 융합되는 모습을 보인다. 특히 (문화의) 접근성과 탁월함 간 균형에 있어서는 프랑스식 방향으로 융합된다 (Loosely 2011). 외형적으로 깔끔한(또는 깔끔하게 표현된) 4가지 유형 분류 이외에, 예술적 자유와 문화민주주의에 기반한 노르딕 유형(Nordic model)과 같은 '유형'이 소개되고 있다. 더욱 복잡한 양상을 보이는 국가 문화정책을 깔끔하게 유형으로 표현하는 움직임에 대해서는 여전히 논쟁이 전개되고 있다 (Dueland 200; Mangset et al, 2008). 그럼에도 불구하고, 노르딕 유형은 다음과 같이 묘사된다 (Mangset et al. 2008).

- 복지 위주(복지에서의 예술의 역할, 예술가들을 위한 복지 지원)
- 공공 부문과 밀접하게 연계되어 있는 영향력 있는 예술가 조직
- 높은 수준의 공적 보조금 지원, 시장 및 민간 부문을 향한 재정적 지원에 대한 회의적 분위기
- 접근성을 강조한 평등한 문화적 생활
- 높은 수준의 문화적 동질화
- 민족국가의 정체성 형성에 문화정책의 적극적 활용
- 스포츠 분야까지 포함하는 '문화'의 광의적 개념 사용
- 지방 및 지역적 수준에서 진행되는 강력한 분권화
- 국가의 문화정책에서 '촉진' 및 '후원' 유형을 혼합하여 문화행정-문화 관련 부처와 예술위원회에 높은 영향력 부여

듀랜드(Peter Dueland)는 노르딕 국가 간 차이와 시점간 차이에 집중하며 노르딕 유형에 대한 비판적 시각을 제공한다 (Dueland 2008). 2000년대 중반 이후 '공식 문화정책에 관한 국가적 차원의 재고(massive reawakening of the national dimension in official cultural policy)'가 있었다고 주장한다 (Dueland 2008: 18). 예를 들어, 덴마크가 '덴마크성(Danishness)에 대한 질문'으로 문화정책을 재조정하는 현상과 같이 이런 변화가 (노르딕 국가의) 문화정책에서 민족주의 이념의 변화를 보여주는 상징으로 추정된다. 이런 이념적 변화가 노르딕 유형을 어떻게 재구성하게 될 지는 향후 연구

가 필요한 부분이다.

또한, 초국가/지역적 차원에서 유럽 문화정책을 분류하려는 시도가 있어왔다. 울데몰린스와 아로스데귀(Rius Ulldemolins and Rubio Arostegui)는 기존 문화정책의 유형을 활용하여 유럽국가의 문화정책을 분류하는 또 다른 4개 유형을 제시했다 (Ulldemolins and Arostegui 2013). 울데몰린스와 아로스데귀의 유형에는 앞서 소개한 노르딕 유형이 포함되어 있다. 이 유형은 (i) 유럽 대륙형(여기서 프랑스가 다시 예시가 됨), (ii) 스칸디나비아형(노르딕 형의 개칭), (iii) 앵글로색슨형, (iv) 지중해형으로 구성된다. 그러나 스페인을 논의할 때는 혼합형으로 본다 (마드리드는 유럽 대륙형에 근접하고, 바르셀로나는 앵글로색슨형에 가깝다). 즉 이렇게 혼합형을 유형으로 넣는 분류법은 문제점을 가지고 있다. 국가 문화정책을 분류하는 유형화는 국가 문화정책에 접근하는 방식을 구분할 수 있는 명확한 틀을 제공하지만, 현실적으로는 각 유형에 완벽히 맞는 사례를 찾기 어렵다. 물론, 이 문제에 대한 한 가지 해결책으로서, 모든 사례가 들어맞을 때까지 각 유형을 바꿀 수 있다. 멀케이(Kevin Mulcahy)는 지속적으로 이 문제에 직면하여 유형화를 재구성하고 각 유형의 명칭을 개칭했다. 멀케이는 2006년 한 논의에서, 세습형(프랑스), 정체성형(퀘벡), 사회복지형(노르딕), 자유지상주의형(미국)으로 구성된 '문화적 가치체계(cultural value-systems)' 유형을 제시했는데, 이는 그가 일전에 고안했던 유형과는 약간 다르다.

표 5.2 공공 문화 유형과 문화 지원 시스템

공공문화 유형	대표 국가	문화 행정	재정 확보 통로	문화정치
민족주의형	프랑스	국가 중심	보조금	패권
사회민주주의형	노르웨이	지역 중심	입법화된 재정지원	재분배
자유주의형	캐나다	협의체	조건부 보조금(grant)	주권
자유지상주의형	미국	다원주의	면세	민영화

출처: Mulcahy 2000

확실히, 재분리, 재분류, 개칭 작업은 국가의 문화정책틀 간 유사성과 차이점에 대한 다양한 사고방식을 보여주지만, 더 많은 선택지를 유형화에 추가하거나 사례와 유형의 위치를 변경하면 혼란이 일어날 수 있다. 4가지 유형으로 구성된 분류가 명백히 선호되지만, 이러한 깔끔하게 정돈된 분류에 관한 의문이 생길 수 있다. 정말로 (국가의 문화정책과 관련된) 모든 사례를 네 유형에 넣을 수 있는가?

한 가지 해결책으로 새로운 조합을 추가할 수 있다. 국가 문화정책의 '새로운' 형을 제시하고 유형과 사례간 새로운 조합을 만들 수 있다. 이 과정에서 종종 기존 형태와 혼합할 수도 있다. 일본의 카와시마(Nobuko Kawashima)는 문화적 지원에 대한 적극적인 기업의 참여에 착안하여 새로운 형을 제시한다 (Nobuko Kawashima 2012: 296).

공공 영역이 문화정책에서 주요한 역할을 담당하는 유럽에서 광범위하게 진행되는 상업적 예술 후원, 그리고 미국에서 전통이 된 기업의 자선활동 사이에 있는 문화 지원 유형이 있다.

다시 한번 말하자면, 일본의 국가적 특성과 문화는 이러한 새로운 국가 문화정책 유형을 설명하는 데 도움이 된다. 기업의 예술 분야 참여는 상업적 이익보다는 폭넓은 사회적 복지를 증진하기 위한 목적으로 간주되며, 사회적 복지는 기업의 사업에 도움이 된다고 여겨진다. 이는 즉, 일본 기업 문화의 방향 전환과 보조를 맞추는 '계몽적 사익 추구(enlightened self-interest)'의 형태이다. 여기서 나아가 국가 문화정책 유형은 계속 추가될 수 있다. 얼마나 많은 유형을 추가해야 충분하게 될까?

물론, 문화정책과 국가적 특성 간 연계는 단지 유형화와 각 유형과 사례간 조합에만 관련되지 않는다. 앞서 논의한 바와 같이, 문화정책과 국가적 특성간의 연관성은 더욱 광범위한 의미를 지닌다. 영국이나 일본과 마찬가지로 덴마크인도 역시 필연적으로 그들만의 문화정책 형을 가질 것이다. 문화정책이 민족 정체성을 생산하기도, 민족 정체성이 문화정책을 생산하기도 한다. 때로 정책적 개입은 국내적으로나 국제적으로 민족적 특성을 재정의하거나 민족적 고정관념을 해결하려는 시도일 수 있다. 이러한 점에서, 알라수타리(Pertti Alasuutari)는 1980년대 및 19980년대 핀란드인이, 특히 해외에 체류하는 핀란드인이, '미개하고 소란스럽고 술에 취해 있는 문제 아'라는 인식에 관한 논쟁을 논의하였다 (Alasuutari 2001: 174). 여기서, (핀란드의) 문화정책은 이러한 위기에 개입하거나 예술과 교육 정책을 통해 핀란드 민족의 외부적 이미지를 '교정(correct)'하려는 방식 중 하나로 보인다. 핀란드를 유럽국가로 재정의할 필요성이 있었으며 이 재정의 행위 중 하나로 '전통적 유럽 기준'에 부합하는 예술에 대한 '지원'을 포함하고 있었다고 알라수타리는 주장했다 (Alasuutari 2001: 175). 또한, 조르바(Myrsini Zorba)는 국가적 특성과 평판이라는 맥락에서 민족국가의 공식적 문화에 관한 쟁점과 씨름하면서, 제2차 세계대전 종전 이래 그리스 문화정책에 관해 연구했다 (Zorba 2009). 이 연구에서, 그리스의 지정학적 위치가 재조정되고 상류문화와 대중문화가 재평가됨에 따라, (문화) 유산에 기반을 둔 민족문화가 서로 다른 시기에 서로 다른 정치적 목적을 위해 인식되고 활용되었다는 점을 언급했다. 조르바는 그리스의 고대 역사가 그리스에게 축복이자 저주였다고 서술했는데, 심지어 근대화 시기에서조차도 '그리스성(Greekness)'의 재정의가 과거 고대 역사와 관련되기 때문이다. 그러하다면, 그리스의 정책에서 그리스성은 절충점을 찾아야 한다. 그리스 문화정책의 그리스성은 절충의 표현이다. 이미 검토한 바와 같이, 절충점을 찾는 과정에서 중요한 요인이 정치문화이다. 정치문화의 맥락 안에서 문화정책이 만들어지기 때문이다. 제2차 세계대전 후 그리스의 문화정책이 특정 시기의 정치환경에 달려 있다는 점을 조르바의 연구가 보여준다 (Zorba 2009: 256). 즉, 정책과 정치는 상호작용한다.

정책과 정치

한 국가의 문화정치(cultural politics)를 이해하기 위해서는 반드시 정치문화(political culture)를 먼저 이해해야 한다.

(Ridley 1987: 225)

정책과 정치간 상호작용에 관한 연구를 위해 단일 사례에 대한 기술적 문헌연구(descriptive literature)를 다시 언급하고자 한다. 보닷(Bordat 2013: 23)은 정책과 정치 양자간 상호작용을 "정치적 변화가 문화정채에 영창을 미치는가?"라는 질문으로 요약한다. 특히 2000년도 멕시코의 주요 '정권 변화(regime change)'를 검토한 후 내린 보닷의 결론은 놀랍다. 즉, "멕시코의 문화정책은, 2000년 정치적 교체와 정권변화에도 불구하고, 문화정책의 목표와 관료주의 조직에서 중요한 변화를 나타내는 특정 양상을 보여주지 않았으며 거의 변하지 않았다 (241)"고 결론을 내렸다 (Borat 2013: 241). 보닷의 이러한 연구는 정책 변화가 쉽지 않다는 점을 보여준다. 그 이유는 무엇인가?

왜 '정권변화'가 문화정책을 변화시키는지 또는 그러하지 않은지를 이해하기 위해서는 정책과정을 이해하고 정책과정 안에 다양한 행위자가 있다는 점을 기억해야 한다. 많은 경우에 실제로 정책입안자와 지지자는 정치인(politicians)이 아니라 관료(bureaucrats)다. 정권변화가 관료의 업무에 반드시 영향을 미치지는 않는다. 물론, 새로운 정부가 들어서면 기존의 정책을 도태시키고 새로운 정책을 수립하며 급진적으로 새로운 방향을 표현하려 한다. 이전 정책이 이전 정부와 강력하게 연관되어 있다면 기존 정책의 폐기가 정치적으로 중요할 수 있다. 성공적이거나 인기 있는 정책일지라도 과도하게 이념적 색채가 강하다면, 폐기될 수 있다. 오브라이언(Dave O'Brien 2012)은 영국 신노동당(New Labour) 정부의 스포츠 (및 건강) 정책(그리고 올림픽 이후 올림픽 분위기의 연장 격인) 중 '무료수영강습(Free Swimming programme)'을 예시로 든다. 이 정책은 1억 4,000만 파운드(2010년 기준으로 약 2,500억 원)를 들여 16세 미만, 60세 초과 인구를 위해 각 지역 수영장에서 무료 강습을 진행할 수 있도록 지방 당국에게 재정적 지원을 제공하였다. 하지만 새롭게 집권한 연합정부(Coalition government)가 예산 삭감의 대상을 찾던 중, '무료수영강습'을 폐기하였다 (오브라이언은 이 과정에서 경제적 논리가 전면에 전개되어 정치적이고 이념적 논리를 가렸다고 주장한다).

그러나 멕시코의 문화정책 사례가 보여주듯이, 종종 그 반대의 경우가 사실일 때도 있다. 정부의 변화가 갑작스런, 혹은 격렬한 정책 변화를 가져오지 않을 수 있다. 그간 정책학자들이 보여주었듯이, 정책이 채택되고 실행될 때쯤에는 많은 요소가 정책이 녹아들어 있어 그 정책을 철회하기 쉽지 않다. 더군다나, 한 정책을 효과적으로 쇄신하여 기존의 정치적 색채를 걷어내고 신행정부의 논리를 덧입힐 수 있다. 하이리넨(Simo Häyrynen)은 1990년부터 2010년까지의 핀란드의 문화정책연구에서 이와 비슷한 결론에 도달했다. "의회 권력과 문화부 장관의 이념적 변화가 상당히 컸지만, 집권세력간 이념적 변화가 문화정책의 방향을 바꾸지는 않았다"고 주장했다 (Häyrynen 2013: 626). 워폴(Ken Worpole)은 영국의 사례를 검토하면서, "지난 50년간의 국가 수준의 문화정책에서 정책 및 실행의 지속성이 정책개발과 변화의 과정보다 훨씬 컸다"고 주장했다 (Worpole 2001: 245). 워폴이 주목하듯이, 1997년 집권한 노동당 정부(Labour government)는 전 정권인 보수당(Conservative) 정부가 준비했던 새천년 축하 행사를 물려받아 대표적인 '신노동당(New Labour)' 행사로 (보는 시각에 따라 더 좋게 혹은 더 안 좋게) 변모시켰다. 이와 유사하게 연합정부는 2012년 올림픽 관련 정책을 물려받았다. 문화정책에서 올림픽이라는 거대한 힘을 막는 것은 거의 불가능하다. 이는 '무료수영강습' 정책의 폐기 사례의 맥락과는 다르기 때문에, (신정부의) 유일한 선택지는 문화정책과 정당정치를 분리하고 일부 기존 정책을 이행하는 것이었다. 집권세력의 이념 차이가 국가의 문화정책을 재구성한다고 추측할 수 있지만, 관련된 경험적 연구들은 때때로 이 추측이 틀렸다는 점을 보여준다. 맥네일(Kate MacNeil)과 그 동료 연구가들은 지난 40년간 호주의 예술의 재정적 지원과 집권당의 이념간 연관 관계를 연구해왔다 (MacNeil et al. 2013). 이 연구에 따르면, '노동당 정부과 예술 지원이 연관되어 있을 것이라는 추정'에도 불구하고 놀랍게도 사실상 그 연계를 보여주는 연구결과를 얻지 못했다. 이에 연구진은 "몇 행정부가 노동당에 기반한다는 공통점을 가지지만 각 정권의 고유 특성이 노동당의 공약만큼 중요하다"고 결론을 내린다 (MacNeil et al. 2013: 3, 15). 맥네일과 공동 연구원들은 오히려 정부의 예산 검토 횟수와 예산 사이에는 연계가 있다는 점을 발견했다. 즉, 예술지원을 위한 검토를 많이하는 정부가 그 결과적 행위로 지원 규모를 늘릴 개연성이 있다.

흥미롭게도, 앞서 소개된 문화정책의 유형들은 (국가 문화정책의 네 가지 유형 등) 정당정치에 대해 논의하거나 명백하게 언급하지 않고, 정권변화가 국가 수준에서 문화정책에 중요한 영향을 끼치지 않는다고 가정한다. 미국 백악관에 공화당이 입성하든 민주당이 입성하든, 문화정책의 세부적인 내용이 불가피하게 각 정당의 정치적 색채를 띠겠지만, 미국은 여전히 촉진형 국가라고 가정한다. 물론, 때로 정치적 변화로 인하여 특정 국가에 적용되는 유형이 바뀔 수도 있다. 영국의 문화정책이 후원형에서 설계형으로 탈바꿈하기 전, 영국의 문화정책이 얼마나 '프랑스적 특징'을 가져야 할까?

그러므로 정부가 바뀌면 문화정책이 바뀌기도 하고 그렇

지 않을 수도 있다고 말하는 것이 문화정책과 정치 간 연계에 대하여 논의할 수 있는 최대치이다. 때로 선거에서 살아남기 위한 전략 중 하나로 어떠한 정책이 특정 행정부와 매우 밀접하게 연관되어 있기도 하지만, 이념 측면에서 정치적 부담으로 느껴지지 않거나 신정부가 새롭게 포장할 수 있는 정책은 지속되기도 한다. 가끔은 매우 큰 정당 정치적 변화조차도 그 변화만큼의 어떠한 지속성을 보여줄 수 있다. 영국 신노동당은 기존의 국가유산부(DNH: Department of National Heritage)를 디지털문화미디어스포츠부(DCMS)로 개명했지만, 그 이면에는 기존의 정책을 그대로 유지하고 있었다. 이 책을 저술하고 있는 현시점에서 DCMS가 존재하지만, 이 장의 서두에서 언급한 바와 같이, DCMS의 미래에 대하여 격론이 있다. DCMS의 효과성에 대한 평가가 아직 이루이지지 않았지만, DCMS의 해산이 실제 이루어진다면 영국의 문화정책이 국가의 특성과 문화 측면에서 프랑스 형으로부터 더 멀어질 것이다 (Gray and Wingfield 2011). DCMS를 둘러싼 불확실성은 소위 (중앙정부가 문화분야를 후원하긴 하지만 실질적인 문화정책 이행은 그 하위 문화기관들이 운영하는) '팔길이 원칙(arm's length principle)'에 기반한 (영국)정부와 예술분야 사이에 존재하는 거리감과 관련이 있다.

정부와 문화가 얼마나 독립적인가?

정책이, 특히 문화영역의 특정 정책이 지속될 수 있는 원인 중 하나로 문화 쟁점을 관리하는 데 있어 정부의 직접 개입이 제한되어 있다는 점을 꼽을 수 있다. 최소한 영국에서는 그러하다. (중앙정부가 문화분야를 후원하긴 하지만 문화정책의 실질적 이행은 그 하위 문화기관들이 수행하는) '팔길이 원칙' 덕분에 영국정부 (또한, 다른 층위의 정부)는 문화적 쟁점과 관련하여 결정해야 하는 곤란한 쟁점으로부터 거리를 둘 수 있다. 영국에서 문화영역은 정부의 간섭에서 어느 정도 벗어나 있다 (적어도 그렇게 추측된다). 헤위슨(Robert Hewison)은 '팔길이 원칙'이 1970년대 문화정책 용어로 등장했다고 주장했으나 (Hewison 1995), 영국에서 이 용어의 기원은 고등교육에 대한 재정지원을 담당하던 1919년 '대학보조금위원회(University Grants Committee)'의 설치까지 거슬러 올라간다.[1] 1946년 '영국문화예술위원회(ACGB: Arts Council of Great Britain)'를 설치하면서 예술정책에 '팔길이 원칙'을 적용하여 정치인들과 예술가 사이의 일정 거리를 둘 것을 약속하였다.

그러나 '팔길이 원칙'의 '팔길이'가 영국에서 매우 짧다는 비판이 지속적으로 제기된다. 윌리엄스(Raymond Williams 1979)는 '팔길이 원칙'의 비유를 확장하여, 몸(정부)이 팔의 행동을 통제한다는 점에 주목한다. 윌리엄스는 또한 국가적 특성에 관한 쟁점, 특히 영국 지배 계급들의 특성을 비판한다. 즉, 영국예술위원회의 비선출 위원이 정치인과 거리를 두어야 한다고 하지만 정치인과 동일하게 지배층을 대표한다고 지적한다. 따라서 '비선출 위원도 국가 공무원인 듯 행동할 것'이라 윌리엄스는 결론지었다 (Hewison 1995: 33 인용). 영국예술위원회의 설립, '팔길이 원칙', 영국의 특성간 관계에 대하여 1945년 케인즈(John Maynard Keyenes)는 이 과정이 '얼마나 영국적(English)인지'에 대하여 다음과 같이 논평했다. "중요한 일이 일어났다. 국가에 의한 예술 후원이 슬그머니 시작되었다. 매우 영국적이고 비공식적이며 오만하지 않은 방식으로 진행되었다. 이 방식이 제대로 마무리가 되지 않은 것 같다고 표현할 수도 있다" (Hewison 1995: 44 인용). 즉, 정부가 재정적 후원을 하지만 직접 개입을 하지 않는 영국예술위원회 형식의 정책은 처음부터 영국적 특성을 가지고 있었다. 이는 오늘날까지 영국의 문화정책의 특징을 묘사하는 중요한 요인이다.

'팔길이 원칙'이 이와 같은 비판을 유발하는 사이, '팔길이 원칙'의 장단점에 대해서도 논의가 지속되고 있다. 영국에서 국가유산부(DNH)가 있던 시기, '팔길이 원칙'은 '팔 길이만큼 떨어져 있지만, 손은 걸쳐놓은(arms-length but hands on)' 접근으로 기술되었다 (Gray 2000: 148). 이 시기 영국예술위원회장을 지낸 프레일링 경(Sir Christopher Frayling)은 2000년대 중반경에는 '팔길이 원칙'이 '밀로의 비너스의 팔 길이(밀로의 비너스 조각상은 양팔이 훼손되어 거의 없음 – 역자 주)'로 축소되었다고 냉소적으로 비판하기도 했다(Alexander 2003: 124). 확실히 (영국) 예술계에서는 '팔길이 정책'의 실제 거리에 대한 의심이 존재한다 (Gray 2008; Quinn 1997). 예술 분야가 정치인들이 특히 과민반응을 보이는 '특수한 사례'일 수 있지만, '팔길이 원칙'이 넓은 역사적 흐름에서 국가 개입의 적절한 수준과 형태에 관한 영국 사회의 견해를 반영한다는 것을 이해할 필요가 있다. ACGB의 설립은 전쟁 직후의 정치적 분위기, 특히 복지국가의 형성에 관한 분위기 속에서 이해되어야 필요가 있다 (Gray 2000; Hewison 1995). 즉 영국의 '팔길이'는 독특하다. 국가의 문화 개입에 관한 쟁점이 다른 국가에서는 소련의 '조종형'에서부터 미국의 '촉진형'에 이르기까지 아주 다른 방식으로 발생되어 왔지만, 그러한 다양한 배경에서조차 '팔의 길이'가 지속적으로 논의되고 그 길이가 달라질 수 있다.

예를 들어, 미국 연방정부는 점진적으로 예술에 대해 손을 떼는 듯한 양상을 보였다. 촉진자로서의 역할에 따라, 미국은 민간 부분의 후원과 자선을 위한 정책적 공간을 마련했고 기껏해야 세금 유인을 통하여 후원을 권장하는 수준으로 개입하였다. 한 비평가는 이를 두고 '독특하게 미국적'인 접근법이라 묘사하기도 했다 (Netzer 1978: 13). 혹은 신화와 같은 일이 발생하기도 한다. 실제로, 1930년대 뉴딜(New Deal) 예술프로그램이나 1965년 미국 국립예술기금위원회(NEA:

National Endowment for the Arts)의 설립과 같이 미국정부가 예술에 직접적 지원을 했던 실례가 존재한다. 밀러와 유디스는 미국이 "사실상 연방체제의 틀 안에서 문화정책을 만들었다"라고 주장하면서(Miller and Yudice 2002: 37), 18세기 후기 미국문화정책을 추적 연구했다 (Mulcahy 1987도 참조하라). 밀러와 유디스는 또한 1960년대 닉슨 대통령이 언급했던 "예술은 우리 민족이 아니다"(48)라는 구절을 반복하면서, 1980년대 말 NEA와 같은 기관에 대한 복합적인 이야기를 제공한다. 심지어 NEA가 음란 산업에 보조금을 제공한다는 주장까지 나올 만큼 1980년대 NEA를 둘러싼 비판이 있었다. 그러나 NEA의 기획단계에서 미국형 '팔길이', 즉 정부와 문화/예술분야 간 거리가 설정되었고, 영국과 비슷하게 복잡한 관료 구조를 만들어 재정지원과정에서 "정치적 요소를 걷어내고자" 했다 (Mulcahy 1987: 315 참조). 미국의 경우에도 물론 문화정책에서 상당한 분권화가 존재한다 (아래 참조).

 (문화와 국가 간 거리를 의미하는) '팔길이'는 각국의 문화정책을 유형화고 분류할 수 있는 또 다른 기회를 제공한다. 마타라쏘와 랜드리(Matarasso and Landry 1999)는 국가의 문화정책에서 소위 다양한 '전략적 양난상황(strategic dilemmas)'을 측정하기 위하여 연속선(continuum)을 제시하였다. 전략적 양난상황 중 하나는 국가에 의한 재정 후원과 관련된다. 국가가 문화영역에 제공하는 후원을 직접 통제해야 하

는가? 아니면 문화영역에 대한 후원이 정치 과정으로부터 분리되어야 하는가? 매든(Christopher Madden 2009)은 국가의 재정적 지원을 명백하게 '팔길이 원칙'과 연계시킨다. 그는 '팔길이 원칙'의 주요 특성을 마타라쏘와 랜드리가 말하는 연속선 위에 위치할 수 있다는 점을 보여준다. 예를 들어, 누구에게 결정권을 주어져야 하는가? 결정 과정의 연속선 위 한 극단에는 '일반 시민(ordinary citizen)'이 있고, 반대편 극단에는 임명된 장관들이 있다. 전자에서 후자로 이동할수록, (정부 쪽의 결정권이 많아지기 때문에) 명백하게 '팔길이'가 짧아진다. 매든은 '팔길이' 원칙에 대한 개념적 혼란이 크다는 점에 주목한다. 원칙(*principle*)으로서 '팔길이 원칙'의 지위에 대한 혼란이 있는데, 이는 (i) 독립적 후원기관이 존재하는지 여부가 불명확하고, (ii) 동료평가에 기반한 결정과정과 관련된 정의가 불명확하기 때문이다. 더군다나, 국가가 예술위원회를 경유하여 예술단체를 지원하는 간접적 후원과 예술부가 예술단체를 지원하는 직접적 후원을 통합함으로써 예술지원의 방식이 융합되는 경향이 있지만, 팔걸이 '원칙'은 실제로 거의 행해지지 않은 이념형으로 보인다 (Quinn 1997). 영국과 같은 국가에서는 예술위원회를 통한 간접 후원과 (중앙)정부부처의 직접 후원간 융합이 '팔길이'의 축소로 이어진다. 두 방식의 융합은 적어도 부분적으로는 '신공공관리론(new public management)'과 문화의 '도구화(institutionalisation)'의 성장과 같은 정책 영역에서 일어난 큰 추세에서 기인한다. 후에 논의하겠지만, 이러한 담론의 수렴 현상은 국가의 문화정책형성에 관한 비교연구 전반에서 반복적으로 등장한다.

지금까지 주로 예술의 재정적 지원에 관한 '팔길이' 원칙을 다루었다. 이러한 논의는 분명히 학술적으로나 정책 결정에서나 주목받는 중요한 내용이지만, 1980년대 및 1990년대 NEA 사례가 보여주듯이 문화를 위한 연방정부의 재정 지원과 관련된 여러 요소와 분리될 수 없다. 검열(censorship)과 관련된 쟁점이 그러한 경우에 해당한다. 문화예술분야와 정부간 거리인 팔의 길이와 관계없이, 문화 후원과 정부간 관계를 설명해주는 또다른 요인들은 국가가 문화 논쟁에 연루되어 있음을 손쉽게 보여준다. 즉, 이는 국가가 문화적 생산과 소비를 어떻게 '관리(manage)'해야 하는가? 라는 더 광범위한 큰 질문(big question)을 제기한나.

금지, 보호, 홍보

문화에 대한 국가의 역할을 세 가지 주요 기능, 즉 (i) 문화적 표현 형태에 대한 통제, 검열, 금지(prohibit), (ii) 민족국가 문화에 대한 보호(protect), (iii) 문화에 대한 국가의 후원과 문화를 통한 국가 홍보(promote)로 매우 단순하게 정리할 수 있다. 물론 실제로, 이 세 가지 유형은 그리 깔끔하게 분리되지 않지만 여기서 이러한 국가의 세 가지 역할의 몇 가지 방식에 대해 나열해볼 수 있다.

국가 검열(state censorship)은 금지와 관련된 국가의 가장 명백한 활동이다. 국가의 문화정책 유형 중 '조종형(engineer)'에서는 국가가 직접적으로 문화적 생산과 관련 활동 수단을 소유하고 통제하여 무엇이 정당한 문화로 인정되는지 그렇지 않은지를 결정할 수 있다. 소위 '명령적 문화(command cultures)'에서 (Miller, Yudice 2002) 국가는 공인된 문화의 형태를 증진시키는 데 관심을 가지며 불법이라고 간주되는 형태를 통제하고자 하여 금지와 증진의 형태가 번갈아 등장한다. 다소 뚜렷한 형태의 검열을 떠나 문화적 생산과 소비를 미묘하게 통제하는 방식도 종종 등장하는데, 그 예로 다른 유형을 제외하고 특정 유형의 문화만을 위한 재정적 지원의 흐름을 조정하는 '약한 검열(soft censorship)'의 방식이 있다 (Alexander 2008).

이 장을 시작하면서 보호와 관련된 최근 예시로 프랑스의 스마트폰 세금정책안을 소개한 바 있다. 국가문화정책의 역사에는 그 성공 여부와 관계없이 국가 문화를 보호하기 위한 수많은 시도들이 산재해 있는데, 과거의 것이 사라지지 않도록 보호하는 유산(heritage) 정책과 같은 보존(preservation)의 형태를 취한다. 이는 외부에서 가하는 문화적 '위협(threatening)'을 저지하려 한다. 외부에서 가해지는 위협은 '문화적 제국주의(cultural imperialism)', '세계화(globalisation)' 혹은 '시장(the market)' 등으로 다양하게 표현된다. 여기서, 국가 문화에서 특별하다고 간주되는 유산을 보호하고 보존하기 위한 시도로 방어적 민족주의가 뚜렷하게 나타날 수 있다. 보존주의와 보호주의의 주요 문제 중 하나는 국가 문화를 고정시키거나 동결시키는 경향인데, 이는 한 국가의 민족유산을 고정해놓고 전시하는 박물관과 같이 변모시킨다. 세계화 시대에서 이런 박물관을 만드는 정책이 개념상 유지될 수 없다고 보인다. 또한, 국가의 문화를 정의하려는 시도도 허점을 많이 가진다.

> 국가문화정책의 목표가 지구 사회에서는 구현되기 어렵다. 지구 사회/시장에서 지역(local) 차원의 문화적 발현을 할리우드 영화, 중심지의 의류 유행, 대중음악, MTV, CNN의 영향으로부디 분리히기 어렵다. 일상생활에서 사람이 예술을 접하게 됨에 따라 문화기관이 일상에 미치는 영향이 줄어들게 된다.
>
> (Craik et al. 2003: 29)

그럼에도 불구하고 프랑스 사례에서와 같이 문화 예외주의 담론은 지속적으로 보호주의에 무게를 둔다. 영국에서 영화 분야는 보호를 받으려 노력하고 영국 영화가 무엇인지 정의하려 한다. 최근 영화산업이 세금 혜택을 받기 위하여 반드시 통과해야 하는 '문화 검증제도(culture test)'가 만들어졌는데, 이 시도는 자국 문화의 기본 구성요소들을 재확인하고 지키려 하는 방식의 문화적 보호가 어렵지만 지속되고 있음을 보여준다 (Dickinson, Harvey 1005; Magor, Schlesinger 2009; Newsinger 2012).

영국의 영화정책사례가 무역정책과 문화정책이 교차 지점 위에 (때로는 불안하게) 있다는 점에서 (영역간) 혼종이 이루어지는 현상을 보여준다. 영화는 산업으로도 예술로도 취급된다 (Dickinson and Harvey 2005). 따라서 (영화산업에 대한) 보호가 (영화산업에 대한) 다른 형태의 후원이다. 창의산업 담론과 문화의 경제적 '도구화' 담론에서는 문화가 '무역'과 '산업'의 성격을 동시에 가지기 때문에, (문화)보호정책이 (산업)증진정책의 후원처럼 작동한다. 이런 현상이 영국과 다른 나라에서 점차 보편화되고 있다. 세계의 각국을 대상으로 하는 연구는 이런 현상이 광범위하게 퍼져 있음을 보여준다. 대한민국의 경우, 권승호와 김요셉은 한국의 문화정책이 국가 검열에서 산업적 발전으로 변화하는 과정을 보여준다 (Kwon and Kim 2013). 싱가포르의 경우, 콩(Liky Kong 2000)은 싱가포르가 문화를 위한 경제적 의제를 점차 강조하고 있음을 관찰한다 (싱가포르의 예술계는 예술의 사회-문화적 역할을 선호하고 국가의 경제주의를 거부하여 이러한 담론에 동의하지는 않는다).

앞서 살펴본 (예술위원회를 통한) 간접 후원과 (국가가 예술단체에 바로 지원을 제공하는) 직접 개입간 수렴현상(convergence)과 같이, 이번에는 다양한 국가에서 문화를 홍보용으로 활용하는 현상이 나타난다. 홍보가 두 측면이 있다는 점을 주목해야 한다. 즉, 국가가 문화 기획자로서 역할을 수행하고 문화를 '판매하기(sell)' 위하여 무역과 산업 수단을 동원하는 측면이 있고, 동시에 국가를 '홍보하기' 위하여 문화가 이용되는 측면이 있다. 대중문화에서 소위 한류(Korean Wave)의 성공은 이 두 가지 이야기를 동시에 들려준다. 문화산업의 경제적 가치에 대한 인식이 한국 대중문화를 세계화시킴으로써 얻는 경제적 가치와 함께 이해되었다. '케이팝(K-pop)' 유명가수 싸이의 노래 '강남 스타일'의 세계적 성공에서 이 현상이 잘 나타난다 (Kwon and Kim 2013). 한국 대중문화와 한국의 문화정책을 검토한 사례연구가 있지만, 단일사례연구가 국가의 문화정책을 탐구하기 위한 유일한 분석적 틀은 아니다. 싸이와 '강남 스타일' 사례의 구체적인 특성으로 돌아가 보면, 국가가 문화산업을 경제적으로 접근함에 따라 (경제적) 도구화와 유사한 과정이 일어난다는 점을 알 수 있다. 즉, 한 가지 문화산업 사례에서부터 도구화라는 솜 더 넓은 주세까지 다룰 수 있다. 그러므로 단일 사례의 특성을 넘어 한 국가의 문화정책의 일반적 특성을 파악하고 국가간 특성을 비교하려는 시도가 정책 입안과 분석에서의 또 다른 주요 접근법이 될 수 있다.

국가 간 차이

5장의 초반에서 다루었던 국가문화정책의 유형과 모형에 관한 논의에서는 유형과 모형을 활용한 비교분석을 다루지 않았다. 그러나 관련된 연구를 검토해보면 국가 간 비교에 대한 수

많은 예시를 찾을 수 있으며, 그중 일부는 앞서 다루었던 국가 문화정책 유형을 명백하게 활용하고 있다 (예, Ulldemolins and Arotegui 2013). 이런 연구는 매우 설득력 있는 논지를 보여준다. 단일사례연구에 기반한 '기술적 문헌연구(descriptive literature)'의 다음 단계가 이러한 국가간 비교분석 연구라 할 수 있다. 그러나 비교연구가 불가능하거나 어리석은 짓임을 보여주는 사례와 이에 대한 경고성의 연구들도 오브라이언(Dave O'Brien)은 '정책 비교 연구의 어려움' 때문에 영국 사례만 연구한다고 밝힌 바 있는데, (O'Brien 2013: 37) 그 어려움이 무엇인지에 대해서는 자세히 설명하지 않았다. 유형화를 자주 시도하는 멀케이(Kevin Mulcahy) 역시 정책 비교연구의 어려움을 직설적으로 토로한다.

> 공공정책의 비교연구로부터 잠정적인 일반화를 내리기 어렵고 또한 위험하기도 하다. 문화정책은 특히 국가의 역사와 정치적 문화에 얽혀있다.
>
> (Mulcahy 2000: 165)

포이리에(Philippe Poirrier)가 편집한 책(Poirrier 2011)에 관한 서평을 위해 이 책에 담긴 다양한 국가 사례들에 대한 비교를 소개하기 전에, 아헤언(Jeremy Ahearne)은 서평에서 '비교연구의 어려움'을 암시했다 (Ahearne 2013: 642). 이 서평에서 아헤언은 포이에르의 책에 담긴 국가 사례가 '유사한 이야기의 변주'라고 결론을 지었다. 멀케이도 유사한 결론을 내렸다. 그가 연구를 진행한 국가 사이에는 겉으로는 다양한 맥락이 있어 보이지만, 세 경향, 즉 분권화(decentralisation)의 증대, 문화적 특수주의(cultural particularism)의 증대, 시장화(marketisation)의 증대가 공통적으로 발생하고 있다고 하였다. 이런 비교분석이 문화정책연구에서만 활용되지 않는다. 위겐드(Andreas Wiesand)는 정책입안자도 비교연구에 점차 관심을 가진다고 말한다 (Wiesand 2002: 370). 그는 지난 30~40년 동안 유럽의 정책입안자가 '이웃 국가가 무엇을 하고 있는지, 이웃 국가보다 잘하고 있는지'에 대하여 관심을 가지고 있다는 점에 주목한다. 위겐드의 주장은 많은 이야기를 전달한다. 정책입안사에세 비교는 '성공'의 측정을 의미하며, 적어도 부분적으로는 경쟁적인 의미를 담고 있으며 지기 싫어하는 태도를 담고 있다. 이웃 국가에 대한 궁금승은 득이, 이웃 국가가 훨씬 잘 해내고 있는 경우라면 모방으로 이어질 수 있다. 3장에서 논의한 바와 같이 문화정책은 한 장소에 다른 장소로 이동하며 돌아다닌다. 창의산업 관련 담론과 특정 정책이 국경을 넘나드는 현상이 대표적 예이다. 정확하게 표현할지 모르겠지만, 특정 정책이 발전된 '맥락을 고려하지 않고(disembedded)' 매우 다른 국가(또한 지역)에 이식하는 행위에 대하여 정책의 이동에 관한 논의들은 종종 비판적 입장을 보인다 (Cunningham 2009; Wang 2004).

정책의 (모방에 의한) 전이는 앞서 논의에서 암시됐던 한 질문으로 되돌아가게 한다. 국가의 문화정책을 탐구할 때, 국가의 문화정책이 오로지 혹은 주로 국가의 내적 작용에 관한 현상으로 한정해야 하는가? 국가의 문화정책이 '내적(internal)' 측면으로 구성되는가 (Ahearne 2009)? 또는 국가의 문화정책을 국제적인 장에서 활용하려는 '외적(external)' 차원이 항상 존재하는가? 문화외교 (6장 참조)와 같은 경우에, 문화정책이 명백하게 외적으로 향해있다. 그러나 국가문화정책의 사례에서 내적/외적 요소를 구별하는 일은, 특히 앞서 주목한 이웃 국가 간 비교를 고려하면, 어려운 작업이다. 잠시 창의산업 정책에 대한 논의로 돌아가 보자면, 영국 노동당 정부가 '창의 영국(Creative Britain)'과 '멋진 영국(Cool Britannia)'을 유지하려 했을 때, 노동당 정부가 지칭한 창의적이고 멋진 주체가 누구인가? 영국인 스스로가 영국인이 창의적이고 멋지다고 언급하는가? 또는 영국인이 아닌 다른 사람에게 영국인이 그러하다고 말하는가? 답이 양쪽 모두라고 할 수밖에 없다. 국가문화정책은 내부적일 수도 있고 외부적일 수도 있지만, 이 두 가지 역할은 종종 갈등상태에 빠지기도 한다 (Minnart 2014). 왕(Wang 2004)이 주장하듯, 국가문화정책을 관계적 (*relationally*) 이해하는 것이 언제나 중요하다. 관계성은 중요한 용어이지만 관계적 분석이 손쉬운 비교로 이어지지 않는다. 관계성 때문에 쉽지 않은 비교연구가 될 수도 있는 것이다. 관계적 분석은 특수성과 연관성을 동시에 고려하기 때문에 특정 분석 단위(scale)간 비교에 적용된다.

국가를 '넘어'

국가문화정책에 대한 논의는 국가에 집중적으로 맞춘 초점을 다른 단위로 돌리면서 마무리해야 한다. 슈스터(Mark Shuster 2002: 181)가 말했듯 "처음으로 문화정책 분야에 입문한 연구자와 정책분석가에게 분석단위로서 국가가 가장 자연스러운 시작점"이지만, 이러한 분석단위로서 국가의 자연스러움은 점차 학계와 정책입안자로부터 도전받아 왔다. 사사텔리(Monica Sassatelli 2002: 439)가 말했듯이, 문화정책에서 새로운 분석 단위와 분석 대상이 주목을 받게 되면서, '분석의 원자(atom of analysis)'로서 국가의 영향력이 국가 상위의 분석단위와 국가 내부의 분석단위들의 중요성으로 인해 약해진다. 여기서 국가보다 낮은 분석딘위와 초국가단위를 모두 살펴볼 필요가 있다. 만약 미국과 같은 국가에서 국가정부의 하위 단위(subnational)가 '정책이 실행되는 곳(*where the action is*)'이라면(Schuster 2002), 유럽국가와 같은 다른 곳에서는 초국가 단위가 문화정책과 그 분석의 단위로서 더욱 중요한 역할을 한다. 물론 국가보다 낮은 분석단위와 초국가단위 모두 국가와 상호작용한다. 유럽화(Europeanisation) (혹은 초국가적 지역 연합과 유사한 형태)에 대해 국가가 매우 다양한 입장을 보이지만 결국 초국가 조직이 국가로 구성되는 것처럼, 권력이양이나 분권화에 대한 논의는 그것이 실제로 발생하는 (장소 단위인) 국가에서 타당하게 진행될 수 있다.

국가내 단위의 문화정책

4장에는 도시 단위에서의 문화정책을 논의했는데, 이 장에서는 도시 단위에서 국가 단위로 논의가 바로 넘어오는 바람에 다루지 못했던, 그러나 아주 중요한 지역 단위에서의 정책 형성에 대해 다루고자 한다. 미국의 경우, 국가(연방)와 지방(주) 간의 관계가 지방단위에서 이루어지는 정책을 아주 여실히 보여준다.[2] 슈스터(Mark Schuster 2002)는 미국의 주 단위 문화정책을 중점적으로 다루면서, 미국의 문화정책 논의에서 (그러나, 슈스터는 연방체제 국가는 물론 다른 관련 국가에게도 적용된다고 제시한다) 주 단위 문화정책이 간과되지만, 실제 정책분석에서 주요한 단위라 주장한다. 그 후 슈스터와 그 연구팀은 미국의 한 주(워싱턴)에 관한 상세한 연구에서 지방(주) 문화정책의 '생태계(ecology)'에 관한 풍부한 설명을 제시한다 (Schuster 2003). 이 연구는 지역단위가 정말로 '문화정책이 실행되는 곳'임을 확실히 보여준다. 슈스터가 주장하듯이 "주 차원에서 진행된 직접적인 예술지원이 현재, 그리고 멀지 않은 과거부터 지금까지, 연방 차원에서 진행된 직접적 지원보다 더 중요한 정부 지원의 원천이다" (Schuster 2003: 4). 물론 슈스터가 미국에 대한 논의를 넘어 더욱 광의적인 맥락에서 적용 가능성에 대해 언급했지만, 미국은 연방정부와 주 정부 간의 균형에 있어 독특한 모습을 보인다. 그러나 슈스터가, 특히 국가 차원의 문화정책이 국가의 하위차원(subnational), 예를 들어 지역, 도시, 마을 차원에서 실행되기 때문에, 연구자가 이러한 다양한 정책 단위에도 주목해야 한다는 중요한 주장을 펼친다. 여기에 더불어 국가별로 권력이양과 분권화가 다양해짐에 따라, 국가내 (중앙정부 하위) 단위가 문화정책의 주요 단위이자 주요 분석 단위임을 확인할 수 있다. 슈스터는 다음과 같이 주장한다.

> 정부의 정책입안과 정책집행에서 권한위임, 권력이양, 그리고 중앙집권화의 움직임으로 인하여 국가 단위 아래에서 작동되는 정책에 대한 이해가 더욱 중요해졌다.
>
> (Schuster 2003: 5)

또한, 이러한 권한위임, 권력이양, 그리고 중앙집권화를 향한 움직임은 종종 문화정책 영역에서도 감지된다 (Selwood 2010). 카와시마(Noboku Kawashima 1997: 341)는 "분권화는 많은 국가의 문화정책에서 하나의 규범으로 인정받는다"고 주장하며, 분권화의 형태, 즉 문화적, 재정적, 정치적 분권화를 설명한다. 문화적 분권화는 국민에게 문화의 '공정(fair)'하고 '평등(equal)'한 배분을 의미하며, 이는 접근성과 참여에 관한 질문을 수반한다. 카카와시마는 (문화적 분권화를 위한) 핵심 기제가 문화기관이나 문화 자원의 공간적 확산이라는 점에 주목한다. 재정적 분권화는 자본의 공간적 확산, 즉 공적 지출의 평등화(이는 종종 대도시에 재정이 집중된다는 편견에 대한 비판을 상쇄시키기 위함이다)와 문화지원을 위한 국가 및 지방 차원의 재정적 기여의 재조정을 의미한다. 이는 다양한 문화 분야를 위한 공적 보조금의 재조정 시도를 의미할 수도 있다. 마지막으로, 정치적 분권화는 의사 결정과 실행에 관련되며, 비정부 기구로의 권한이양이나 국가 기관과 지방 기관 간의 (정치적) 재분배를 의미한다. '팔길이 원칙'이 문화정책의 정치적 분권화의 한 형태, '지역화(regionalisation)', 또는 '지방화(localisation)'로 보일 수도 있다 (지역화/지방화 현상이 탈중앙집권화로 더 잘 이해될 수 있다). 카와시마는 정책 분야에서 탈중앙집권화가 '좋은 것(good thing)'이나 고결한 정책적 목표로 여겨지면서 규범이 되었다고 주장한다. 그러나 스페인 사례(Bonet, Negrier 2010)나 이탈리아 사례(Montalo 2010)와 같은 정책사례연구에서는 종종 국가의 문화정책 부재로 인한 결과로서 사실상 탈중앙집권화가 이루어진 현상을 보여준다. 이탈리아 사례의 경우, 최근 청년예술가를 위한 국가정책으로 탈중앙집권화를 되돌리려는 시도가 있었는데, 이전 이탈리아의 전반적인 문화 지형(cultural landscape)을 만들었던 사실상의 권력 이양과 엇박자를 보였기 때문에, 이 정책이 제대로 효과를 발휘하지 못했다고 평가된다.

영국의 경우, 시간의 흐름에 따라 문화정책에서 국가, 지역, 지방 차원 사이의 균형이 수 차례 변했다. 셀우드(Sara Selwood 2010: 1)는 "영국에서 지역주의가 쇠퇴하는 현상과 런던으로부터의 독립을 위한 최초의 시도 중 하나로 실험적인 문화정책을 실행한 분권화된 정부의 등장이 동시에 일어났다"고 하였다. 그레이(Clive Gray 2000)는 예술에서 지역주의 쇠퇴에 대해 논의하면서, '중심지'와 지역 간의 정치적 갈등을 묘사한다. 구체적으로 1950년대 지역예술연합의 형성부터 1990년대 지역예술연합이 영국예술위원회(ACGB: Arts Council of Great Britain)와 밀접히 연관된 10개 지역예술위원회로 대체되는 시기까지 영국의 지방 단위에서 진행된 예술정책의 역사를 보여주었다 (지역예술연합은 영국예술위원회와 애증관계를 보였다). (1980년대에는 ACGB가 지역 문화정책을 방치했다는 비판이 반복적으로 이루어졌음에도 불구하고) 그레이는 이런 변화를 중앙집권화로 보았다. 1990년대 초반 영국예술위원회는 잉글랜드, 웨일즈, 북아일랜드, 스코틀랜드 지부로 권력 이양을 했다. 반면, 영국 문화유산부(DNH)가 1992년 영국 최초의 '문화부처'로서 설립되고 1997년에는 디지털·문화·미디어·스포츠부(DCMS)로 개편되었다. 2002년 지역예술위원회(RABs: Regional Arts Boards)는 다시 영국예술위원회(ACE)로 흡수되어 1998년 설립되었던 지역발전기구(RDAs: Regional Development Agencies)와 유사한 9개 지역 사무소로 재편되었다. 1997년 이후 영국 노동당 정부는 지역 차원의 다양한 의제를 추구했다. 이 중 하나가 RDA와 잉글랜드 지역의 '새로운' 지형을 반영하여 2004년에 설립된 지역문화컨소시엄(RCCs: Regional Cultural Consortium)이다 (Lutz 2006; Ravencroft 2005). 2008년

RCCs가 문을 닫게 되면서 국가의 예술기관과 지역발전기구가 그 당시부터 지역 내 문화 업무를 담당한다고 발표되었다. RDAs는 2012년 폐지되었다. 그동안 ACE는 지역 내 담당 업무를 재조직하여 오늘날 런던, 노스잉글랜드(North), 미들랜즈(Midlands), 사우스웨스트(South West), 사우스이스트(South East) 5개 지역에 위원회를 두고 있다.

이 이야기의 세부사항에서 잠시 뒤로 물러나 큰 그림을 보면, 분석단위로서 지역(regions)이 초점 안으로 들어오기도 하고 멀어지기도 하며, 지역의 존재감이 증가하거나 약화되는 것을 볼 수 있다. 지리학자는 지역이 여러 개의 지역간 또는 다른 분석단위와의 관계에서 존재하는 구성된 공간이라고 오랫동안 간주했다 (Gilbert 1988). 이는 물론 국가에도 동일하게 적용되며, 스페인과 이탈리아와 같은 일부 경우가 이미 앞에서 논의되었다. (사람들의 정체성과 관련하여) 단위로서 지역은 국가보다 더욱 긴 역사와 깊은 의미를 지닌다. 국가와 지역은 모두 '허구(fiction)'이다. 따라서 정책적인 맥락에서 지역의 중요성을 높이는 작업이 "지역의 본질적인 불안정한 의미를 안정적으로 만드는" 담론적 전략으로 보일 수 있다 (Ravenscroft 2005: 164). RCCs와 RDAs와 같은 기구는 지역이 '작동할(perform)' 수 있도록 함으로써 지역을 '실제(real)' 하도록 만든다. 영국 내 지역은 확실히 미국 주보다 실제감이 약하며 미국의 맥락과 다르지만, 두 국가의 사례 모두 관계에 대한 이야기를 들려준다. 지역적 단위는 국가 (그리고 지방) 단위와의 관계를 고려할 때만 논할 수 있다는 것이다. 이러한 관계성은 지역 단위보다 더 '높은' 단위인 국가에도 물론 반드시 해당된다.

초국가 문화정책

이 책의 6장에서 문화정책과 세계화 간 상호작용을 중점적으로 다루므로, 이 장에서는 지구적 영역에 깊이 들어가지 않고 간략하게만 논의하려 한다. 그럼에도 불구하고 지역화(sub-nationalisation) 과정과 함께 국가를 묶는 초국가현상이 식별된다. 이 현상의 대표적 예가 EU이다. 사사텔리(Monica Sassatelli 2002)가 썼듯이, 정체성 문제에서 문화의 수요한 역할을 고려해 볼 때, EU 내에서 유럽 정체성의 형성은 주요한 문화정책적인 목표였다. 마스트리흐트조약(Treaty of Maastricht)이 발효(그리고 후의 개정)가 되면서, EU의 '문화적' 역할은 '회원국 문화의 증진에 기여하면서 회원국의 국가적, 지역적 다양성을 존중하며, 동시에 공동의 문화유산을 전면에' 드러내는 것이다 (Sassatelli 2002: 440 인용). 이 문장 안에는 많은 긴장이 존재한다. 이 장에서는 국가 문화와 '공동(common)' (즉 유럽) 문화 간 긴장을 다루고자 한다. 여기서 말하는 EU 문화정책은 국가 간의 다양성을 증진시키고 존중한다는 점에서 국가를 전면에 내세운다. 동시에 공동의 문화 (혹은, 더욱 정확하게는 공동의 **문화유산**)를 강조한다. 유럽

의 공동유산이라는 개념은 문화적 동질성을 강요하지 않으면
서도 현재의 유럽을 공동으로 묶는 역사적인 연대성을 제공한
다. 그러나 무엇이 유럽의 공동유산을 의미하는가?

사사텔리는 틀림없이 문화 분야에서 EU의 가장 뛰어난 작
품인 '유럽문화수도(ECoC: European Capital of Culture)'
행사를 검토한다 (4장 참조). 사사텔리는 2000년 '유럽문화
수도' 행사를 중점적으로 다루면서, ECoC 공식 문서 내에
서 ECoC의 유럽성에 대해 반복적으로 기술한 부분을 보여준
다. 2000년 행사는 '중(Cenetral)'유럽의 브뤼셀, 크라쿠프,
프라하, '북(North)'유럽의 베르겐, 레이캬비크, 헬싱키, '남
(South)'유럽의 아비뇽, 볼로냐, 산티아고데콤포스텔라의 9
개의 도시가 새천년 특별 행사의 공동 주최자로 선정되었다
는 점에서 의미를 가진다 (여기서 사용된 유럽의 지역 구분은
'서[Western]'유럽, '동[Eastern]'유럽이라는 논쟁적인 명칭
을 피하고자 했다). 이 9개 도시에서 진행된 행사는 마스트리
흐트조약의 의도(그리고 어려움)를 반영한다. 실제로 ECoC
행사가 어느 정도로 회원국의 문화 발전, 회원국 문화간 다양
성, 회원국 문화를 아우르는 공통 유산을 발전시킬 수 있는지
는 지속적인 질문으로 남아 있다.

페린(Thomas Perrin 2010)은 EU 문화정책의 다른 측면,
즉 국경선을 초월하여 국가 간 분단을 잇는 초국경 '유로리
전(Euroregion)'의 형성을 다룬다. 특히, 페린은 피레네산맥
(Pyrénées-Méditerranée)과 그랑리전(Grande Région)을 연

구하면서, 여러 국가를 포괄하여 수행되는 문화정책을 탐구하며 새로운 지역적 의제를 감지했다 (페린은 또한 현장에서 정책실행을 저해하는 장애요인도 발견했다. 교통 연결망, 문화분야 종사자의 권리에 대한 국가간 차이 등이 장애요인이다). 즉, 여기서 초국가단위인 EU 안에서 국가의 영토를 넘나드는 지역이 자리잡고 있다. 지역이 국가의 경계를 넘나드는 현상이 "자연스럽다"라고 주장할 수 있지만, 이는 위험한 문화본질주의(cultural essentialism)에 빠질 수 있다. 여기서 흥미로운 것은 의료보장[3]과 같은 초국경 정책과 더불어 지역과 국가 간 상호작용이다. 여러 단위가 관계적이며 상호 교차하는 현상, 국경과 단위로서의 국가를 초월하고 연결하는 지리적 단위가 관찰될 수 있다. 이는 문화정책 입안과 분석에 새로운 기회를 주는 동시에 어려움을 제공한다.

결론

이 책을 저술하는 시점에서 프랑스정부는 새로운 스마트폰 세금 부과 계획을 2015년으로 미룬다고 발표했다. 그동안 밀러(Maria Miller)는 레베송 조사(Leveson Inquiry)가 초래한 언론규제 쟁점을 연구해오고 있다. 이 사건은 신문사 기자의 전화 해킹 사건을 계기로 촉발되었다. 이처럼 국가문화정책의 지형이 끊임없이 변한다. 또한, 이 장을 마무리하면서 국가 내 하위단위 및 초국가 단위에 초점을 맞추었는데, 국가 내 단위 및 초국가 단위의 중요성이 국가의 퇴장을 암시할 수도 있다. 국가의 퇴장은 지구화의 맥락에서 일상적인 담론이다. 나중에 독자가 알게 되겠지만, 필진은 국가가 문화정책에서 최소한 문화정책에 대한 연구에서 곧 퇴장한다고 암시하고 싶지 않다 (Turner 2014). 국가 수준의 정부는 문화정책에서 주요한 행위자로 남을 것이며 문화정책을 통하여 국가를 형성하는 역할 또한 유지될 것이다. 이 장에서 필진은 문화정책의 관계적 차원을 제시하려 했다. 문화정책이 영토를 기준으로 정의되긴 하지만, 영토와 영토성에 대한 이해는 변화하고 관계적이다. BBC의 역할과 가치에 관해 국가 차원에서 진행되는 논의, 이 논의에서 DCMS의 역할과 가치에 대한 논의처럼 국가문화정책은 일상적 민족주의의 한 형태이다. 국가의 문화정책이 국가적 특성을 개념화하고 표현하며, 내부적으로는 국가를 상대로, 외부적으로는 전 세계를 상대로 국가적 특성에 대해 이야기한다. 오늘날조차도 국가의 문화정책은 국가의 자서전이라 할 수 있다.

주

1) 대처(Thatcher) 수상의 재임기 UCG의 '팔길이'가 사실상 없을 정도로 축소되었다 (Warnock 2000 참조).
2) 미국 지방 정책에 대한 논의에서, 슈스터(Schuster 2002)는 'state'라는 명칭의 사용에 대한 잠재적 혼동에 대해 논의했다. 미국에서 state는 미국 연방을 구성하는 50개의 주를 뜻하지만, 다른 맥락에서 'state'라는 용어는 국가 정부(national government)나 민족(nation)과 동의어로 사용된다. 이 장에서도 이러한 혼동이 발생하고 있음을 인정한다.
3) http://ec.europa.eu/health/cross_border_care/policy/index.en.htm 참조.

참고문헌과 추천서

Ahearne, J. (2009) 'Cultural policy explicit and implicit: a distinction and some uses', *International Journal of Cultural Policy*, 15(2): 141–53.

________. (2013) Review of *Pour une histoire des politiques culturelles dans le monde, 1945–2011*, edited by Philippe Poirrier, *International Journal of Cultural Policy*, 19(5): 641–5.

Alasuutari, P. (2001) 'Arts, entertainment, culture, and nation', *Cultural Studies ⟨=⟩ Critical Methodologies*, 1(2): 157–84.

Alexander, V. (2008) 'Cultural organizations and the state: art and state support in contemporary Britain', *Sociology Compass*, 2(5): 1416–30.

Anderson, B. (1991) *Imagined Communities: Reflections on the Origin and Spread of Nationalism*, London: Verso.

Auerbach, J. (1999) *The Great Exhibition of 1851: a Nation on Display*, New Haven CT: Yale University Press.

Billig, M. (1995) *Banal Nationalism*, London: Sage.

Bonet, L. and Negrier, E. (2010) 'Cultural Policy in Spain: processes and dialectics', *Cultural Trends,* 19(1/2): 41–52.

Bordat, E. (2013) 'Institutionalization and change in cultural policy: CONACULTA and cultural policy in Mexico (1988–2006)', *International Journal of Cultural Policy,* 19(2): 222–48.

Chartrand, H. and McCaughey, C. (1989) 'The arm's length principle and the arts: an international perspective – past, present, and future', in M. Cummings and M. Schuster (eds), *Who's to Pay for the Arts? The International Search for Models of Support,* New York: ACA Books.

Conekin, B. (2003) *'The Autobiography of a Nation': the 1951 Festival of Britain,* Manchester: Manchester University Press.

Craik, J., McAllister, L. and Davis, G. (2003) 'Paradoxes and contradictions in government approaches to contemporary cultural policy: an Australian perspective', *International Journal of Cultural Policy,* 9(1): 17–33.

Cummings, M. and Schuster, M. (eds) (1989), *Who's to Pay for the Arts? The International Search for Models of Support,* New York: ACA Books.

Cunningham, S. (2009) 'Trojan Horse or Rorschach Blot? Creative industries discourse around the world', *International Journal of Cultural Policy,* 15(4): 375–86.

DeVereaux, C. and Griffin, M. (2013) *Narrative, Identity, and the Map of Cultural Policy: Once upon a Time in a Globalized World,* Farnham: Ashgate.

Dickinson, M. and Harvey, S. (2005) 'Film policy in the United Kingdom: New Labour at the movies', *The Political Quarterly,* 76(3): 420–9.

Dueland, P. (2008) 'Nordic cultural policies: a critical review', *International Journal of Cultural Policy,* 14(1): 7–24.

Gilbert, A. (1988) 'The new regional geography in English and French-speaking countries', *Progress in Human Geography,* 12(2): 208–28.

Gray, C. (2000) *The Politics of the Arts in Britain,* Basingstoke:

Macmillan.

________. (2008) 'Arts Council England and public value: a critical review', *International Journal of Cultural Policy*, 14(2): 209–14.

Gray, C. and Wingfield, M. (2011) 'Are governmental culture departments important? An empirical investigation', *International Journal of Cultural Policy*, 17(5): 590–604.

Hayrynen, S. (2013) 'A centralised market orientation: the implicit determinants of Finnish cultural policy in 1990–2010', *International Journal of Cultural Policy*, 19(5): 623–40.

Hewison, R. (1995) *Culture and Consensus: England, Art and Politics since 1945*, London: Methuen.

Higgins, C. (2013) 'Maria Miller's last-chance saloon', *The Guardian* culture blog. Available at www.guardian.co.uk/culture/charlott ehigginsblog (accessed 12/04/14).

Hobsbawn, E. and Ranger, T. (eds) (1983) *The Invention of Tradition*, Cambridge: Cambridge University Press.

Kawashima, N. (1997) 'Theorising decentralisation in cultural policy: concepts, values and strategies', *Cultural Policy*, 3(2): 341–59.

________. (2012) 'Corporate support for the arts in Japan: beyond emulation of the Western models', *International Journal of Cultural Policy*, 18(3): 295–307.

Kong, L. (2000) 'Cultural policy in Singapore: negotiating economic and socio-cultural agendas', *Geoforum*, 31(3): 409–24.

Kwon, S.-H. and Kim, J. (2013) 'The cultural industry policies of the Korean government and the Korean Wave', *International Journal of Cultural Policy*, online first.

Looseley, D. (1995) *The Politics of Fun: Cultural Policy and Debate in Contemporary France*, Oxford: Berg.

________. (2011) 'Notions of popular culture in cultural policy: a comparative history of France and Britain', *International Journal of Cultural Policy*, 17(4), 365–79.

Lutz, J. (2006) 'Extending the cultural research infrastructure: the rise of the Regional Cultural Consortiums in England', *Cultural*

Trends, 15(1): 19–44.

MacNeill, K., Lye, J. and Caulfield, P. (2013) 'Politics, reviews and support for the arts: an analysis of government expenditures on the arts in Australia from 1967 to 2009', *Australian Review of Public Affairs,* 12(1): 1–19.

Madden, C. (2009) *The Independence of Government Arts Funding: a Review,* Sydney: IFACCA.

Magor, M. and Schlesinger, P. (2009) '"For this relief, much thanks": taxation, film policy and the UK government', *Screen,* 50(3): 299–317.

Mangset, P., Kangas, A., Skot-Hansen, D. and Vestheim, G. (2008) 'Editors' introduction: Nordic cultural policy', *International Journal of Cultural Policy,* 14(1): 1–5.

Matarasso, F. and Landry, C. (1999) *Balancing Act: Twenty-one Strategic Dilemmas in Cultural Policy,* Strasbourg: Council of Europe.

McGuigan, J. (2004) *Rethinking Cultural Policy,* Maidenhead: Open University Press.

McNeill, D. and Tewdwr-Jones, M. (2003) 'Architecture, banal nationalism and re-territorialization', *International Journal of Urban and Regional Research,* 27(3): 738–43.

Miller, T. and Yudice, G. (2002) *Cultural Policy,* London: Sage.

Minnaert, T. (2014) 'Footprint or fingerprint: international cultural policy as identity policy', *International Journal of Cultural Policy,* online first.

Montalto, V. (2010) 'Decentralization and devolution in Italian cultural policies: how micro-practices should inspire macro-policies', *Cultural Trends,* 19(1/2): 15–25.

Mulcahy, K. (1987) 'Government and the arts in the United States', in M. Cummings and R. Katz (eds), *The Patron State: Government and the Arts in Europe, North America, and Japan,* New York: Oxford University Press.

________. (2000) 'The government and cultural patronage: a comparative analysis of cultural patronage in the United States,

France, Norway, and Canada', in J. Cherbo and M. Wyszomirski (eds), *The Public Life of the Arts in America*, New Brunswick NJ: Rutgers University Press.

________. (2006) 'Cultural policy', in B. G. Peters and J. Pierre (eds), *Handbook of Public Policy*, London: Sage.

Netzer, D. (1978) *The Subsidized Muse: Public Support for the Arts in the United States*, Cambridge: Cambridge University Press.

Newsinger, J. (2012) 'British film policy in an age of austerity', *Journal of British Cinema and Television*, 9(1): 133–44.

O'Brien, D. (2012) 'Drowning the deadweight in the rhetoric of economism: what sport policy, free swimming, and the EMA tell us about public services after the crash', *Public Administration*, 81(1): 69–82.

________. (2013) *Cultural Policy: Management, Value and Modernity in the Creative Industries*, London: Routledge.

Perrin, T. (2010) 'Inter-territoriality as a new trend in cultural policy? The case of Euroregions', *Cultural Trends*, 19(1/2): 125–39.

Poirrier, P. (ed.) (2011) *Pour une Histoire des Politiques Culturelles dans le Monde, 1945–2011*, Paris: La Documentation Francaise.

Quinn, R. (1997) 'Distance or intimacy? The arm's length principle, the British government and the Arts Council of Great Britain', *International Journal of Cultural Policy*, 4(1): 127–60.

Ravenscroft, N. (2005) 'Developing the cultural agenda: the socio-spatial dimensions of the Regional Cultural Strategies in England', *Space and Polity*, 9(2): 149–66.

Ridley, F. (1987) 'Tradition, change, and crisis in Great Britain', in M. Cummings and R. Katz (eds), *The Patron State: Government and the Arts in Europe, North America, and Japan*, New York: Oxford University Press.

Robins, K. (2007) 'Transnational cultural policy and European cosmopolitanism', *Cultural Politics*, 3(2): 147–74.

Roche, M. (2000) *Mega-events and Modernity: Olympics and Expos in the Growth of Global Culture*, London: Routledge.

Sassatelli, M. (2002) 'Imagined Europe: the shaping of a European cultural identity through EU cultural policy', *European Journal of Social Theory*, 5(4): 435–51.

Schuster, J. M. (1985) *Supporting the Arts: an International Comparative Study*, Cambridge MA: MIT Press.

__________. (2002) 'Sub-national Cultural Policy – where the action is: mapping state cultural policy in the United States', *International Journal of Cultural Policy*, 8(2): 181–96.

Schuster, J. M. (ed.) (2003) *Mapping State Cultural Policy: the State of Washington*, Chicago IL: University of Chicago Cultural Policy Center.

Selwood, S. (2010) 'Centre/periphery: devolution/federalism: new trends in cultural policy', *Cultural Trends*, 19(1/2): 1–2.

Turner, G. (2014) 'Culture, politics and the cultural industries: reviving a critical agenda', in K. Oakley and J. O'Connor (eds) *The Routledge Companion to the Cultural Industries*, London: Routledge.

Ulldemolins, J. and Arostegui, A. (2013) 'The governance of national cultural organisations: comparative study of performance contracts with the main cultural organisations in Enlgand, France and Catalonia (Spain)', *International Journal of Cultural Policy*, 19(2): 249–69.

Wang, J. (2004) 'The global reach of a new discourse: how far can "creative industries" travel?' *International Journal of Cultural Studies*, 7(1): 9–19.

Warnock, M. (2000) 'Introduction', in M. Wallinger and M. Warnock (eds) *Art for All? Their Policies and Our Culture*, London: PEER.

Wiesand, A. (2002) 'Comparative cultural policy research in Europe: a change of paradigm', *Canadian Journal of Communication*, 27(3): 369–78.

Williams, R. (1979) 'The Arts Council', *The Political Quarterly*, 50(2): 157–71.

__________. (1984) 'State, culture and beyond', in L. Apignanesi (ed.), *Culture and the State*, London: ICA.

Willsher, K. (2013) 'Francois Hollande considers tax on smart-phones and laptops', *The Guardian*, 13 May. Available at www.theguardian.com/world/2013/may/13/francois-hollande-tax-iphones-laptops (accessed 14/04/14).

Worpole, K. (2001) 'Cartels and lotteries: heritage and cultural policy in Britain', in D. Morely and K. Robins (eds) *British Cultural Studies: Geography, Nationality and Identity*, Oxford: Oxford University Press.

Zorba, M. (2009) 'Conceptualizing Greek cultural policy: the non-democratization of public culture', *International Journal of Cultural Policy*, 15(3): 245–59.

국제 문화정책

세계경제의 국제화는 문화상품의 생산, 소비, 분배에 필수적인 환경 중 하나이며, 디지털 기술의 성장으로 인하여 멀리 떨어진 소비자도 많은 문화상품을 접할 수 있게 되었다. 2002년에서 2011년 사이 문화상품 및 서비스의 세계무역량은 2배 이상으로 증가하여 2011년 6,240억 달러를 기록했다(UNESCO 2013). 하지만 정책은 이러한 발전을 따라가지 못한다. 이전 장에서 논의한 바와 같이, 국가의 중요성이 감소하고 도시가 점차 정책혁신의 장으로서의 역할을 하고 있지만, 민족국가(nation-state)는 문화규제와 문화를 위한 실제적인 지원에 있어 중요한 행위자로 남아있다. 세계무역은 종종 경제와 문화 사이의 긴장이 가장 뚜렷하게 나타나는 분야이며, 무역 관련 논쟁은 지금까지 주로 국가 간에 진행되고 있다. 국가 간 논쟁과 관련하여 이런 질문이 포함된다. 국제 문화무역에서 미국의 우세에 어떻게 대응해야 하는가? 미국의 우세로부터 프랑스어나 한국 영화산업을 보존할 수 있는 방법이 무엇인가?

그럼에도 불구하고 20세기에는 남미공동시장(MERCOSUR: Mercado Comun del Cono Sur)[1]이나 유럽연합(EU: European Union)과 같이 문화영역에서 권한을 가진 지역기구가 등장했고 또한 유엔(UN)과 유네스코(UNESCO: UN Educational, Scientific and Cultural Organisation), 유엔무역개발회의(UNCTAD: UN Conference on Trade and Development)와 그 소속 기구와 같은 국제기구가 싱장했다. 비록 효과적인 국제기구의 성장이 균일하지는 못하지만, 국제기구가 문화정책을 형성하고 있고 앞으로도 그럴 것이다. 이런 현상은 문화영역 외에서도 일어나고 있다. 언론정보학계에 있는 다수 연구자가 세계화의 양상과 무역전쟁, 문화제국주의와 같은 주제를 탐구했지만 (Herman, McChesney 1997; Miller et al. 2004; Tunstall 1994), 문화정책연구는 국제문화정책 (ICP: international cultural policy)을 연구주제로 회피하는 경향을 보이며, 이 주제를 외교나 국제관계 분야 연구자에게 떠넘기는 것을 선호한다 (Paschalidis 2009).

트로스비(David Throsby)는 문화와 경제가 국제무대에서 상호 연결되는 영역을 아래와 같이 정리한다.

- 예술작품, 서적, CD 등과 같은 유형 문화상품의 국제 무역
- 텔레비전 프로그램, 영화, 디지털 형식으로 유통되는 음악과 같은 무형문화상품과 관련된 지적재산권 분야의 국제 무역
- 예술가의 이동과 같이 문화산업에 영향을 미치는 국가 간 인력 이동
- 기업 운영, 박물관과 화랑 간 대여를 통한 예술품 및 공예품 유통
- 국제 문화외교와 '연성권력(soft power)' 활용
- 국제 문화관광

(Throsby 2010: 157)

이 목록에 정책이전(policy transfer)을 덧붙일 수 있다. 또한, 다양한 맥락에서 정책을 만드는 데 활용되는 '창의경제' 담론과 같은 정책 담론의 전파를 추가할 수 있다 (3장 참조). 이 장에서는 상기 언급된 쟁점을 다루는데, 문화관광보다는 무역이나 외교와 같이 정책에 연관되는 쟁점에만 주로 초점을 맞춘다 (문화관광이 다른 국가의 문화를 처음 접하는 사람에게는 매력적인 분야이지만, 문화정책이 특별하게 중요한 역할을 하는 분야는 아니다).

국제 문화정책에 관한 논의는 문화와 세계화 간의 복잡한 관계에 대한 논의중 하나이다. 특히 디지털 연결망으로 새로운 문화상품 혹은 문화적 표현이 빠르게 교류할 수 있게 됨에 따라, 문화(와 문화정책)는 한편으로 세계화를 촉진시킨다고 보일 수 있다. 그러나 또 다른 한편으로 문화정책이 경제적

보호주의의 형태로서 세계화에 대응한다고 보일 수도 있다. 이러한 현상은 지방에 기반을 둔 문화가 '세계화'되어 어디에서나 볼 수 있는 익숙하고 평이한 문화상품이 되어버린 현상에 대한 반작용으로 성장하기도 한다.

세계화가 경제에 어떤 영향을 미치는가? 세계화가 세계경제를 묘사하는 데 있어 얼마나 정확한가? 두 질문은 심한 논쟁으로 이어진다. 본 장에서는 세계경제가 얼마나 확산되었는지에 대해서 자세히 다루지는 않을 예정이다. 이에 대한 논의는 헬드와 그 외(Held 2005; Held and McGrew 2000)의 연구에 잘 요약되어 있다. 또한, 세계화에 대한 과도한 평가, 특히 세계화가 얼마나 새로운 현상을 유발했는지에 대해서도 다루지 않을 예정이지만, 세계 소비시장, 디지털 통신의 성장 등 여러 요인으로 인하여 세계경제가 통합되고 있다는 주장을 수용하여 관련된 논의를 할 예정이다. 세계화는 일방적인 '서구화(Westernisation)'의 현상이 아니며 막을 수 없는 현상도 아니며, 대신 다극체제가 등장한다고 보여진다. 이 다극체제에서는 문화가 경제적으로나 사회적으로 중요한 역할을 수행한다. 다극체제에 적응하려는 움직임이 있지만, 이 다극체제 내에서 문화의 역할과 중요성에 대한 경쟁적인 견해가 경합한다.

문화 교역

문화상품은 아마도 가장 오래된 교역품 중 하나이다. 문화 교역의 지리적 양식은 세계사를 보여준다. 브라만(Braman 2008)은 조약과 국제예술시장을 논의하면서, 국제미술시장에서 세 국가유형(원천국[source countries], 구매국[buyer countries], 중개국[entrepôt countries]) 사이에 존재하는 차이에 주목한다. '원천(source)'국은 유럽 내 '옛 거장(Old Masters)'의 본향을 가지고 있는 프랑스와 이탈리아에서부터 고대 미술을 가지고 있는 이집트와 에티오피아, 그리고 현대 예술품을 가진 국가 등 다양하다. 구매국은 상대적으로 좁은 지역에 집중되어 있다. 영국과 미국(소더비[Sotheby's]나 크리스티스[Christies]와 같은 국제 미술 경매회사의 본고지), 그리고 중국과 같은 신흥 부유국이 구매시장을 대부분 장악한다. 중계국은 미술품을 판매자에서 구매자에게 이동시켜주는 역할을 하며, 가끔 의심스러운 방식으로 예술품이 도난당하거나 불법적으로 취득되는 경우도 있다.

브라만은 국제조약이 세계시장을 점차 규율하는 과정을 보여준다. 세계시장에서 국가 간 국력이 큰 차이를 보이고, 민족국가가 세계시장의 변화를 따라잡기 위하여 노력한다. 브라만은 캄보디아를 예시로 든다. 캄보디아에서는 1996년 크메르루주(Khmer Rouge)와 캄보디아정부 간 평화 조약이 맺어졌고, 이후 캄보디아 내 400만~500만 개 지뢰를 제거하기

위한 사업을 시작했다. 지뢰제거사업이 진행되는 중, 현지인
들이 예술품을 발굴하여 판매하려고 했었는데, 발굴된 예술
품 중 일부는 세계시장에서 팔릴 만한 가치를 가졌다. 브라만
이 설명하는 바와 같이, 캄보디아는 지뢰제거사업이나 기본
적인 개발 작업으로 인하여 과도한 부담을 겪고 있었고, 지역
내 유산을 보호할 수 있는 가용 자원을 거의 가지지 못했다.

　캄보디아 사례가 보여주듯이, 문화상품은 국제교무역협상
에서 난해한 영역이다. 토로스비(Throsby 2010: 158)는 이
를 '경제적 가치와 문화적 가치 간 갈등을 보여주는 사례'라고
설명한다. 유형문화상품이나 무형문화상품은 흔히 현지인의
정체성, 믿음, 장소성과 얽혀있다. 문화학직 관점에서 이 현
상이 놀랍지 않다. '자유무역'이라는 수사가 문화상품 및 서비
스의 영역과 종종 어울리지 않는다. 심지어 다른 물품의 자유
무역을 반대하지 않는 사람마저도 문화상품의 자유무역에 대
해서는 불편함을 가진다. 일부 경우에, 이전에는 상품화되지
않았던 물품의 상품화, 그리고 이런 상품화 현상이 일으키는
위협에 대한 우려가 존재하기 때문이다. 이러한 우려를 보여
주는 많은 사례가 문화관광과 관련되어 있다. 예를 들어, 호
주 중부에 위치한 울루루(Uluru)[**]와 같은 신성한 장소가 모
험을 즐기려는 관광객을 위한 장소로 변모하는 현상을 들 수

[**]　역자 주) 유네스코 세계유산으로 등재된 붉은 모래 평원 위의 거
　　대한 사암 덩어리로, 호주 원주민 아난구(Anangu)족의 정신적 성
　　지이다.

있다. 특정 집단이 울루루에게 부여하는 문화적이고 정신적
가치가 울룰루를 단지 재미로 올라갈 수 있는 큰 바위로 여기
는 사람에 의하여 위협받는다.

또 다른 예시로는 (보존을 위하여) 국가개입이 명백하게 필
요한 소수 언어가 국가내 지배적 언어와 국제어로 인해 위협
을 받고 퇴조하는 현상이 있다. 예를 들어, 웨일즈어나 카탈
루냐어를 들 수 있다. 다른 경우에는 영향력과 정체성과 관련
된다. 문화상품의 소비를 통해 이 세계에 대해 많은 것을 배
운다는 점을 전제할 때, 이란의 TV 프로그램, 아르헨티나의
영화, 독일 소설 등을 왜 해외 관객이 보지 않는가? 텔레비전
시청자가 자막을 읽지 않는다는 통념에도 불구하고, 최근 영
국이나 다른 국가에서 스칸디나비아의 범죄소설이 TV 프로
그램과 번역작품으로 성공하는 현상은 번역된 문화상품을 위
한 시장이 존재한다는 점을 보여준다.

이 쟁점은 종종 '문화예외(cultural exception)'로 불린다.
이 용어는 문화상품이 경제적 가치 이상의 가치를 가지고 있
기에 국제무역조약에서 문화상품을 다르게 대우하려는 시도
를 지칭한다 (5장 참조). 트로스비(Throsby 2010)는 '문화예
외'가 종종 경제적 언어로 표현되지만 사실 무역은 물론 문화
적, 사상적, 윤리적 주장까지 포함한다는 점을 지적한다. 토로
스비는 '문화예외'가 다음과 같은 의미를 지닌다고 요약한다.

- 문화상품이 상품의 경제적 가치를 초월하는 상징적 의미를

전달하므로, 일반적 시장 논리는 문화상품이 사회에 미치는 가치를 완전히 담아내지 못한다.

- 문화상품이 국가 정체성을 표현하는 데 있어 필수적이므로, 문화상품의 보호는 공익적 차원에서 보장되어야 한다.
- 국내에서 생산된 다양한 문화상품이 문화다양성에 중요한 역할을 한다.
- 문화상품은 값싼 수입품의 덤핑(dumping)으로 인해 불공정한 경쟁에 놓일 수 있으므로 법(competition law)을 통해 보호될 가치가 있다.
- 문화상품을 생산하는 산업이 궁극적으로 (문화적) 자급자족으로 이어질 수 있다면, 유망산업으로 보호를 받을 자격이 있다.

(Throsby 2010: 160)

위 목록을 보면, 문화가 (여타 무역상품들과 비교하여) 얼마나 '다른지(different)' 이해할 수 있고, 문화상품이 다른 종류의 상품과 다르게 여겨져야 한다고 생각할 수 있다. 결국, 문화 외 시장의 다른 영역에서도 수입품 '덤핑'[2]이 일어날 수 있다. 농업과 전자산업계 유망업종이 수입품으로 위협을 받을 수 있다. 이 경우에는 WTO 규정이 적용될 수 있지만 주로 경제 논리가 적용된다. 예를 들어, 전자산업의 발전이 직업 창출과 경제 성장을 불러올 수 있다는 식이다. 그러나 정체성, 자기 인식(self-recognition)이나 국가적 결속력에 대한 질문이 (문화 이외) 다른 상품 분야에서는 거의 다루어지지 않는다. 반면, 문화의 경우 일부 경제학자가 최선을 다하고 있지만, 상기와 같은 경제 논리를 기반으로 한 질문이 지속적으로 중요하게 다루어진다.

미국은 세계 문화교역에서 압도적 지위를 가진다. 특히 대중문화, 영화, 텔레비전, 음악 분야에서 그러하다 (Shuker 2003). 미국 문화산업에 대한 저항이 종종 '문화제국주의(cultural imperalism)'에 대한 저항이라 정의된다 (Hesmondhalgh 2013; Lewis, Miller 2003; Tunstall 1994). 문화제국주의라는 용어가 최근 잘 사용되지 않는 경향을 보인다. 국가 내에서 존재하는 다양한 문화를 인정하기보다는 '(민족)국가의' 문화를 주어진 것으로 수용한다고 비판을 받고 있기 때문이다. 또한, 의심스럽게 의미를 바꾸어 '지방(local)'을 '진품(authentic)'으로, '수입된(imported)'을 '상업적(commercial) 혹은 가짜(inauthentic)'로 해석한다고 비판을 받는다. 게다가 헤스몬달그(Hesmondhalgh 2013)가 주장하듯이, 미국의 (문화교역에서의) 우세에 대해 초점을 맞춘 논의는 일부 지역적 차원의 우세를 다루지 못한다. 예를 들어, 아랍어권에서는 이집트 텔레비전 프로그램, 남미에서는 멕시코와 브라질 텔레비전 프로그램이 우세를 보인다.

헤스몬달그(Hesmondalgh 2013)는 '세계화(globalisation)'라는 표현보다 '국제화(internationalisation)'란 표현을 선호하면서, 세 문화산업, 즉 텔레비전, 영화, 대중문화에서 나타나는 문화제국주의에 대하여 유용한 분석을 제공한다. 헤스몬달그는 특히 문화제국주의를 단순하게 미국의 문화제국주의로 이해할 경우 문화 분야에서 생산과 교역의 현실을 온전하게 볼 수 없다고 주장한다. 동시에 한국 대중음악이나 아랍 뉴스의 성장을 다루면서, 지배적인 위치의 국력을 지닌 국가가 문화적인 영향을 미친다는 우려가 이제는 불필요하다고 성급하게 생각해서도 안 된다고 주장한다. 미국은 지금도 세계에서 압도적인 문화상품 생산자이다. 세계에서 영화관람객 순위 31위 안에 드는 국가 가운데 24개 국가에서 미국 영화가 50% 이상을 차지한다. 영화보다는 생산 비용이 적은 대중음악 분야에서는 생산 중심지가 영화산업에 비해서 더 많지만, 대중음악의 생산지는 실제로 특정 노시에 집중되며, 미국과 영국이 세계판매시장에서 그 판매량을 압도하고 있다.

수입된 대중음악이 우세를 점하는 현상을 반대할 경우 엘리트주의라고 쉽게 조롱을 받지만, 트로스비(Throsby 2010: 162)는 경제적 힘이 불평등한 세계에서 "세계적인 대기업이 시청각 언론정보시장을 지배하는 현상이 우려의 주요 원인"이라고 주목하면서 이는 꼭 미국화(Americanisation) 또는 '정통성(authenticity)'의 상실만을 의미할 필요는 없다고 말한다. 기업의 시장지배는 절대적이지 않기 때문이다. 대부분 소비자는 수입된 제품, 지방에 특화된 제품, 혼합 제품 등 특정 원천에 상관없이 제품에 접근하고 있다. 특정 국가의 언어로 만들어지고 그 국가에 특화된 제품에 대한 수요는 항상 살아남는다. 문화제국주의의 유행이 상대적으로 약해진 상황에서도 문화제국주의에 대한 우려가 감소하지는 않는다.

제2차 세계대전 이후 통합적 세계무역체제와 유엔과 같은 다양한 국제기구가 성장했다. 수입관세를 줄여 세계무역을 증가시켜 세계 자본주의의 발전을 촉진시키는 목적을 가진 일반무역관세협정(GATT: General Agreement on Tariffs and Trade)이 무역체제와 국제기구의 성장에서 핵심적이다. 본래 GATT를 뒷받침하는 원칙은 모든 국가에 대한 무차별적 대우였지만, 당시 GATT 조약이 체결되었을 때 (회원국 간) 불평등한 발전으로 인하여 선진국에게 유리했다. 개발도상국은 초기부터 다양한 이유로 GATT 조항에 불만을 제기했고 (Braman 2008), 일부 선진국도, 특히 문화예외를 추구했던 프랑스와 캐나다도, 이와 같은 입장을 취했다 (문화 예외에 대한 최근 논의는 5장을 참조). 프랑스는 GATT 체제에 서명한 많은 국가 중 하나였으나, 지속적으로 문화상품, 특히 할리우드가 지배하고 있었던 시청각 분야에 대한 예외를 추구했다. GATT의 제4조(Article IX)는 조약국들이 국내영화산업을 보호할 수 있도록 영화 상영에서 할당제(screen quotas)의 시행을 허용했다. 만약 공적 지원이 없었다면, 대부분 영화 할당제는 살아남지 못했을 것이다 (Feigenbaum 2010).

세계무역기구(WTO: World Trade Organisation)가 GATT 체제를 이어받았지만 이와 유사한 논쟁이 지속되고 심화되었다. 1993년 WTO 설립이 이루어지던 시기에 프랑스와 캐나다는 WTO 체제에서 시청각 상품을 면제하고자 문화예외를 주장했다. 1980년대 미국이 GATT 의제로 상품과 서비스까지의 교역을 밀어붙일 때 경고음이 울리기 시작하였다. 당시 프랑스 문화부 장관 랭(Jack Lang)은 1982년 멕시코에서 개최된 UNESCO 컨퍼런스 연설에서 개발도상국은 물론 프랑스와 같은 선진국까지 미국의 문화제국주의, 자치권의 침식, 정체성의 상실 등을 겪을 수 있다는 위험을 경고했다 (랭 장관의 연설은 지금도 유명하다). 프랑스는 문화분야의 지출을 두 배로 늘리는 방식으로 대응했고, 자국 내 지역에 기반을 둔 문화상품의 생산을 새로 시도하거나 부흥시키는 한편 문화 분야의 '자유무역'에 대항했다. 맥기건(McGuigan 2004)이 언급했듯이, 프랑스는 일반적으로 세악분야나 항공우주공학 분야에서는 무역 협상 중 신자유주의의 흐름에 찬성했지만, 문화분야에서는 예외적이었다.

WTO는 전반적(*general*) 문화예외주의를 받아들이지 않았지만, '서비스무역에 관한 일반협정(GATS: General Agreement on Trade in Services)'에서는 문화 교역에 있어 어느 정도의 유연성을 허용하여 서명국이 시청각 상품에 대한 예외를 적용할지 여부를 결정할 수 있었다 (그러나 이를 적용한 국가는 많지 않았다). 이러한 조치를 일시적으로만 적용할 계획이었다. 문화상품 교역을 포함한 세계무역에서 자유주의가 심화될 것으로 기대되었지만, 현재 진행 중인 세계무역협상 체제인 소위 '도하라운드(Doha Round)' (2001년 카타르 도하에서 착수)는 10년 뒤에나 완성될 수 있다. WTO에서 문화영역은 아직까지 추가 진척을 보이지 않는다.

문화 다양성

문화 교역과 문화예외에 대한 논쟁이 이와 같이 격렬하게 지속되어 왔다. 이 과정에서 두 입장 모두 문화다양성 개념에 의존하여 자신의 입장을 옹호하려 했다. 코웬(Tyler Cowen 1998)과 같이 자유시장을 지지하는 사람에게는 시장이 문화 분야에서 생산의 다양한 범위를 보장해 줄 수 있는 최선책이다. 자유시장을 반대하는 사람에게는 시장이 소수의 대규모 생산자의 지배를 초래한다. 두 입장 모두 문화다양성이 중요한 개념이자 다양한 공간적, 정책적 수준에서 목표가 된다는 점을 확인한다.

왜 문화다양성이 중요한가? 트로스비(Throsby 2010)는 문화다양성을 가치있게 여기는 이유를 생물다양성 개념과 비교한다. 생물다양성이 그 자체로 가치 있게 여겨지는 만큼 다양성도 그 자체로 가치를 부여받으며, 여러 관점을 통해 다양성의 가치를 알아보는 능력은 다양성의 세계를 더욱 흥미롭게 만든다고 트로스비는 주장한다. 둘째로, 다양성은 더 큰 다양성을 낳는다. 만약 복수의 문화가 고립되어 존재한다면 침체될 개연성이 높다. 만약 (문화가 만들어진) 초기부터 다양한 자원이 혼재되어 있다면, 혁신으로 이어질 수 있다. 경제적인 맥락에서 볼 때 문화 분야가 가치없는 산업으로 간주될 수 있다. 영화, 서적, 노래, 비디오 게임이 몇 차례만 '성공(hits)'을 할 수 있으면 된다고 하지만, 이러한 문화상품의 생산으로 인하여 문화가 번창할 수 있는 환경이 마련되지 않는다. 마지막으로 트로스비는 문화다양성이 "미래를 위한 선택지를 열어준다 (Throsby 2010: 173)"는 점에서 중요하며, 문화 활동의 소멸은 현재 세대는 물론 미래 세대가 다양한 문화상품을 즐길 수 있는 기회를 박탈한다고 주장한다.

UNESCO는 창립부터 문화다양성과 관련된 논의의 방향을 제시하였다. UNESCO는 문화다양성을 그 부흥 시점이 제각기 다른 다양한 문화에 대한 이해로 인식하고, 문화의 인류학적 측면과 상징적 측변을 드러내려 했다 (문화에 대한 인류학적 접근과 상징적 접근 간 차이에 대해서는 1장을 참조). 설립 초창기였던 1950년대와 1960년대에 UNESCO는 주로 문화를 예술정책으로 간주하였고, 여전히 많은 국가에서도 그렇게 인지되고 있다 (2장 참조). UNESCO는 1970년대 이후가 되어서야 문화를 '발전(development)' 개념과 연계시켰고 인류학적인 개념으로서의 문화를 내세우기 시작했다. 피코넨(Pyykkönen 2012)은 다양성 개념이 유엔 및 UNESCO의 문헌, 특히 세계인권선언(Universal Declaration of Human Rights) (United Nations, 1948)과 유네스코 문화다양성 선언(United Declaration on Cultural Diversity, UNESCO 2001)에서 연유한다고 지적한다. 두 선언은 문화다양성이 인류에게 필수적이라고 간주하고, 문화다양성을 민주주의와 인권과 연계시킨다. 문화다양성과 민주주의/인권 간 연계는 '예술' 정책의 경계를 넘어 버렸다.

UNESCO는 문화를 발전과 연계시킴으로써, '전통(traditional)' 사회와 '근대(modern)' 간 위계적 대조에 의문을 제기했다. 이 위계적 대조는 '개발도상(developing)'국과 '선진(developed)'국으로 분류하는 방식으로 이어졌다. 이 분류는 근대화가 세계선진권(Global North)에서 세계 개발도상권(Global South)으로 일방향적이며, 더 나아가 (잘못된 방식으로) 근대 사회에는 전통이 없다고 암시하게 된다. 이와 반대로 UNESCO의 입장은 일부 국가로 하여금, 특히 식민주의에서 벗어난 독립한 국가로 하여금, '근대성'으로 가는 길이 세계선진권의 방식 뿐이라는 주장을 거부할 수 있도록 했다. 근대화의 길이 하나밖에 없다는 주장은 개도국을 전통 또는 토속 문화나 제공하는 지위로 격하시켜, 그들이 '세계' 문화를 수용해야 한다는 전제에 기반한다.

UNESCO가 문화를 광의로 해석하기 때문에, 문화를 협의적 관점에서만 보는 문화정책결정가가 개진할 수 없는 주장을 할 수 있게 된다. 특히, UNESCO와 유엔이 출범시킨 '세계문화발전위원회(WCCD: World Commission on Culture and Development)'의 보고서인 『창조 다양성(*Our Creative Diversity*)』(WCCD 1995)은 경제적 발전에 초점을 맞추어 문화 분야에서 다국적 기업의 지배가 세계 차원의 사회적, 문화적, 경제적 문제를 야기했다고 주장했다. 세계문화발전위

원회는 "경제를 포기하는 것이 아닌 초월할 필요가 있다"라고
주장했다 (McGuigan 2004: 100 인용).

WTO 협상이 '친시장적' 방향으로 계속 나아가는 듯 보이
지만, 다수 국가에서 제기되는 지속적 우려, 특히 방송분야에
대한 EU와 WTO 간 의견 차이, 수입 잡지에 부과하는 관세에
대한 캐나다와 미국 간 의견 차이 등이 2005년 UNESCO가
'문화적 표현의 다양성 보호와 증진 협약(Convention on the
Protection and Promotion of the Diversity of Cultural Ex-
pressions)' (일반적으로는 Cultural Diversity Convention,
'문화다양성협약'으로 불림)을 체결하도록 이끌었다. 문화다
양성협약은 '소멸 및 심각한 위험에 저했다고 긴주되기나 긴
급한 보호가 필요한' 문화적 표현을 보호하는 것을 목적으로
한다 (Throsby 2010: 170 인용).

생물다양성과 관련된 언어가 문화다양성에서도 사용되는
현상은 우연의 일치가 아니다. 즉, 문화 형태가 한 번 사라지
면 회복 불가능하며, 문화 형태의 손실이 인류에게 심오한 손
실, 즉 '소멸(extinction)'을 의미한다는 논지가 문화 분야에
서도 전개된다. 건강한 문화생태계를 유지하기 위해서는 '다
양성(diversity)'이 중요하다고 강조한다는 점에서, 경제분야
에서 모든 형태의 보호주의가 공식적으로 피할 수 있는 악이
라 간주되던 시기조차도, UNESCO는 자국 문화를 '보호'하
기 위한 국가의 권리에 동의하였다. 미국과 이스라엘만 '문화
다양성협약'의 채택에 반대표를 던졌다. 프랑스와 캐나다가

채택 찬성을 위한 활동을 이끌었고, '문화다양성협약'은 자유무역을 증진하길 원하거나 미국과 좋은 관계를 유지하는 국가의 공감까지 이끌어냈다.

UNESCO는 문화다양성협약이 단순히 문화가 아닌 **문화적 표현**(*cultural expression*)의 다양성 보호에 관련되어 있음을 강조한다. 즉 단지 (문화) 유산의 보호뿐만 아니라 현재의 문화생산과 관련되어 있다고 보이길 원한다. 곧 논의하겠지만, 이 후자의 맥락에서 문화다양성협약이 얼마나 효과적인지에 대해서는 논쟁이 존재한다. 트로스비(Throsby 2010)는 문화다양성협약에서 보호가 **취약한**(*vulnerable*) 문화적 표현의 보호를 포함한다고 논평한다. 이는 직접적으로 문화적 가공품, 예술작품, (문화) 유산 (아마도 '보호[protection]'대상의 전형적인 예시)을 언급할 수도 있고 국내 방송, 영화 제작과 저작권과 같이 현대 문화상품의 **생산**(*production*) 능력도 의미할 수 있다. 보호의 의미를 전자로 해석할 경우에는 국가가 관련 정책을 이행하기가 쉽다. 수해나 유산의 상징에 반대하는 특정 집단의 공격 (예를 들어, 최근 팀북투[Timbuktu]에 위치한 시디 야히야 사원[Sidi Yahya Mosque] 공격)으로부터 (문화) 유산을 보존하는 과제가 어렵거나 위험하겠지만 상대적으로 전반적인 정치적 지지를 불러일으킬 수 있다.

특정 문화유산의 수출을 막기 위한 공적 지원은 문화다양성협약의 범위 밖에서, 즉 엄밀히 말해 문화유산이 '위험에 처하지(at risk)' 않아도 (적어도 그 유산이 소멸하지 않아도) 종종 동원될 수 있다. 예를 들어, 영국의 경우, '웨이버리 기준(Waverley Criteria)'을 특정 예술작품(그림이나 조각과 같이 자주 이동하는 예술작품)의 수출에 적용할 수 있는데, 이 경우 문화부 장관은 다음과 같은 사항을 고려해야 할 수 있다.

- 해당 문화유산이 영국의 역사와 연계되어 있는지 여부
- 일반적으로나 또는 특정 학계에서 탁월한 미적 중요성, 즉 특정 예술이나 산업의 발전에서 중요성 여부

외부전문가 위원회(현행 '팔길이 원칙'의 예시다. 5장 참조)가 상기 조건을 충족한다고 결정할 경우, 외부전문가 위원회는 국가유산을 보호하기 위하여 (세계에서 가장 높은 가격을 제시한 응찰자에게 해당 예술품을 팔고 싶어 할 수 있는) 해당 문화유산 소유자의 권리를 제한할 수 있다. 법적 소유자의 소유품을 팔 권리가 자본주의 사회 내에서 논쟁의 여지가 없음에도 불구하고, 이 권리가 한 집단의 권리, 즉 이 경우에서는 무언가를 지키려는 국가의 권리로 인해, 제한되는 예시다. 그러나 현대 문화의 다양성을 보호하려는 조치는 정치적으로 훨씬 까다롭다. 현대 문화상품이 역사적인 유산처럼 민족국가 차원의 삶의 방식을 보여줄 만큼의 시간을 확보하지 못했고, 거대 언론기업과 혹은 소프트웨어 기업의 활동이 문화다양성의 잠재성을 약화시킨다고 여겨져 문화예외 조항이 거대 언론기업과 소프트웨어 기업에까지 적용될 수 있기 때문이다.

문화다양성협약의 조항은 이렇게 광범위한 내용을 다루지

만, 협약 당사국에 강제적인 의무를 부과하지 않으며 민주적이거나 지역적(localised)인 문화를 보호할 수 있는 범위가 불명확하다. 게다가, 문화다양성협약을 비판하는 사람은 (예를 들면, Pyykkönen 2012) 이 협약이 보호라는 수사적 표현 뒤에서 문화의 상품화와 문화를 위한 시장발전을 강력하게 추구하는 경향이 있다고 주장한다. 문화다양성협약의 당사국 대부분이 자유무역을 지지하는 WTO의 회원국이다, 문화다양성협약의 관점과 WTO 관점이 타협될 수 있는 정도가 분명하지 않다. 그러나 UNESCO가 문화다양성의 중요성을 강조하고 적어도 경제적 성장에 대한 논의를 넘어, 경제적 성장과 대치될 만큼 중요한 가치가 있다는 논의가 개진될 수 있는 기회를 제공한다는 점에서, 경제적 성장을 위한 문화의 역할에 초점을 맞추는 '창의경제' 담론이 각광을 받던 시기에 (이 쟁점에 관한 추가 논의는 다음 절 참조), 새로운 문화 담론이 성장할 수 있는 공간을 제공했다.

2005년 문화다양성협약은 명백하게 경제적 가치와 문화적 가치를 구별한다. 이 두 가치가 모두 중요하다고 입장을 보이면서 국가적 혹은 국제적 차원에서 도입될 수 있는 일련의 실행조치를 제공한다. 언론정보계의 다양성을 위한 조치, 문화적 교류와 협력 증진, '문화다양성국제기금(International Fund for Cultural Diversity)' 수립 등이 포함된다. '문화다양성국제기금'은 개발도상국의 제도 개선과 문화산업의 강화를 목적으로 한다.

　위의 논의에서 문화산업에 대한 언급은 '창의경제' 담론이 국가나 도시에서만큼 국제적인 정책 입안기구에서도 영향력이 있었음을 보여준다 (Turner 2014). '창의산업' 개념은 1990년대 후반부터 국제 차원에서도 주목을 끌기 시작했다 (Cunningham 2009). 이 개념이 세계선진권에서 만들어졌고 문화와 경제 간 관계를 새롭게 규정하기에 세계개발도상권이 이에 적대적일 것이라고 예상되었지만, 이 개념이 심지어 세계개발도상권에서도 주목을 받았다. 예를 들어, 브라질과 세네갈을 포함한 많은 국가는 문화산업 주도의 발전을 기회로 보았다. 즉, 새로운 디지털 기술, 인공위성, 인터넷의 발달로 자국의 문화를 세계시장에 보여주고 다국적회사가 상대적으로 우세를 점하지 못하는 언론산업을 발전시킬 수 있는 유망 기회로 간주했다. 이런 경우, 세계개발도상권에서 제기된 '창의경제' 논리는 세계선진권에서 '창의경제'를 주창하던 논리, 즉, '창의성(creativity)'이 경제적 성장을 성취하고 불평등을 극복하는 한 수단이라는 주장과 다르지 않았다. 2008년과 2010년 UNCTAD가 출간한 『창의경제 보고서』는 (2013년 보고서는 다소 다른 입장을 견지하고 있으므로 여기서 제외한다) 이 담론을 반영하며, 많은 개발도상국이 여전히 국제 문화무역에서 소외됨에도 불구하고 적절한 조치를 취하면 개발도상국이 보유한 '풍부한 문화유산과 무궁무진한 인재 풀(pool)'이 "국제무역에서 개도국의 지분을 증가시키고 부의 창출로 이어지는 새로운 분야로의 도약'을 가능하게 할 것이라 주장한다"

(UNCTAD 2008: 1).

이것이 사실인지 아닌지는 두고 보아야 한다. 이 세상에 무궁무진하게 다양한 문화 활동이 있다는 점은 명백하다. 또한, 많은 문화 활동이 좁은 지역에 있는 소비자는 물론 넓은 지역 또는 세계의 소비자에게도 매력적일 수 있다는 점도 명백하다. 하지만 상기 두 사실이 어느 정도까지 문화교역과 교류의 평등으로 이어질 수 있는지는 매우 논쟁적이다. 대부분의 지역에서 세계시장을 대상으로 문화상품을 개발할 수 있지만, 문화 분야에 종사하는 생산자가 권력관계에 얽혀있어 재정적 자본, 투자, 결정 과정이 여전히 소수 세계적 중심지에 집중되어 있다. 또한, 여기에는 규모의 경제에 관한 쟁점이 있다. 문화 분야 생산자의 대부분이 수출 시장에 접근이나 지적 재산의 보호(와 같은 큰 질문)를 관심사로써 다룰 정도의 규모에 도달하지 못한다. (규모의 경제에 도달하지 못한) 문화 분야의 생산자에게 기본적인 필요 사항은 아마도 기술, 훈련, 아주 적은 금액의 자본일 것이다. 발리우드(Bollywood)가 세계 영화산업의 중심으로 성장했듯이, 소수 지역에 문화 생산이 집중되어 있는 상황이 절대 변할 수 없는 것은 아니다. 하지만, 세계에 존재하는 다양한 문화적 표현이 소비자 시장에 대한 평등한 접근성으로 혼동되어서는 안 된다.

깁슨(Chris Gibson)은 2013년 UNESCO의 "창의경제 보고서(UNESCO's 2013 Creative Economy Report)" 작성에 기여하면서, (만약 아직도 평등하지 못하다면) 세계 문화경제의

균형 잡힌 발전을 위해서는 경로의존성(path dependency)[**]
과 발전에 대한 다원주의적 관점을 인정해야 한다고 주장한
다. 즉, 상이한 산업이 상이한 맥락에서 다른 경로로 발전하
며 각 기업이 따라야 할 경로 또는 모형이 하나가 아니다. 탄
자니아의 힙합, 멕시코의 텔레노벨라(telenovellas), 나이지
리아의 영화 제작, 한국의 대중음악 등 세계의 다양한 원천으
로부터 나온 대중문화의 성장은 기존 세계 문화산업의 '중심'
밖에서 일어나는 문화 활동이 성장함을 보여준다. 예를 들어,
인도나 나이지리아의 영화산업을 분석해보면 비공식 연결망,
지역 차원의 재정적 지원, 소유와 분배에 대한 더욱 분산된
접근법(Miller 2012; Mukherjee 2008)과 같은 특징을 보이
며, 할리우드 영화산업과 다른 궤적을 보여준다.

문화산업의 성장 사례에서 정책이 명백하게 주도하는 현상은
거의 드러나지 않는다. 반면, 인도 영화는 문화보호정책에 의
하여 초기 추진력을 받았다. 1990년대까지 인도가 외국영화에
힌두어 자막을 넣지 못하도록 했기 때문이다 (Hesmondalgh
2013). 예외적 사례로 영화, 텔레비전, 음악과 같은 대중문화
산업을 '한류(Korean wave)'로 발전시킨 한국을 들 수 있다.
고속 브로드밴드, 영화, 비디오 게임 생산의 발전과 수출 장
려정책(export drive, 국내 경기 불황과 내수 부진을 극복하

[**] 역자 주) 정책 결정 등에서 한번 특정 경로에 의존하기 시작하면
    그 경로가 비효율적이라는 것을 알면서도 고수하는 경향성을 의
    미한다.

기 위한 수출 위주 정책 - 역자 주)을 지원하는 공적 재정지원이 국내 차원에서 보호주의적 정책으로 실행되었다. 한국은 국내에서 제작된 영화의 최소 상영시간을 보장하는 영화 할당제(screen quota)를 유지하고 있다. 프랑스, 이탈리아, 브라질과 같은 다른 국가도 영화 할당제를 실행해왔으며, 특히 프랑스는 가용한 모든 수단을 동원하여 자국의 대중문화를 수출하는 데 지원해오고 있지만, 국내 소비, 인프라, 생산 등을 고려하면 소수 경우에만 한국 사례와 같이 성공적이었다 (Kwon, Kim 2013).

'경로의존성'의 개념은 역사가 중요하며 국내는 물론 국제 차원에서도 정책 발전이 특정 문화계가 형성되는 방식을 감안해야 한다는 점을 보여다. 깁슨은 하와이 서핑보드 제작의 사례를 보여준다. 하와이의 서핑족은 뛰어난 서핑 기술을 선보이면서, 서핑보드를 제작하는 산업을 다른 지역으로, 특히 미국과 호주로, '수출'했다. 무역을 담당하는 하와이 정책 입안자가 같은 업무를 담당했다면 (서퍼들과 달리) 이와 같이 성공적인 결과를 이끌어 내지 못했을 것이다. 현재 해안을 끼고 있는 모든 국가에서 서핑이 유행하고 있지만, 서핑보드 제작은 하와이, 호주, 인도네시아, 브라질과 같은 소수 세계적 중심지에서 계속 이루어진다. 이런 국가 안에 존재하는 서핑 관련 하위문화로 인하여 서핑보드 제작산업이 사회적 관계, 비공식적 대출, 소비자인 수많은 관광객과 서핑 공동체 등을 기반으로 발전할 수 있다. 이러한 지역 차원의 문화적 요소가 없다면, 정책과 경제적 발전이 충분하지 않다. 그러나 UNCTAD와 다른 기관이 추구하는 '창의경제' 모형은 이러한 시대적 특징과 지역화된 생산 중심지를 이해하고 지원하는 데 필요한 지역적 지식에 둔감한 것 같다.

문화와 발전

UNCTAD나 UNESCO와 같은 기구는 문화교역과 문화다양성이라는 개념과 더불어, 발전에서 문화의 역할에 대해서도 오랫동안 관심을 기울였다. 명백하게, '발전'은 경제적 발전은 물론 위에서 언급한 많은 쟁점을 포함한다. 하지만 때로 '사회적 발전'(Clammer 2012)으로 일컬어지는 개념이나 지속가능발전은 경제적 발전을 넘어 교육, 건강, 정치적 권리와 시민권, 삶의 질을 포함한 인간 발전을 의미한다. 이 개념은 1993년 유엔과 UNESCO가 설립한 '세계문화발전위원회(World Commission on Culture and Development)'에 큰 영향을 미쳤다. '세계문화발전위원회'가 1995년 발간한 『창의 다양성』보고서의 서문은 '인간적 혹은 문화적 맥락이 없는 발전은 영혼 없는 성장'(WCCD 1995: 1)이라고 언급한다. 센(Amartya Sen 1999)과 같은 저술가가 설명한 바와 같이, 이러한 관점에서 보면, 문화는 경제적 차원의 단순한 자원이나 특정한 사회적 문제를 해결하기 위한 치료제가 아니다. 문화는 그 자체로 목적이며 인간에게 귀중하다. 문화가 인간에게 존엄한 삶을 가져다주고 또 삶이 인간에게 어떤 의미를 지니는지를 상상하도록 돕기 때문이다. 이 견해가 여러모로 이상적으로 보이고, '예술'의 중요성에 대한 유럽 낭만주의적 관점과 그리 다르지도 않아 보인다 (2장 참조). 하지만, 이 견해는 문화를 단지 상징적이거나 예술적인 활동이 아니라 삶의 방식을 보는 인류학적인 관점에 기반한다.

UNESCO의 최근 채택한 '항저우 선언(Hangzhou Declaration)'은 문화를 인간 발전의 근본적인 기둥 중 하나, 즉 "창의성과 새로움을 위한 원천이자 세계적이고 지역적인 공유 유산의 일부"라고 간주한다 (UNESCO 2013: 2). 또한, 반기문 유엔 사무총장은 UN총회(UN General Assembly) 연설에서 "좋은 의도로 계획되었던 많은 발전 사업이 문화적 환경을 고려하지 않아 실패해왔다"라고 피력했다 (UNESCO 2013: 9 인용). "2013년 창의경제 보고서(2013 Creative Economy Report)"에서 가장 놀라운 점은 발전 경로의 이질성에 대한 강조다. 이러한 관점은, 시장을 모든 경제적 활동을 조직하는 '자연스러운' 방식으로 간주하여 종종 다양한 상황에서도 비슷한 정책 접근법을 처방하는 신자유주의적 문화정책과 매우 큰 차이점을 보인다 (Hesmondhalgh et al. 2014; McGuigan 2004, 최근 신자유주의적 문화정책의 예로 2005년 UNESCO 보고서를 들 수 있다). 2013년 UNESCO 보고서는, 센(Sen 1999)에게 영향을 받은 언어와 논조로, 발전을 "사람이 가치롭게 여기는 것을 추구하는 자유를 증진하는 과정"이라고 주장한다 (UNESCO 2013: 16).

2013년 "창의경제 보고서"는 발전에서 문화를 약간 다른 방식으로 접근하고자 하는데, 이는 '경제'에 대한 이해와 발전이 일어나는 공간적 차원에 대한 생각을 복잡하게 만든다. 이 보고서는 '창의산업'이든 '창의경제'든 최근에 개발된 많은 정책이 탈산업화하는 세계선진권 내 도시를 모범으로 삼고 있기 때문에, 이런 정책이 상이한 당면 과제에 직면해 있거나 성장을 더욱 최우선 쟁점으로 두는 도시 및 지역에게는 종종 부합하지 않는다고 하였다 (창조도시에 대한 논의는 4장 참조). 따라서 이 보고서는 "다른 지역에서 이미 만들어져 있는 정책 모델을 수입하는 것보다 남남(South-South) 간의 정책 비교가 세계개발도상권 안에서의 상호 학습에 더 도움이 된다"고 제안한다 (UNESCO 2013: 35). 이 제안은 문화 주도 경제발전을 이해하는데 전형적으로 수반되는 여러 개념 모두에게 중요하다. 예를 들어, '기업가 정신(entrepreneurship)' 개념은 공식적 문화기관의 영향력이 크지 않고 대부분의 문화활동이 기업 주도로 이루어지는 동아프리카와 같은 지역에서 특히 유행한다. 그러나 '기업가 정신' 개념이 때로 세계선진권에서는 개인주의와 지적재산권으로 이해된다. 하지만, 지적재산권이 엄격하게 지켜지지 않을 뿐 아니라 '소유'의 개념 자체도 달리 이해되는 동아프리카에게는 '기업가 정신'이 세계선진권에서 이해되는 방식과 다르게 이해된다.

일부 저자는 (그 제목에도 불구하고) UNESCO 보고서에

깔려있는 '문화경제(cultural economy)' 접근법이 경제적 용어로 문화를 측정하기보다는 '경제' 그 자체가 어떤 의미인지를 재정의하는 과정에서 적극적 역할을 한다고 제안한다. 깁슨은 문화경제의 접근법을 호주에 적용한다. 그는 자신이 모국을 "원주민의 자주권과 자결권의 문제가 해결되지 않았을 뿐 아니라 정착민의 나라이자 다문화적이고 1인당 탄소 배출량이 높은" 국가로 묘사했다 (Gibson 2012: 3). 깁슨은 문화경제에 대한 연구가 '문화'와 '경제'의 분류를 어지럽히며 경제의 본질에 의문을 제기한다고 본다 (경제가, 특히 현대 담론에서는, 사회적 구성이라기보다는 자연적 현상으로 간주되고 있다). 앞서 소개한 울루루(Uluru)에 대한 논의와 같이, 즉 한 쪽에서는 (울루루를) 관광을 위한 '자원'으로 이해하지만 다른 쪽에서는 상품화될 수 없는 정신적인 장소로 이해하는 바와 같이, '경제'라고 여기는 현상이 문화에 따라 다르다는 점이 핵심이다. 세계개발도상권에서 '무형문화유산(intangible cultural heritage)'으로 묘사된 문화적 추구가 '문화 활동'의 연속으로 간주되며 문화경제의 일부를 형성한다 ('무형문화유산'은 의식, 의례 혹은 정신적 활동을 포함하며, 문화경제는 다양한 비상업적 문화활동을 포함한다). 문화를 경제적으로 활용될 자원으로 간주하기보다는, 이 관점은 '경제적' 자원을 물, 주택, 녹지와 같이 문화적 측면에서 보고, 경제적 자원이 사람에게 의미하는 바를 이해하고, 경제적 자원이 비경제 측면으로 또는 경제 개념을 완전히 바꿈으로써 새롭게 평가될 수 있음을 이해하는 데 도움을 준다.

이 관점은 두 측면에서 국제문화정책연구에 중요하다. 첫째로, 분석단위로서 국가내 행위자 또는 초국가 행위자를 더 중시하여, 중요 행위자로서의 국가라는 개념을 흔든다. 이 관점은 원주민, 초기 정착인, 소수민족의 문화의 경계와 국경이 깔끔하게 부합하지 않는 현상과 관련된 쟁점을 다룰 때 매우 중요하다. 둘째로, 세계공동체가 직면한 다양한 쟁점과 문화정책을 연결시킨다. 기후변화가 대표적 예이다. 기후변화와 관련된 쟁점에서는 특정 유형의 도시와 지역이 기후변화로 인한 위험에 노출되어 있기 때문에, 국가 수준의 대응이 충분하지 않을 수 있다. 5장에서 논의했듯이, 정체성은 국경선과 항상 일치하지 않다. 2013년 유네스코의 "창의경제 보고서(UNESCO's Creative Economy Report 2013)"는, 문화를 형성하는 연결망을 이해하기 위해서는, 지리적 고려가 중요하다는 점을 보여준다. 그러나 동시에, 다음 절의 논의에서 나타나듯이, 국가내 집단 또는 초국가적인 집단이 정체성 문제를 쉽게 해결할 수 있다고 가정해서는 안 된다.

지역 연합체: EU의 사례

국제문화정책의 도전과 한계를 이해하기 위해서는 지역적 기관의 문화정책으로 돌아가 논의해볼 만하다. 이 절에서는 EU만 다룬다. 1950년대 EU의 모체[3]가 등장한 이후 유럽 차원의 문화정책이 있었지만, EU는 여전히 교역, 다양성, 지역주의, 이 장에서 다루는 다양한 목표와 경제적 목표간 갈등 등여러 쟁점에 직면하고 있다. 특히, EU는 문화정책 안에서 정체성에 관한 근원적 문제로 어려워하는 듯 보인다. EU가 지정할 수 있는 유럽의 공동유산이 있는가? 그렇다면, 유럽의 공동유산은 비유럽계 시민의 유산과 어떻게 상호작용을 하는가? 유럽의 공동 문화정체성이 있는가? 아니면 여러 유럽국가의 국가정체성만 있는가? 무엇이 정책을 형성하는가? EU 정책은 어느 정도로 시장의 논리를 따라야 하는가? 시장의 논리보다는 문화예외를 따라야 하는가? 5장에서 EU에 대해 다루긴 했지만, 국가적 맥락과 국제적 맥락에서 지역 단위가 어떻게 '작동'하는지 알아보기 위해 다시 EU로 되돌아가 보고자 한다 (분석 단위의 위계에서 지역의 '위치'에 대한 논의는 1장 참조).

1992년 EU는 문화 분야에서 법적 '권한'에 제한을 부여하였다. 이런 조치는 다양성과 공동의 문화유산을 증진시키기 위함이었다. 이 조치가 유발할 갈등들이 시작부터 명백해 보였다. 문화 분야에 대한 다양한 입장차로 인하여 유럽의 문화정책이 뚜렷하고 실용적인 정책 목표를 가지지 어렵게 된다고 고든(Gordon 2010)은 주장한다. EU는 거창한 수사적 표현을 선호하는 경향을 가진다. 특히 인간주의적 가치, 자유와민주주의와 관련하여 라데마키(Lähdesmäki 2012: 62)가 '위대한 과거(Great Past)'로 부르는 가치를 조약과 문화적 용어에서 강조한다. 이러한 유럽의 과거에 대한 다소 선택적인 표현이 실제 정책으로 전환되는 과정은 어설프며 복잡하다. 이사회(Council), 집행위원회(Commission), 의회(Parliament)로 구성되어 있는 EU의 행정적 구조가 때로 상치되며 회원국들의 실제 관심 사항과 일치하지 않기 때문이다.

그럼에도 불구하고 EU는, 규제정책보다는 증진정책을 취했어도, 문화정책에서 중요한 행위자가 되었다 (1장 참조). 여기에는 예술가를 위한 이동 지원 프로그램, 다양한 수상(prizes) 기회, 인식 제고를 위한 행사, 그리고 아마도 가장 잘 알려진 '유럽문화수도(ECoC: European Capital of Culture)'가 포함된다. '유럽문화수도'는 (최소한 선정된 도시에 있는) 정책입안자와 일부 유럽 시민의 이목을 끌었다. 다른 문화정책은 이 정도의 관심을 거의 끌지 못했다. 1985년에 시작된 '문화수도(이전에는 유럽문화도시[European City of Culture]로 표현됨)'는 본래 연도 별로 한 도시에게 영예를 주는 경쟁의 형태로 운영되었다. 아테네, 베를린, 파리와 같이 초창기 선정된 도시는 '유럽적' 고급문화를 대표한다고 간주되었고, 실제로 문화수도로 지정된 연도에 예술적 행사와 축제를 집중적으로 진행하는 경향이 있었다.

1990년 '유럽문화도시'로 지정됐던 글라스고는 새로운 모형을 구축했는데, 쇠퇴하던 산업 도시였던 글라스고를 문화를 통해 재생시켜 그 후 20년간 유럽에서 지배적이었던 문화주도 재생의 모범이 되었다. 1999년 이래로 매년 두 개 도시가 지정되었으며, (지정) '경쟁'은 국가 내에서도 이루어졌다. 2014년에는 라트비아의 리가와 스웨덴의 우메아가 지정되었다. 이 '경쟁'의 요소는 ECoC의 지정 과정이 올림픽이나 월드컵과 같은 대규모 행사와 유사하다는 점을 의미한다 (물론 이러한 대규모 행사에 투입되는 재정적 지원은 없다). 도시는 4장의 주제였던 도시 문화정책에 부분적으로 ECoC를 활용할 수 있었다. 오브라이언(O'Brien 2013)이 주장한 바와 같이, 세계적 정책 맥락에 대한 대응, 문화 주도 재생에 대한 신뢰, 대규모 자본 개발을 위한 기회, 그리고 '증거 기반(evidence-based)의 정책 입안'을 향한 열정 등이 2008년 리버풀이 ECoC에 지정된 연도에 한꺼번에 등장했다. 예술과 유산의 기념이 본래 목적이었던 ECoC가 현재 도시 발전 정책의 요소로 바뀐 현상은 비판을 받아왔다. 또 다른 문화 주도 재생 정책과 같이, 양극화의 심화가 종종 일어났고, 도시 중심 지역이 경제적으로 어려운 집단을 배제하면서 자본 투자를 받았다.

유럽 2020,[4] 볼로냐 프로세스(Bologna Process),[5] 유럽사회기금(European Social Fund),[6] 유럽구조기금(Structural Funds)과 같이 EU 내 '다른' 정책도 이러한 방식으로 문화정책적인 영향을 미친다. 이 현상은 '문화' 정책이 아닌 다른 공공정책이 문화에 영향을 미친다는 이 책의 주장과 일치한다. 예를 들어, EU는 유럽구조기금을 통해 종종 예술과 문화에 상당한 재정적 지원을 제공한다. 실제로 4장에서 다뤘던 '창의도시' 관련 정책이, 특히 유럽 대륙 내 경제적으로 어려운 지역에서 시행된 정책이, 유럽구조기금으로부터 부분적으로 재정적 지원을 받았다.

더 직접적으로, 최소 1980년대 이래 EU는 언론정보 및 전자통신 정책에서 적극적이었다. '국경없는 텔레비전(Television without Frontiers initiative)'은 EU의 시청각 산업을 발전시키려는 목적을 가졌는데, 동 산업 분야에서 미국의 세계적 우세에 대응하기 위한 정책의 일환이었다 (Commission of the European Communities 1984). 헤스몬달그(Hesmondhalgh 2013: 155)는 이러한 정책이 '비효과적이고 혼란스러웠으며' 비유럽산 텔레비전 콘텐츠에 대한 수입 할당량이 있었지만 '실행 가능할 경우(if practicable)'라는 한정 조선을 두어 비유럽산 텔레비전 콘텐츠가 범람히게 만들었다고 주장한다. 언론정보 분야에서 EU의 전략은 일반적으로 완전하게 시상에 기반한 접근법의 우세를 저지하며 동등한 조건에서의 경쟁을 희망하였지만, 실제로는 언론정보 분야에서 EU의 거대 언론정보 기업의 발전을 지원했다. 그러나 이러한 거대 언론정보 기업 소유자에게 우호적인 전략은, 거대 언론정보 기업의 소재와 무관하게, 그 기업의 소유자에게 혜택을 주었고, 유럽의 거대 언론정보 기업은 초국가기업으로 성장했다 (Hesmondhalgh 2013). 따라서 공공 서비스나 공익을 위한 EU의 의도가 종종 실제로는 상업적 언론정보 회사를 지원하는 정책이 되어버린 것이다.

즉, EU는 남미공동시장(Mercosur)이나 아세안(Asean)[7]과 같은 다른 지역 연합체와 함께 문화정책 맥락에서 중요한 역할을 할 만큼 충분하게 규모가 크지만, 정체성에 대한 쟁점을 다루는 데 어려움을 겪고 있다. 또한, 정체성과 관련된 질문이 종종 제기되는 문화영역에서 작동하는 정당성 쟁점을 다루는 것에도 어려움을 겪고 있다. 의심의 여지 없이, EU는 최근 국제정치의 맥락에서 더욱 시장 친화적이고 경제적 관점 중심의 문화정책 접근법으로 이동함에 따라, 최소 문화예외의 주요 본거지로서 가졌던 특별함을 잃게 되는 위험에 처해 있다. 전반적으로, 밀러(Miller)가 논평하듯 유럽 시민들은 일반적으로 "유럽문화정책이 유럽의 공동유산을 단지 창조해내는 것이 아닌 공동의 유산을 확장시킨다"고 확신한다 (Lewis, Miller 2003: 269).

문화 외교와 교류

다음으로 경제의 영역을 넘어서거나 경제 영역에 가까이 있는 문화교류의 형태를 검토한다. 트로스비(Throsby 2010: 167)는 "문화가 이끄는 곳으로 교역이 따라온다"는 오랜 격언을 인용한다. '문화교류'라는 용어는 자주 사용되지만, 브라만(Braman 2008)의 예술 분야 조약에 대한 논의가 분명히 보여주는 것처럼, 문화교류가 꼭 공정하지는 않다는 점을 주목할 필요가 있다. 그럼에도 불구하고 세계인의 시각에서 문화 간 이해와 국가 혹은 지역사회의 이미지를 증진시키면 경제

분야를 넘어 다른 영역에 혜택을 준다는 점은 명백하다. 문화는 소위 '연성권력(soft power)'의 요소이다 (연성권력은 문화, 가치, 생각을 통하여 설득할 수 있는 능력으로 힘을 통해 정복 혹은 강압하는 '경성권력[hard power]'과 반대되는 개념이다 [Nye 2004]). 연성권력은 오랜 외교적 전통을 반영하지만, 세계경제 분야에서 성장하는 문화의 중요도에 따라 다소 새로운 모습을 보인다. 게다가, 중국의 연성권력에 대한 장(Zhang 2010)의 설명이 제시하는 바와 같이, 일부에서는 정부가 국제적으로나 국내적으로 국가 이미지를 증진시키고 시민들과의 소통을 위해 연성권력을 사용한다고 주장한다.

문화외교라는 용어는 국가 간 (상호 간) 이해의 촉진을 위한 정책 아이디어와 사상과 예술품의 교환을 표현하는 데 선호되고 있다 (Nisbett 2012). 그러나 미나르트(Minnaert 2014)가 주장하듯이, 문화외교라는 용어에서 외교가 장소 간의 차이점을 줄이는 행위라면 문화는 종종 장소 간의 차이점을 주장하는 행위라는 점에서, 문화외교에는 모순이 존재한다. 문화외교가 예술적 명성, 개념, 새로운 시장을 발전시킬 기회인 문화정책인지 아니면 외교정책의 요소인지에 대하여 논쟁이 있다 (Paschalidis 2009). 그 답은 아마 둘 다 될 수 있다. 니스벳(Nisbett 2012)이 문화외교에 있어 대영박물관(British Museum)의 역할에 대해 논의한 바와 같이, 정치적인 목적에서 문화정책이 실행된다 하더라도 문화기관이나 문화 분야 종사자는, 예술적 표현과 관련된 이유로 또는 다른 문화를 배우고 자신의 문화 활동을 새롭게 하기 위한 기회로, 문화교류가 유익하다는 것을 알게 될 것이다.

예술가가 문화교류와 외교에 마음 편히 참여할 수 있는 정도는 얼만큼 예술가가 특정 의제를 형성할 수 있다고 느끼는 정도와 (예술가가 대표하는 또는 근무하는) 문화기관이 얼마나 영향력이 있는지 느끼는 정도에 달려 있다고 니스벳(Nisbett 2012)은 주장한다. 그러나 문화교류와 외교에 대한 심정적 태도는 특정 국가의 역사(national histories), 선전용 프로그램에 활용되는 '공식(official)' 문화에도 달려있다. '공식문화'는 난해한 개념이며, 어떤 국가에서는 '공식문화'가 다른 국가보다 더 큰 반향을 일으킨다. 위스조미르스키와 그 외(Wyszomirski et al. 2003)가 주장하듯이, 세계적으로 문화적 영향력이 있는 미국에서는 예술가가 종종 공식 문화로 간주되는 활동에 참여하는 것에 부담을 느끼는 반면, 브라질과 같은 국가에서는 브라질 외교에 있어 문화부(Cultural Ministry)가 중요한 요소라고 말하는 데 문제가 없다. 물론 이는 미국의 예술가가 공식외교와 관련된 부분에 참여하지 않는다는 의미는 아니다. 폴록(Jackson Pollock)이나 뉴먼(Barnett Newman)과 같은 추상표현주의자(Abstract Expressionists)가 냉전 중 선전의 도구로 활용된 사례는 격렬히 논의되며 (문화외교에 대한) 인식을 형성한다 (Stonor Saunders 1999).

미나르트(Toine Minnaert 2014)는, 네덜란드가 문화적 자산을 연성권력으로 활용했던 현상을 설명하면서, 오랫동안 핵심 가치로서 표현의 자유를 보장했던 네덜란드 문화정책과 네덜란드의 국제적 이미지를 구체화하는 보수적인 외교정책 간 긴장을 보여준다. 미나르트가 극우주의 정치인 헤이르트 빌더르스(Geert Wilders)의 영화 〈피트나(*Fitna*)〉[8]에 관한 논평에서 분명히 표현하듯이, 외교에 초점을 맞춘 문화정책은 (정치적으로) 불편한 (여기서는 무슬림) 힘을 찬양하여 논란을 일으킬 수 있는 예술적 표현을 지원하기 어렵다. 하지만, 네덜란드가 표현의 자유를 지지한다는 전제 아래서, 피트나가 네덜란드정부로부터 재정적 지원을 받지 못했고 네덜란드정부가 이 영화를 제어할 근거가 없다고 공식적으로 밝히지 않은 상태에서, 네덜란드정부는 이 영화와 관련된 논쟁이 사그라들기를 기다릴 수밖에 없었다. 이 과정에서 네덜란드정부는 빌더르스에게 영화 홍보를 자제할 것을 요청했다 (하지마 빌더르스는 자제하지 않았다).

미네르트는 1970년대 이래 네덜란드의 국제문화정책을 분석하면서, 네덜란드 국가문화에 대한 국제적 이미지를 구축하고자 예술품을 활용하는 국제문화정책에서 네덜란드 경제를 보호하기 위해 문화를 활용하거나 최근 네덜란드 정책 문서에서 표현되는 '국제관계의 강화(Minnaert 2014: 8)'를 위한 방향으로 바뀌는 현상을 포착한다. '국가정체성'이 국제사회로 투사될 수 있을 만큼 고정되어 있거나 일관적인지 여부를 파악하는데 네덜란드 문화정책이 어려움을 겪고 있다. 또한, 네덜란드의 국제문화정책이 자국 문화와 관련된 상충적 쟁점을 수용할 수 있는지 여부를 파악하는 데도 어려움이 있다.

파스칼리디스(Paschalidis 2009)는 알리앙스 프랑세즈(Alliancce Francais), 독일 문화원(Goethe Institute), 공자학원(Confucius Institute)과 같은 '문화기관'이 대사관과 국가 정부를 넘어 교류가 이루어지게 하는 핵심 체계 중 하나라고 말한다. 파스칼리디스는 이런 기관에 대한 설명에서 4가지 역사적 단계, 즉 문화민족주의(cultural nationalism), 선전, 문화 외교, 그리고 현 단계에서 진행되는 문화 자본주의(cultural capitalism)를 묘사한다. 파스칼리디스는 종종 '식민지적'으로 보이는 일부 기관이, 특히 괴테 독일문화원과 단테 알리기에리 협회(Dante Alighieri Society)가, 19세기 독일과 이탈리아에서 민족주의운동의 일환으로 설립되었다고 주장한다 (일부 문화기관이 '식민지적'이라는 비판은 영국과 프랑스의 경우 사실이다). 이 기관은 통일에 동참하고자 했던 독일과 이탈리아 민족의 디아스포라를 대상으로 했다.

20세기에 들어 정부가 문화기관에서 자발적으로 중요한 역할을 수행하였다. 독일과 이탈리아는 1930년대 문화기관을 통해 파시스트 사상을 확산시켰다. 이에 대응하여, 1934년 영국문화원(British Council)이 설립되었고 미국은 라틴 아메리카 내 파시즘의 확산에 대항하기 위한 일환으로 대외문화정책을 위한 공식적 계획을 만들었다. 제2차 세계대전 후 국가의 문화기관이 거대하게 확장하였다. 이 현상은 문화예외에 대한 UNESCO의 논의와 더불어 세계적 언어로서 영어의 전례 없는 확산에 의해 촉발되었다. 대부분 문화기관은 핵심 기능 중 하나로 언어 교육을 실시한다. 예를 들어, 중국정부의 지원으로 만다린어 확산을 위해 2004년 설립된 공자학원(Confucius Institute)은 2020년까지 1,000개 센터 개원을 계획하고 있다.

파스칼리디스가 주장하듯이, 냉전 종식 이후 다극적 세계 질서가 문화기관이 증가하는 계기가 되었다. 파스칼리디스는 헝가리, 폴란드, 체코, 불가리아와 같은 이전 동구권 국가의 예시를 들며, 이들 모두가 베를린 장벽 붕괴 이래로 새로운 문화산업을 수립했다고 말한다. 최근 문화기관은 '창의경제' 담론을 수출하거나 발전시키는 현상을 보이는데, 여기서 국가상 창출(national branding)과 문화상품의 수출이 단순한 연성권력과 언어 생존보다 더욱 중요해졌다. 영국문화원이 문화적 기업가정신과 세계 문화산업을 '지도화시키는 연구(mapping studies)'와 같은 사안에 활발히 활동하면서 DCMS의 '창의산업' 개념을 수출하는 데 중요한 역할을 수행한 현상이 이에 부합한다 (BOP Consulting 2010 참조).

결론

문화상품, 서비스, 활동이 종종 세계적으로 분배되고 소비된다는 점은 명백하다. 그러나 세계문화정책 또는 국제문화정책에 대한 논의가 어느 정도까지 의미가 있는가? 이 장에서는 UNESCO, WIPO, UNTAD와 같은 국제문화정책기관이 일반적인 문화생산가나 소비자가 실제로 당면한 문제를 제대로 다루지 못하는 것처럼 보일 수 있지만, 이러한 기관의 활동은 점차 문화적 환경을 형성하는데 기여한다고 주장했다. 그러나 아마도 더욱 중요한 것은, 이러한 공식기관들에 대한 논의를 넘어, 국경을 초월하여 이루어지는 문화교류가 하나의 규범적 현상이 되었다.

그러한 문화교류가 단지 국가 대 국가로 이루어지지 않는다. 도시는 문화정책에서 중요한 주체이며 '창의도시 네트워크(Creative Cities Network)'이나 '세계도시문화포럼(World Cities Culture Forum)'[9]과 같이 정책 교류에 특화된 일부 포럼이 도시 수준에서 존재한다. 문화기관, 특히 박물관과 화랑 같이 수집을 목적으로 한 기관은 세계적 연결망을 갖고 있어 국제문화정책을 따라갈 뿐 아니라 형성할 수도 있다(Nisbett 2012). 또한, 디아스포라 연결망은 비상업적 문화상품뿐 아니라 영화와 음악을 위한 중요한 시장이자 분배 시스템이기도 하다.

국제문화정책에서는 무역과 지적재산권 보호와 관련하여 상업적 이해가 작동한다. 또한, 국제문화정책에서 무역, 소유권, 시장의 개념을 재형성하거나 세 개념에 동시 적용되는 문화적 가치가 명확히 표현된다. 또한, 국제문화정책은 20세기 문화정책의 전쟁이 벌어지는 장소이다. 21세기 사회 내 문화의 역할에 관한 새로운 이해가 등장하고 문화정책의 틀을 형성하는 문화 분야 투자의 정당화 근거가 새롭게 등장하고 있다.

✳✳✳

이제 이 책에서 다루어 온 논지를 간단히 요약하고 결론을 내고자 한다. 이 책은 문화정책과 문화정책연구에 관한 주요 쟁점 중 일부를 서술하고, 이 분야에 대한 연구를 비판적으로 접근하고자 했다. 이 책은 '문화정책'이라는 겉보기에는 단순한 용어와 관련된 쟁점, 즉 '문화'라는 단어 그리고 '정책'이라는 단어가 어떤 의미인지를 고찰하며 시작했다. 문화정책에서 '문화', 즉 문화정책의 범위와 영역의 이해를 검토했다. 또한, 문화정책에서 '문화'의 이해가 어떻게 시간에 따라, 예를 들면 '창의산업' 의제와 함께, 변화했는지를 다루었다. 이 책의 주요 목적 중 하나인 문화정책에서 '정책'이 의미하는 바를 알아보면서, 공공정책이라는 좀 더 광범위한 매라에서 (일부 개념적인 난제에 직면하긴 했지만) 문화정책을 다루는 점이 중요하다는 점을 강조했다. 정책으로서의 문화정책에 대한 연구가 많은 의미를 수반할 수 있는데, 이 책에서는 그 중 일부를 다루고자 했다.

그 후 세 가지 공간 단위, 구체적으로 도시, 국가, 국제적 관점으로 문화정책을 살펴보았다. 단위간 중첩되는 영역이 존재하지만, 공간 단위에 초점을 맞추어 문화정책이 다양한 방식으로 실행됨을 살펴보고자 했다. 한 편으로는 국가내 단위로, 다른 한 편으로는 세계적 단위로 인해 국가 단위가 양 측면에서 줄어드는 듯 보일 수 있지만 (Turner 2014), 민족국가는 여전히 정책분석에 있어 중요한 단위라는 점을 다루었다. 이 세 가지 단위를 검토한 세 장은 공간 단위가 중요하다는 점을 보여주려고 했다. 다른 장에서도 주목한 바와 같이 문화정책에는 지리(geography)가 존재한다. 아니 문화정책에는 복수의 지리(geographies)가 존재한다.

　이 책 집필진의 관심사와 더불어 관련된 논의들 중 검토되지 않은 사안들도 있기에, 이 책에서 다룬 이론으로서 또한 실제 현상으로서 문화정책에 대한 평가가 부분적일 수밖에 없다. 이 책은 포함(inclusion)과 제외(ex-clusion)의 쟁점을 논의하는데 꽤 많은 시간을 소비했으며 이와 같은 구분이 다른 맥락에서는 또 다른 방식으로 이루어진다는 사실에 유념했다. 어떤 의미에서, 이 글은 주로 예술, 예술과 관련된 분야를 통해 문화정책에 초점을 맞추었기 때문에 매우 '전통적'인 방식을 취했다. 영국정부가 스포츠와 문화부를 통합했음에도 불구하고 이 책은 스포츠를 많이 다루지 못했다. 또한, DCMS가 관할하는 언론정보 분야를 더 다룰 수 있었으나 그러지 못했다. 스포츠와 미디어 분야에 대한 정책 사례를 활용했으나, 선택을 해야만 했기에 아마도 실제 논의가 가능한 범위보다 더 적게 다루었을 것이다. 비평가들은 때로 이러한 부분적인 논의에 우려를 표하며 특정 학자(예: Bennett 2004)의 선택이 초래한 결과에 불만을 가지겠지만, 이 책은 (영역간) 경계를 지키기보다는 (영역간) 연계에 더 관심을 가졌다. 이 책을 시작하면서 언급했던 밀러와 유디스의 구절('문화정책을 알게 되고 문화정책에 관여하는 것이 문화에 참여하는 행위 가운데 중요한 부분이다')을 다시 언급하고자 한다 (Toby Miller, George Yudice 2002: 34). 이 인용구에 담긴 정신으로 이 책에 담긴 자료와 쟁점을 활용하여 본서를 저술했다.

📖 주

1) 아르헨티나, 브라질, 베네수엘라, 파라과이, 우루과이로 구성된 지역 자유무역 구역으로, 1991년에 지정되었다.
2) 덤핑이란 한 국가가 다른 국가로부터 시장 우위를 형성하기 위해 생산 비용보다 적게 팔거나 국내 가격보다 저렴하게 파는 것을 말한다.
3) EU는 1951년 유럽 석탄 철강 공동체(ECSC: European Coal and Steel Community)로 시작했으며, 1958년 유럽 경제 공동체(EEC: European Economic Community)로 명칭을 변경하고 1993년 EU가 되었다. EU는 설립연도에 새로운 회원국들이 가입함에 따라 그 규모가 성장했고 다루는 정책 분야를 추가하면서 그 영향력의 영역을 넓혀 나갔다.
4) 유럽 2020(Europe 2020)은 EU의 경제발전을 위한 광범위한 조치 계획을 말한다.
5) 이 명칭은 유럽 고등교육(European Higher Education)의 기준 및 자격의 통합을 위한 일련의 회의 및 합의를 통해 정해졌다.
6) EU 내 고용 및 직업 기회의 증진을 위한 프로그램이다.
7) 동남아시아 국가연합(Association of South East Asian Nations).
8) Fitna는 코란이 신도들로 하여금 이슬람 교리를 받아들이지 않는 사람들을 증오하도록 동기를 부여한다는 것을 표현한 2008년 단편 영화이다.
9) www.worldcitiescultureforum.com/ 참조.

참고문헌과 추천서

Allard, G. (2007) 'Imagined diversity', *International Journal of Cultural Policy*, 13(1): 71–84.

Bennett, O. (2004) 'The torn halves of cultural policy research', *International Journal of Cultural Policy*, 10(2): 237–48.

Braman, S. (2008) 'International treaties and art', *International Journal of Cultural Policy*, 14(3): 315–33.

BOP Consulting (2010) *Mapping the Creative industries: a Toolkit*, London: British Council.

Clammer, J. (2012) *Culture, Development and Social Theory: Towards an Integrated Social Development*. London: Zed Books.

Commission of the European Communities (1984) *Television without Frontiers*, Green Paper, Brussels: CEC. Embodied in Council Directive 89/552/eec.

Cowen, T. (1998) *In Praise of Commercial Culture*, Cambridge MA: Harvard University Press.

Cunningham, S. (2009) 'Trojan Horse or Rorschach Blot? Creative industries discourse around the world', *International Journal of Cultural Policy*, 15(4): 375–86.

Feigenbaum, H. (2010) 'The political economy of cultural diversity in film and television', in J. Singh (ed.) *International Cultural Policies and Power*, Basingstoke: Palgrave MacMillan.

Gibson, C. (2012) 'Cultural Economy: Achievements, Divergences, Future Prospects', *Geographical Research*, 50(3): 282–290.

Gordon, C. (2010) 'Great expectations – the European Union and cultural policy: fact or fiction?' *International Journal of Cultural Policy*, 16(2): 101–20.

Held, D. (2005) *Debating Globalization*, Cambridge: Polity.

Held, D. and McGrew, A. (eds) (2000) *The Global Transformations Reader*. Cambridge: Polity.

Herman, D. and McChesney, R. (1997) *The Global Media*, London: Cassell.

Hesmondhalgh, D. (2013) *The Cultural Industries*, third edition. London:Sage.

Hesmondhalgh, D., Nisbett, M., Oakley, K. and Lee, D. (2014) 'Were New Labour's cultural policies neo-liberal?' *International Journal of Cultural Policy*, online first.

Kwon, S.-H. and Kim, J. (2013) 'The cultural industry policies of the Korean government and the Korean Wave', International Journal of Cultural Policy, online first.

Lähdesmäki, T. (2012) 'Rhetoric of unity and cultural diversity in the making of European cultural identity', *International Journal of Cultural Policy*, 18(1): 59–75.

Lewis, J. and Miller, T. (eds) (2003) *Critical Cultural Policy Studies. A Reader*, Oxford: Blackwell.

McGuigan, J. (2004) *Rethinking Cultural Policy*, Maidenhead: Open University Press.

Miller, J. (2012) 'Global Nollywood: the Nigerian movie industry and alternative global networks in production and distribution', *Global Media and Communication*, 8(2): 117–33.

Miller, T., Govil, N., McMurria, J. and Maxwell, R. (2004) *Global Hollywood*, London: BFI.

Miller, T. and Yudice, G. (2002) *Cultural Policy*, London: Sage.

Minnaert, T. (2014) 'Footprint or fingerprint: international cultural policy as identity policy', *International Journal of Cultural Policy*, online first.

Mukherjee, A. (2008) 'The audio-visual sector in India', in D. Barrowclough and Z. Kozul-Wright (eds) *Creative Industries and Developing Countries: Voice, Choice and Economic Growth*, London: Routledge.

Nisbett, M. (2012) 'New perspectives on instrumentalism: an empirical study of cultural diplomacy', *International Journal of Cultural Policy*, online first.

Nye, J. (2004) *Soft Power: the Means to Success in World Politics*, Cambridge MA: Perseus.

O'Brien, D. (2013) *Cultural Policy: Management, Value and Modernity in the Creative Industries*, London: Routledge.

Paschalidis, G. (2009) 'Exporting national culture: histories of Cultural Institutes abroad', *International Journal of Cultural Policy*, 15(3): 275–89.

Pyykkonen, M. (2012) 'UNESCO and cultural diversity: democratisation, commodification or governmentalisation of culture?' *International Journal of Cultural Policy,* 18(5): 545–62.

Sen, A. (1999) *Development as Freedom,* Oxford: Oxford University Press.

Shuker, R. (1994) *Understanding Popular Music,* London: Routledge.

_______. (2003) *Understanding Popular Music,* London: Routledge.

Stonor Saunders, F. (1999) *Who Pays the Piper? The CIA and the Cultural Cold War,* London: Granta.

Throsby, D. (2010) *The Economics of Cultural Policy,* Cambridge: Cambridge University Press.

Tunstall, J. (1994) *The Media are American,* second edition, London: Constable.

Turner, G. (2014) 'Culture, politics and the cultural industries: reviving a critical agenda', in K. Oakley and J. O'Connor (eds) *The Routledge Companion to the Cultural Industries,* London: Routledge.

UNCTAD (2008) *The Creative Economy Report: The Challenge of Assessing the Creative Economy: Towards Informed Policy-Making,* New York: UNCTAD. Available at http://unctad.org/en/docs/ditc20082cer_en.pdf (accessed 14/03/14).

_______. (2010) *The Creative Economy Report: Creative Economy: A Feasible Development Option,* New York: UNCTAD.

UNESCO (2013) *The Creative Economy Report: Widening Local Development Pathways,* New York: UNESCO.

WCCD (1995) *Our Creative Diversity: Report of the World Commission on Culture and Development,* Paris: UNESCO. Available at http://unesdoc.unesco.org/images/0010/001016/101651e.pdf (accessed 20/11/13).

Wyszomirski, M., Burgess, C. and Peila, C. (2003) *International Cultural Relations: a Multi-Country Comparison,* Columbus OH: Cultural Diplomacy Research Series, Ohio State University.

Zhang, W. (2010) 'China's cultural future: from soft power to comprehensive national power', *International Journal of Cultural Policy,* 16(4): 383–402.

저자소개

David Bell

리즈대 문화지리학과 교수

주요 전공 분야
문화정책, 도시 및 농촌 문화, 소비 및 생활방식, 문화연구

주요 저서
Beautyscapes: Mapping Cosmetic Surgery Tourism (Manchester University Press, 공저)
Space Travel and Culture: From Apollo to Space Tourism (Wiley-Blackwell, 공저)
The Cybercultures Reader (Routledge, 공저)
Small Cities (Routledge, 공저)
Cyberculture Theorists: Manuel Castells and Donna Haraway (Routledge)

Kate Oakley

글래스고대 문화예술대 교수

주요 전공 분야
문화정책의 정치, 문화사업, 문화경제, 문화노동, 지역개발

주요 저서
Culture, Economy & Politics: the case of New Labour (Palgrave Macmillan, 공저)

The Skills Paradox: Confronting Inequality in Adult Learning (Demos, 공저)

Educating for the Creative Workforce: Rethinking Arts and Education (Australian Reasearch Council Centre of Excellence for Creative Industries and Innovation)

역자소개

조동준 (dxj124@snu.ac.kr)
서울대학교 외교학과 졸업
서울대학교 외교학 석사
미국 펜실배니아주립대 정치학 박사

현 서울대학교 정치외교학부 교수
　서울대학교 기초교육원 부원장

주요 논저
"코로나-19와 지구화의 변화." 국제정치논총 (2020).
"신호이론으로 분석한 2013년 한반도 위기." 평화학연구 (2019).
"Bringing International Anti-Landmine Norms to Domestic
　Politics." *Review of Korean Studies* (2008).
"Bargaining, Nuclear Proliferation, and Inter-state Dispute."
　Journal of Conflict Resolution (2009).

박선 (Sun.Park@warwick.ac.uk)
영국 에딘버러대학교 (University of Edinburgh) 정치학과 졸업
영국 워릭대학교 (University of Warwick) 국제문화정책학 석사
현 워릭대학교 (University of Warwick) 사회학 박사과정

유네스코한국위원회, 유네스코아태교육원 전문관 등 역임